陶菴集

이 책은 2018년도 정부(교육부)의 재원으로 한국고전번역원의 지원을 받아 수행된 '권역별거점연구소협동번역사업'의 결과물임

This work was supported by Institute for the Translation of Korean Classics-Grant funded by the Korean Government

韓國古典飜譯院 韓國文集校勘標點叢書

陶菴集 5

李縡 著

崔禮心
張裕昇
權津鈺
李承容 校點

凡例

本文

1. 이 책은 李絳의 文集인《陶菴集》을 標點·校勘한 것이다.
2. 이 책의 底本은 韓國文集叢刊 第194~195輯에 실린《陶菴集》이다.
3. 原底本은 1803年 整理字體 活字로 간행된 初刊本이며, 그 所藏處는 서울大學校 奎章閣(圖書番號 : 古3428-27)이다.
4. 校勘에 사용된 주요 參考資料는 다음과 같다.
   - 南忠壯公詩稿 : 南延年 撰, 1748年刊(初刊本), 韓國文集叢刊(續)49, 서울大學教 奎章閣(圖書番號:奎5269) 소장, 民族文化推進會, 2007.
   - 老峯集 : 閔鼎重 撰, 1734年刊(初刊本), 韓國文集叢刊129, 延世大學校 中央圖書館(圖書番號 : 811.98-민정중-노-판) 소장, 民族文化推進會, 1994.
   - 大學·中庸 : 胡廣 等 編, 1820年, 學民文化社, 1990.
   - 孟子 : 胡廣 等 編, 1820年, 學民文化社, 1990.
   - 明谷集 : 崔錫鼎 撰, 1721年刊(初刊本), 韓國文集叢刊154, 國立中央圖書館(圖書番號 : 한46-가1170) 소장, 民族文化推進會, 1995.
   - 法言 : 揚雄 撰, 文淵閣四庫全書696, 臺灣商務印書館, 1986.
   - 屛溪集 : 尹鳳九 撰, 1802年刊(初刊本), 韓國文集叢刊203, 서울大學教 奎章閣(圖書番號 : 奎6663) 소장, 民族文化推進會, 1998.
   - 肅宗實錄 : 春秋館 編, 太白山史庫本, 國史編纂委員會 影印, 1970.
   - 詩經 : 胡廣 等 編, 1820年, 學民文化社, 1990.
   - 柳溪集 : 姜命奎 撰, 1898~1920年刊(初刊本), 韓國文集叢刊(續)124, 高麗大學校 中央圖書館(圖書番號 : D1-A589) 소장, 韓國古典飜譯院, 2011.
   - 栗谷全書 : 李珥 撰, 1814年刊(全書重刊本), 韓國文集叢刊44, 延世大學校 中央圖書館(圖書番號 : 811.97-이이-율) 소장, 民族文化推進會, 1989.
   - 隱峯全書 : 安邦俊 撰, 1864年刊(重刊本), 韓國文集叢刊80, 서울大學教 奎章閣(圖書番號 : 奎5349) 소장, 民族文化推進會, 1991.

- 仁祖實錄：春秋館 編, 太白山史庫本, 國史編纂委員會 影印, 1970.
- 竹川集：朴光前 撰, 1929年刊(三刊本), 韓國文集叢刊39, 國立中央圖書館(圖書番號：古3648-文25-77) 소장, 民族文化推進會, 1989.
- 圃隱集：鄭夢周 撰, 1607年刊(永川重刊本), 韓國文集叢刊5, 延世大學校 中央圖書館(圖書番號：811.96-정몽주-포-라) 소장, 民族文化推進會, 1990.
- 海隱遺稿：姜必孝 撰, 1895年刊(初刊本), 韓國文集叢刊(續)108, 延世大學校 學術情報院(圖書番號：811.98/강필효/해) 소장, 韓國古典飜譯院, 2010.
- 孝經援神契：著者未詳, 玉函山房輯佚書, 2004, 廣陵書社.

5. 影印 과정상의 문제로 인해 현재 底本에서 判讀이 어려운 글자나 變形된 글자는 원 底本에 의거하여 補充·訂正하고 별도의 校勘記는 달지 않았다.
6. 여러 參照本과 글자의 차이가 있을 경우 이를 校勘記에서 밝히고, 本文은 修訂하지 않았다. 혹 차이 나는 글자의 正誤와 관련해 校勘記에 校勘者의 見解를 밝히기도 하였다.
7. 本文의 誤謬가 명백한 경우 본문을 고치고 校勘記에 그 근거나 사유를 밝혔다.
8. 本文의 誤謬로 의심 가는 점이 있으나 根據할 만한 對照本이 없을 경우에는 校勘記에 그 내용만 언급하였다.
9. 底本과 異本 간에 글자의 차이는 있지만 어느 쪽이 옳은지 확정할 수 없는 경우 校勘記에 그 내용을 밝혔다.
10. 本文에 쓰인 異體字 가운데 현재 일반적으로 通用되지 않는 글자는 모두 代表字로 고쳐 쓰고 校勘記는 달지 않았다. 代表字 여부의 판정은 韓國古典飜譯院 異體字 檢索시스템을 準據로 하였다.
11. 慣行的인 筆記習慣에 의해 발생한 誤字는 本文의 文脈에 맞게 고쳐 쓰고 校勘記는 달지 않았다.

    예) 己 已 巳, 篇 蕭
12. 이 책에 사용된 標點符號는 다음과 같다.

。	疑問文과 感歎文을 제외한 敍述文 및 語調가 약한 命令文 끝에 쓴다.
?	疑問文의 끝에 쓴다.
!	感歎文이나 感歎詞의 끝, 강한 語調의 命令文·請誘文·反語文의 끝에 쓴다.

부호	용법
,	한 文章 안에서 일반적으로 句의 區分이 필요한 곳에 쓴다.
·	名詞의 竝列이 重層的인 경우, 모점(、) 안에서 竝列語를 구분하는 데 쓴다. 書名符號 안에서 書名과 篇名 등을 구분하는 데 쓴다.
、	한 句 안에서 竝列된 名詞 또는 名詞句 사이에 쓴다.
;	두 句 이상으로 구성된 각 節이 竝列을 이룰 때 그 사이에 쓴다.
:	완전한 引用文의 경우 引用符號와 함께 쓰거나, 話題 혹은 小標題語로서 文章을 이끄는 語句 뒤에 쓴다.
" " ' ' 「 」『 』	각각 1차, 2차, 3차, 4차 인용문에 쓴다.
【 】	小註를 나타내는 데 쓴다.
《 》	書名, 篇名, 樂曲名, 書畵名 등을 나타내는 데 쓴다.
___	人名, 地名, 國名, 民族名, 建物名, 年號 등의 固有名詞를 나타내는 데 쓴다.
□	빠진 글자의 자리에 쓴다.
▨	훼손된 글자의 자리에 쓴다.

目次

1. 目次는 底本의 目錄과 관계없이 별도로 整理·收錄하였다.
2. 本文에 제시된 題目을 그대로 싣는 것을 원칙으로 하되, 題目이 없거나 文體名이 題目을 대신하는 경우 등은 여타의 제목에 準하여 임의로 작성하였다.
3. 題目의 誤謬가 분명한 경우는 修正된 사항을 目次에 반영하였다.
4. 題目 아래 附記된 紀年·人名·篇數 등은 原註로 처리하였다.

目次

陶菴集 卷四十

墓表

墓誌

陶菴集 卷四十一

墓誌

陶菴集 卷四十二

墓誌

陶菴集 卷四十三

墓誌

陶菴集 卷四十四

墓誌

陶菴集 卷四十五

墓誌

陶菴集 卷四十六

墓誌

陶菴集 卷四十七

諡狀

行狀

陶菴集 卷四十八

行狀

陶菴集 卷四十九

行狀

陶菴集 卷五十

行狀

陶菴集

卷四十

墓表

墓誌

墓表

高祖考贈左贊成府君墓表

公諱劼，字勤夫。牛峰之李，肇自高麗侍中公靖，入我朝，觀察使吉培最顯，於公爲五世祖。曾祖諱承健判書，祖諱諶司議，考諱之信副提學。妣晉州柳氏，參奉寅仝女。

公以嘉靖庚戌生，聰穎夙成，有至行。年十二，伯兄墜傷，輒左右扶護，三旬如一日。副學公嘗病篤，公出指血以進，涕泣祈天，疾尋已，至喪哀毁幾不全。伯父無子，取公養于家，生事死祭，克盡誠禮。性仁厚忠實，待人一以慈惠，被服寒素，於利財泊如也。爲學長於淹博，而卒厄于公車。壬辰之亂，公倡鄕兵欲勦賊，賊猝至，公殿而中流丸卒，時五月八日也。

配韓山李氏，公潞女，牧隱之後。婦德甚備，與公生同歲，後卅五年而終，合窆高陽之香洞。以孫翻貴 贈公左贊成，夫人從贈如例。男有容、有敬、有光、有誠，皆無子。季曰有謙參議，以學行名世。有五男，翮都正，翻贈持平，俱以孝旌閭，翊遺逸大司憲，翻右議政，翊判書。翻男晩昌進士，卽緈先君。晩成判書，出後翮。晩堅，江原觀察使，出後翮。內外曾玄摠若干人。

嗚呼！公抱才蘊行，遇亂不淑，使平生志業不少見於世，斯非命歟？然爲善無不報，而遲速有時，天之報施，不于躬而于其後者，蓋於公益信矣。墓久無表，議政公嘗經紀而不及就，今曾孫晚堅遵遺志，捐俸伐石，始克樹諸墓，使綷略書其陰如此云。

曾祖考贈領議政晚悔府君墓表

嗚呼！此吾曾王考戶曹參議、贈議政府領議政府君之墓也。府君諱有謙，字受益，號晚悔，牛峰人。考諱劼贈左贊成，祖諱之信弘文館副提學，曾祖諱諶掌隸院司議，而牧隱李先生之後贈承旨公潞，其外祖也。府君七歲而孤，十五始受學，十七發解。嘗從風玉趙公守倫學，趙公，牛溪門人。後卒業於沙溪金先生之門，又學《易》於宗室德信正鸞壽，所與遊，皆一時名勝。屬昏朝斁倫，與洪茂績諸公叫閽，以明大義，仍自錮于野幾十年。仁祖反正，擧學行遺逸之士。府君起布衣，拜新寧縣監，親友或勸以勿就，則謝曰："隨分祿仕，是吾志也，況有老母在乎？"是後歷翊衛司衛率、工·刑二曹郎、司僕寺判官·僉正·內乘。外則咸興判官、淳昌郡守、大丘府使。由大丘特授通政大夫、掌隸院判決事，有剛明廉簡之奬。又爲錦城縣監、金堤郡守。內則工曹·戶曹參議。老年優游散秩，時與名士大夫爲耆社會。癸卯十二月二十日卒，壽七十八，葬於龍仁縣東寒泉之洞，夫人坡平尹氏祔。夫人，處士弘裕女，參判仁涵之孫。與府君同年，年七十，先府君卒。擧五男，長翮，次翖、翄、翻、翊。

丁丑江都之亂，夫人投火，翮、翖急救之。賊又亂射之，又翼蔽之，夫人全而翖死，翮幾殊而甦，翮婦金氏、翖婦吳氏亦同死，朝廷幷旌之曰孝烈之門。翮後爲敦寧都正，翖贈持平，翄用儒學進大司憲，翻右議政，翊吏曹判書，女適縣監李惇，側出翬、習、翯，翚、翯及婿尹撥皆進士。議政公三男，晩昌進士、贈判書，晩成判書，晩堅觀察使，而晩堅出爲都正公後，實尸府君祀。

府君聰明俊偉，天姿卓犖，以孤童能自樹立，篤於爲善，勇於趨義。雖浮沈仕宦，不欲自異於衆，而其學一以爲己務實爲主。故見於身，則繩度嚴密，光輝咺赫，望之可知爲大人君子；驗諸家，則忠孝節義，炳烺一世，有足以扶世敎而淑人心者。而顧乃謙虛冲挹，都不自有，望尊而愈卑，齒老而益恭，位不滿德，以垂裕於無窮。《易》曰“視履考祥”，又曰“謙尊而光”，府君有焉。嗚呼！我李以淸門孤族，蔚然爲詩禮之家，是實府君培植之力，而究其所以得此，則惟仁厚忠信爲之基耳。爲府君子孫者，或有反於是者，則無得拜於斯墓之前也。不肖曾孫縡謹記。

府君任咸興時，沙溪先生嘗有所求，府君不欲强副，以詩諷之曰：“鷹在靑天蜂在山。”此雖細事，而可以觀府君制行之大致也。尤菴宋文正公爲府君大碑，而以疎漏爲恨。其與吾祖考議政公書，擧此一段曰“老先生喜且尙焉，對人稱道不已。尊府君風義，固今世所無，而老先生盛德，豈小子後生之所可窺測哉？此不可使無傳”云爾。

祖考右議政府君墓表

李氏在麗朝，侍中三州伯公靖用武略顯，三州古牛峰。伯之後五百餘年，率以文行業家，國朝觀察使吉培、判書承健、司議諶、副提學之信顯。至副學公之孫參議諱有謙，績學種德，根深實茂，五子皆爲名人。長翮、次翎以孝，翔以儒術，最季翊以文，其四爲我祖考議政府君。府君相我肅宗，有忠藎大節，於是我李蔚然爲忠孝家。府君諱翽，字仲羽。妣坡平尹氏，處士弘裕女。

天啓丙寅三月三日壬辰生，生時參議公有異夢。幼嶷然有器度，嘗傷額，醫者刺破血淋灕，不目動。丁丑，闔家遇難江都，府君陷虜中，主嫗善待之曰貴人也。胡兒問府君名，府君曰："吾，大爺也。"胡兒從之者常曰“大爺大爺”。默覘遼、瀋山川，意欲奪胡騎馳還，會我使至，得自周旋以歸，時十二歲矣。始參議公臨別語之曰："兒豈老死胡貉者？"比還，仲死於孝，伯死而生，參議公、尹夫人無恙。

戊子，進士。乙未，文科。由侍講院說書入藝苑，爲檢閱、待教、奉教，陞成均館典籍、 司憲府監察、 兵曹郎。爲養監通津縣，宮奴有冒占蟹梁漁民利者，府君梏而杖之，觸上怒罷職，三司交爭旋寢。同春先生仍白："某望重，他日可大用。"府君竟引去，民立石思之。拜司憲府持平，疏陳崇儉、勤政、招賢、講學諸事。時法禁廢弛，府君申嚴舊制，且焚雞堂、國師諸淫祠，都下肅然，尋褫，諫院陳箚惜其去。壬寅，爲御史湖南監賑，選玉堂吏曹錄，屢爲修撰、校理，季判書公時或對直，人榮之。移司諫院正言。癸卯，吏曹佐郎，丁憂，制畢還舊踐，陞正郎轉應教，間爲司藝·司成、司僕正、輔德。

丁未，爲執義。虜有嘖言，相積奉使歸，歸過于上，將罰鍰。府君奮然曰："主辱臣當死。"倡兩司論使臣罪，且列查問時大臣不肯自當之失，請褫罷三公。上震怒，並竄于極邊，府君得甲山，世稱七諫。尋放還，踰歲始叙，除文宣傳、副校理、輔德。己酉，擢廣州府尹，旋移忠淸道觀察使。時有經界之政，府君克善其終，務寬徭厚民。上幸溫泉，府君引對，達民情，理寃獄旌節行。翌年因微眚罷，叙拜承政院承旨、戶曹參議。

辛亥，按嶺南，適大饑，府君赤誠賙救，忘寢與食，或單騶勞集，一道生靈，悉賴以濟。及褫歸，老幼塡道，不能去，至今嶺人幾家家飯祝云。再爲大司諫，糾一二官邪，上責以伐異，且疑其擅弄朝權，府君引褫。後上因他事移怒命遠竄，尋改削黜。是時楨、枏寵幸，府君嘗直書麟坪大君事于史，是以有左腹之入云。府君退居田里，課農種瓜以爲樂，名其亭曰逸休，蓋取金慕齋安國兄弟故事也。以嶺營耀政，罥文網，編配楊根，俄釋。

戊午，除仁同府使。李元禎以吏書受暇，南歸過府，府君獨不爲禮，元禎恚歸，即自訴於上。府君被逮，仍列元禎驕恣犯法狀，元禎革職，府君竟坐奪告身。翌年與仲大憲公、季判書公同與尤菴先生黨籍，府君竄明川。十月大雷，上警動賜宥，凶黨齊尼，不能得。庚申，枏等謀反誅，朝著淸明。府君道拜全羅道觀察使，未至擢江華府留守，居數月，拜大司憲，旋仍任。冬擢拜刑曹判書，自後歷遍諸曹，爲吏書者四，兵書者二，禮、工者一。間爲議政府參贊、漢城府判尹、知中樞·敦寧，外則廣州留守，爲大司憲者九。

癸亥，以侍藥勞陞正憲。府君當官，斤斤守法，請託不行。在兩銓，恢公道振淹滯，逆宗杭之被中批也，府君繳爭之。在憲司，每隨事匡正，嘗於經筵，請選宗英，設宗學以敎之。時上久無嗣，府君語及宗社，輒流涕。丁卯七月，晉拜右議政，首陳開言路愼官方。上幸寧陵，府君以年饑上箚諫，居數月以疾告。府君務抑躁競，尤重變更，惓惓以君德、士論爲主，雖不及大有設施，論者謂得大臣體。疾益急，醫問交道，口占遺表，乞嚴宮禁、杜私逕、公視聽、進耆舊。戊辰五月二日，考終于城西第。七月三日，葬龍仁縣東寒泉坐丑之原，貞敬夫人羅州朴氏祔。

夫人考曰僉中樞、贈判書濠，祖曰觀察使東說，莊淑貞靜，六親誦其德，先府君四年卒，享年五十八。長男晚昌進士蚤世，即緈先君。次晚成判書，次晚堅大司諫，女適判書洪受濾。後夫人慶州朴氏，世英之女，一女士人吳履周。判書男綵正郎，以孝旌贈，大司諫男綬、維，洪判書子牧使禹濟、司評禹諧、佐郎禹集，繂男濟遠。

府君事親有深愛，平生未嘗一違志。參議公嘗守金堤，府君時寓隣境，每以魚瓜奉餉，公喜曰："官享豈能易此?"常以祿養未終爲痛，得一味，必臉泫。友于兄弟，篤于宗黨，以宗家貧窮助祭，且克致其誠，閨門之內，和氣藹然。每戒子弟曰："忠厚謹愼，是我家家法。"位高而謙愈甚，祿豐而侈不生，非仕于朝，必耕于野，一毫無求人，亦不喜皎皎名。與人交，慤實不欺，人有至親不相能者，府君涕泣曉諭，感化者數輩。自在小官，以愛物存心，雖當死者，必求其可生，前後疏寃賑饑所全活甚衆，下至昆蟲草木之微，亦不忍傷害。惟於陰陽淑慝之分，處之甚嚴，確然有賁、育不可奪者。愛君之念，一飯不忘，常曰："國恩何可報也?"繂自學語，便學誦是言。寢疾數月，無一語及私。府君歿後一年士禍作，人謂府君半藁之忠，驗若蓍龜。壬人又欲以宗學事構禍，賴上聖明幸不售。

繂幼蒙膝置，蒙騃無所識，至今想像，但見其德容盎然若春陽。今欲追述志事，而無由發揮其萬一，只記純忠質行之塗人耳目者，以揭墓隧，後之君子，尚或有攷焉。

從祖都正府君墓表

吾曾王考晩悔公有五丈夫子，長曰翮，字子羽，生而有至行，事親盡孝。丁丑江都之亂，以身翼蔽母夫人，中虜矢，絶而復甦，夫人商山金氏亦赴烈火以死，事聞幷旌其閭。戊戌，始筮仕。癸亥，相臣李公尙眞白公節行，特陞通政階以褒之，由是公之孝聞于一國。

公貌古而質厚，自少至老，能全赤子心。遇人無親疎貴賤，一以謙恭，當世數善人長者，必曰李公李公。始公以身殉孝而得不死，若有陰相者，卒之享大耋蒙顯擢。三弟俱大顯，而奉公如嚴父，昕夕怡愉，以娛暮境，人皆艶歎焉。以丙寅十二月十四日卒，去其生萬曆庚戌七十七。歷官英陵參奉、內侍教官、內資主簿、麟蹄縣監、宗廟奉事及令、敦寧都正，而其贈吏曹參判，則以所後子觀察使晩堅貴也。葬于龍仁泉洞晩悔公墓下。

晩悔公諱有謙參議，贈領議政。妣坡平尹氏，處士弘裕女。金夫人，參議尙女。後夫人李氏，國姓英彦女，貞靜有婦德，壽八十五，後公廿年而祔。金夫人葬高陽香洞。

公五女韓聖龜、司藝崔嵩齊、牧使林世良、監役金胤豪、縣監柳應運，李夫人出。晩堅，公仲弟議政公諱翽之季子，娶監司尹嘉績女，二男綬、維，女尹汲。韓聖龜男配厚奉事、配明、配久、配淵，女李思光、李靜鎭。林世良男象台別檢、象奎、象翼進士、象斗。金胤豪男礪文科，女李顯相參奉。柳應運繼子紞，女李明益。

緯幼而幸及睹公，今以觀察公命，略記事行之大者。若氏貫、世德，載于晩悔公碑刻，玆不復詳云。

從祖母贈貞夫人商山金氏墓表

敦寧都正李公諱翮之元配金氏，商山人。考尙觀察使，祖德謙參議，號青陸。妣羅州朴氏，佐郎垣之女。我李系出牛峰，贈左贊成諱劼、參議贈領議政諱有謙，卽都正公祖若考也。

夫人十七歸李氏，事舅姑至孝。丙子之亂，議政公携家入江都，翌年城陷，遇賊於吉祥山下。姑尹夫人投身烈火，賊射之，都正公以身翼蔽，中矢絶而復甦。夫人亦自焚，渾體焦爛，不卽死，以二月十二日竟不起，年二十九。是歲三月，議政公負遺骸，返葬於高陽香洞，從先兆也。事聞，旌都正公及夫人曰孝子烈女之門。始夫人歸寧于家，朝夕有虜警，諸婦女咸惴恐無人色，夫人獨燕笑自如曰："遇難，卽明白死耳。"卒如其言。嗚呼！此平日讀書談道者所未易，而夫人能之，豈不賢哉？

都正公繼娶完山李氏，亦無子，取仲弟右議政翻子晩堅爲後，以晩堅貴，贈公吏曹參判，夫人從贈如例。晩堅出莅東皐，始樹石墓前，而命緯識其陰。

從祖判書府君墓表

嗚呼！此我叔祖故吏曹判書農齋李公諱翊字季羽之墓也。李出牛峰，始祖公靖，以武略顯于麗。本朝觀察使吉培、判書承健、副提學之信以循良、文學著。　至晩悔府君諱有謙，師事沙溪先生，質行純德，儀式士林，卒官戶曹參議。配坡平尹氏，處士弘裕之女，擧五丈夫子，公其季。

崇禎己巳，生。孝廟壬辰，進士。丁酉，謁聖及第。時伯仲都正翽、贈持平翊以節孝褒旌，叔兄翔以遺逸徵。吾王考議政府君爲翰林，公爲說書，後又同入玉堂，往往伴直，而晩悔府君猶無恙，一世艶稱之。歷敭淸要，侍講院說書·司書·兼弼善·兼輔德、兵曹佐郎·正郎、吏曹正郎、司憲府持平·執義、司諫院正言·獻納·司諫、弘文館副修撰·修撰·副校理·校理·副應教·應教、禮賓·司僕寺正。擢通政承政院同副承旨，序陞至左。戶、兵、工參議，爲吏曹者屢，大司諫，掌隷院判決事，僉知中樞、五衛將。外則爲養監通津縣，臺啓請留，晉州牧使則爲凶黨所黜，旣赴而猶律以厭避，卽其地編配。其在三司，隨事盡職，嘗上疏陳上躬闕遺，且斥相臣被酒失朝儀之狀。上批："殿上一鶚，今復見之。"孝廟遴擇材臣，廉察諸道，公得湖左，事未竣，反命于殯殿，後爲御史嶺南、關東。公中年以遭金益廉事自引，爲口語相質，士夫所恥，不安於朝廷。益廉爲公議所棄，上亦右公，而猶懷踧踖，出爲原襄監司，滿期而褫。

己未，與議政府君同坐尤菴黨籍，分竄西北，遇雷變特宥。翌年朝著廓淸，公復爲承旨，尋擢漢城府右尹，參判諸曹，大司憲，副提學。出爲慶尙監司，纔數月遭夫人喪，特許褫歸，已而擢刑曹判書，移吏曹。時當老、少分析之會，務欲激揚，群小仄目。尹世喜等以言官，構誣公請罷。上震怒痛斥其言，命削仕版，左相閔公鼎重亦爲公伸辨。而公甚不自安，自後棲遑郊舍，屢降別諭敦召不赴，除江華府留守、京畿監司，以外職不敢辭。判尹、參贊、禮·兵二書、知中樞，復拜吏曹，固辭免。己巳，以國葬都監勞陞正憲，出爲廣州留守，兼守禦使。無何時象大變，公首竄長興。時都正公及議政府君已捐舘，都憲公罹酷禍瘐歿。公意悒悒成疾，以庚午九月二十五日卒于鵩舍，壽六十二。越四年甲戌更化，復公爵賜祭，後追錄庚申鞫獄勞 贈左贊成。

公凡三娶，羅州朴氏，府使渟女；完山李氏，監役宇梁女；靑松沈氏，府使之淹女。皆無子，側室男晩達尸其祀。晩達男綰進士、奉事。公初葬水原，丁丑移卜龍仁虁項酉坐原。二夫人祔，元配別葬泉谷先兆。沈夫人自公歿，誓天絶穀，所食惟冷水，三載而卒，噫其烈矣。

嗚呼！公以文學才猷，顯於當世，而遭時蔑貞，慍于群小，終至竄逐以歿，士類莫不悲之。然公之一身，與世道同其屈伸，大賢均其榮辱，公亦何恨乎哉？公容貌踈爽，無塵俗氣，遇之者不知爲宰相。與人言，明白懇到，亹亹可聽。爲文操筆立就，辭理條暢，一時瀛館盛才俊，而章箚多出公手，筆法亦遒麗有情致。

縡幼時見公公退讀《小學》，後以御史過陽德縣，老吏猶道公謫居時事，其言亦然。又聞公晩年解官閒居，挾《心經》往質于尤翁，老而好學如此。噫！此豈可與俗人道哉？尙記公燕處，每彈指歎曰"人生富貴何爲"，自傷其無嗣也。及在謫中，縡年十歲，以書問起居，手筆作答，勉以門戶之責，辭意激切，至今藏佩不敢忘。今老且死矣，深懼公平生行業湮沒無聞，悉叙履歷，且撮其志事之大者，以遺綰之子濟仁，俾刻于阡石。

皇考妣阡表

維龍仁治東寒泉之洞，牛峰之李世葬地也。我皇考成均進士府君年三十一卒而葬，葬四十有五年，夫人驪興閔氏祔，其左崗則皇曾祖戶曹參議晩悔堂府君、皇祖議政府右議政府君，以次位焉。小子縡不幸生五歲而孤，大夫人以鞠以敎，俾至于成立，見背之後，又蒙餘庇，以至于今。今則老病且死矣，府君之亡甲子亦一周矣，始敢涕泣而表于阡曰：

府君諱晩昌，字士夏。議政府君之寓居扶安也，府君生焉，以甲子七月十七日，卒於廣州官舍，亦議政府君留守時也。其爲進士，則在肅宗元年乙卯。

縡孤而幼，於府君容貌，猶未能省記，況其他乎？縡之稍長也，夫人令縡讀歐公《瀧崗阡表》而聽之，至"吾不能知汝之必有立，然知汝父之必將有後也"，歎曰："何其言之似我也？"仍涕泣曰："歐翁雖不能博利於物，而猶試於一命，汝父則不能也。然吾於汝父，亦有以知其一二。皇舅議政府君居常語及汝父，必曰吾孝子。皇舅又嘗詔童幼曰：'折一方長，殺一昆蟲，非仁也，自幼時未嘗一有是焉者，惟我與某兒夫。'汝父見乳者離絶其子而收涕哺汝，惻然終日曰：'食己子而飢人之子，是可忍耶？'嗚呼！《瀧表》之辭曰：'其居家無所矜飾，而所爲如此，是眞發於中者耶！其心厚於仁者耶！'此正爲汝父說道也。"綷泣而識之不能忘。綷又因仲父冢宰公得聞，府君爲人重厚謙恭，言論嚴正，識度過人，觀書十行俱下，博洽群書，而於《朱子綱目》最熟，爲文長於駢儷，平生少嗜慾，惟喜酒，襟懷坦蕩，與人無畦畛云。

夫人，驪陽府院君文貞公諱維重女。外祖同春宋先生有詩曰："父母教訓早，聰明爾性然。"仍云"辛丑書贈恒孫"，恒，夫人諱也。綷聞諸夫人，夫人八九歲間，文貞公盡室，出廣之沙村，議政府君送別于漢津，文貞公於舟中，呼夫人出拜之，曰："此，汝舅也。"庚戌文貞公出按箕藩，議政府君往而假館，俾行親迎之禮。

夫人肅哲溫惠，配君子無違禮，事舅姑盡其誠敬，爲人母慈而有法，婦道蓋備矣。雖不讀書，而通曉義理，出言皆森然法度，兩弟忠文公鎭厚、文忠公鎭遠咸服其達識。至若事行之詳，見於幽誌，而其關於小子出處之際、世道消長之會爲多。綷再登高科，賜暇湖堂，爲弘文館大提學、藝文館大提學。自知不才無能，其所以致此者，惟府君不贏其躬而遺諸後爾，蓋聞府君少與仲氏言懷，府君之言如此云。夫人老年，每以過分爲憂曰："當汝穉昧惰學時，願汝爲知名之士，而恐亦不能，何意及此?"夫人壽七十三而終，戊申九月十九日也。肅宗己亥，以縡推恩，贈府君吏曹參判，夫人亦受貞夫人眞誥。縡又嘗職守正卿，例當加贈，而以辭免不敢請，後十五年，始贈資憲大夫、吏曹判書、兼知義禁府事、五衛都摠府都摠管，實今上己未也。

縡凡再娶，海州吳氏，忠貞公斗寅女；南陽洪氏，僉正禹賢女。洪氏擧一男一女，男濟遠文科、弘文校理，婿參奉兪彦欽。濟遠男曰木、曰禾，其餘男女皆幼。

季父觀察使府君墓表

李公晩堅，字士冬。始葬廣州龜川其八世祖觀察使吉培墓南，越十有二載戊申，移卜竹州九峰山下，夫人漆原尹氏祔。兄子縡表于墓曰：

我李出牛峰，自高麗侍中公靖至觀察爲七世，後六世爲參議諱有謙，其嗣子敦寧都正諱翮以孝旌閭。其仲右議政諱翻，夫人羅州朴氏，僉中樞濠女，是生公，都正公取爲嗣。公少多疾，及長發憤力學，肅宗戊寅，魁泮製，赴翼年殿試。癸巳，通政。歷官侍講院說書·兼司書·文學·輔德、禮·兵·吏三曹郎、司諫院正言·獻納·司諫·大司諫、司憲府執義、弘文館修撰·校理·應教、議政府舍人、軍資監正、承政院承旨、戶曹參議、掌隷院判決事。於外監果川縣，尹廣州府，觀察江原道。崇禎丙午十一月乙酉生，卒之日丁酉六月十四也。

尹夫人，監司嘉績女，柔婉有婦德，後公八年，年五十八卒。男綏縣監，維有文行蚤死，女大司成尹汲、進士元景厚、洪梓、柳慤。

公明敏精密，晩更溫裕。所後大夫人年大耋，承奉務適意，館嫠姊畜孤甥，咸盡其歡。與人交，悃愊無華，喜談史，最熟於《朱子綱目》。言議峻正，在三司，一以匡主德、扶士林爲主。居官淸愼，所至得吏民心，進少退多，官位低徊，蓋公冲虛不自有，世莫能知，所知惟政事才。觀察墓久失其處，公誠求不置，卒得之，篤於奉先如此。小子於斯文也，不敢有一毫過溢者，恐傷公謙德，而且當有大碑云。

從弟大心墓表

嗚呼！此吾弟維大心號知菴之所藏也。君，吾季父觀察使公諱晩堅之第二子，而觀察公以吾祖考議政公命，出爲都正公之後，君與吾實同祖議政公。君生於肅宗甲申四月十六日，卒於今上戊午五月一日，葬于都正公墓右麓負辛之原。

室孺人安東金氏，郡守時發女，仙源先生其五世也。有緹縈行，君甚宜之，卒與同祔，無丈夫子，一女士人洪樂春。後娶南陽之洪，主簿正度之女，吏曹判書處亮之曾孫也。

君氣大才疎，重交游好議論。最嚴於淑慝邪正之分，而常有汲長孺之風，親於己者過與之，不附己者赤憎之，人多畏而憚之。從幼學于余，篤信無異聖人，有一毫非議之言，出於人口而入於吾耳，則必惡之如大慝，人比之子路。四方游學之士，君善爲之周旋其間，無一人不得其歡，嚴師弟之禮，使吾道益尊。嘗扁大庇於小菴，有共濟天下之意，終莫能一施焉。性喜山水，爲余圖得鶴泉一區，樂而忘返。將死無他語，惟曰："鶴泉可直一死，勿以我死而棄之。"爲文章通達，不事雕飾，興至隨意陶寫，亦不自貴重。鄉里人士多來學者，及其喪，哭之皆哀。

余與君出入居處，若不可須臾離者，而君之舍我，已九年于玆。今方歸故里，屬潘生宗述曰："吾居墓下十九年，未了惟此一事，子能爲我成之否？"潘亦義人，素聞君風而慕之甚，必能盡心刻成如吾在時也。

外祖母豐昌府夫人趙氏墓表

肅宗七年辛酉，仁顯王后正位壼極，我外王考閔文貞公諱維重由兼兵曹判書封驪陽府院君。文貞公凡三娶，海豐府夫人李氏、恩城府夫人宋氏從贈如例，貞敬夫人趙氏，亦錫號豐昌府夫人。越七年丁卯，文貞公捐館舍，己巳之變，盡收封誥，甲戌復還授。

趙夫人享有尊榮，六十有餘年，國家有吉凶大事，往往承命入大內。文貞公二男忠文公鎭厚、左議政鎭遠爲世名臣，其事夫人，忠養備至。夫人常稱忠文公曰："不知古所謂孝子，視此何如爾。"及忠文公卒，夫人常從議政公居，其謫原城及自驪而廣，自廣而京也，輒奉以往。議政公又卒，夫人自以餘日無幾，願歸守文貞公墓。上聞而愍之，賜手書諸孫，俾止其行。數使掖隸訊起居，疾則醫問不絶，每歲首優致惠養，以今歲爲封爵周甲，筵中屢有恩言。夫人偶感微疾，三月二十二日，終于安國坊賜第，春秋八十三。上震悼，弔祭如儀，遣中使庀喪，以景廟常月賜廩，命限三年勿收，隱卒之典，嗚呼至矣！

豐壤之趙，肇自高麗侍中孟。曾祖諱邦亮參奉、贈承旨，祖諱仁亨正郎，考諱貴中成均生員。妣淸州韓氏，掌令縝之女，以節行旌閭。夫人生于孝廟己亥二月，丙辰十八，歸于文貞公，文貞公時已躋崇班矣。觀察使·贈領議政諱光勳、府尹·贈領議政諱機、庫令·贈吏曹判書諱汝健，文貞公三世，而外祖曰延原府院君李公諱光庭。

夫人端莊靜一，自幼有女中君子之稱，神安氣定，雖當倉卒，聲色不遽，居常穆然罕言笑，而及老更和厚婉曲。疾時亦必整飭衣衾，雖小孫在傍，不令見體。服用簡素，無異寒士家，年力大耋，猶手執鍼線曰："人不可閒坐度日。"事無專制，必問而後行。諸子歷官內外，未嘗干以毫髮私。屢出入禁庭，而宮人無一親熟者，絶無以宮內事說與人。夫人之德，蓋不可勝書，而勤儉愼密，乃其大者。又素性謙挹，平生口不道己能，家人、子孫亦不能盡知也。

夫人擧一男二女，男鎭永正郎，女適進士李長輝、參奉洪禹肇。正郎男樂洙直長、覺洙，李壻子潤、潢，洪壻子啓承、啓能也。恩城府夫人實誕毓聖女，而吾先妣、忠文公、議政公皆其出，忠文公嗣子曰掌令翼洙。

五月二十一日，葬于龍仁縣東壽院洞，用一等禮。旣葬，卽樹石墓前，爲文以刻于陰，亦用恩庇也。文貞公墓在驪州蟾樂里，二夫人祔，肅宗嘗手書大字以表之云。

墓誌

圃隱鄭先生墓誌

圃隱先生既歿二百有餘年，尤菴宋文正公時烈爲大碑建于墓前。其後垂七十載，後學三州李縡又敢爲之誌。誌曰：

嗚呼！天之眷佑我東土久矣。蓋自殷師受封以來，吾道已東，而洎乎麗氏，八百餘年，昧華夷之大限，醉佛氏之糟粕，幾乎夷狄禽獸之歸矣。亂極當治，有開斯先，於是篤生我先生，以啓吾邦文明之運，天意豈偶然哉？

先生諱夢周，鄭出延日，知奏事襲明之後。祖諱裕、考諱云瓘俱贈顯官，以先生貴也。先生以丁丑十二月戊子，生于永川愚巷里。母李氏屢有異夢，及生，肩上有黑子七，列如北斗。十九歲丁父憂，時喪紀大壞，先生獨自貳於流俗，廬墓以致哀。丁酉，中進士第三名。庚子，魁三場，爲文科狀元。壬寅，藝文檢閱。癸卯，郎將、兼閤門祇候，以韓邦信從事官，征女眞于和州。甲辰，戰勝而還，除修撰、典農寺丞。乙巳，丁母憂，居廬，一如前喪，事聞旌其閭。

丁未，禮曹正郎兼成均博士。兵革之後，學校荒廢，至是新創成均館，以牧隱李公穡兼大司成。先生與李公崇仁、金公九容、朴公尙衷同爲館職，學子坌集，庠舍不能容。每講先生講說發越，超出人意，諸儒莫能及。時經書之來東方者，惟朱子《集註》，而後得雲峰胡氏《四書通典》，與先生所論，靡不脗合。牧隱亟稱之曰："達可論理，橫說竪說，無非當理。"達可，先生字也。

戊申，大明開國，先生力請歸附。壬子，以成均司成，爲書狀官入朝。還至海中許山遭颶風，上价溺歿，先生萬死一生，割韂而食者十三日。帝聞之，具舟楫遣還，厚加賙恤，仍詔諭"高麗去京師萬餘里，宜從古昔三年一聘之禮，方物止用土産，子弟亦許入學"，蓋異數，而實先生專對之力也。甲寅，授慶尙道按廉使。乙卯，藝文直提學，尋拜大司成。先是金義擅殺明使，而朝廷不之問，自懷疑貳，會元使來，權臣李仁任等欲復事元。先生慨然與同志抗章，請勿迎北使，專意事大，爲仁任等所構，先生流彦陽，居二年宥還。

丁巳，倭寇數侵掠，濱海蕭然，先遣使講和，而至被拘囚，先生遂應命報聘。人皆危之，先生無幾微見色，及至極陳古今交隣利害。酋敬服，舘待甚厚，比還還其俘，禁三島不復侵掠。己未，典工·禮儀·典法判書、進賢·藝文館提學。庚申，版圖判書、密直·寶文閣提學。辛酉，僉書密直司事。甲子，政堂文學，時國家多釁，天朝將加兵於我，增定歲貢，以五歲不如約，杖流使臣。至是當遣節使，衆皆憚行規避，最後始屬先生。先生聞命不宿于家，倍道趁節日進表，帝嘉歎優禮以送。丙寅，復如京師，請冠服之制。翌年還，始議定百官冠服，盡革胡制。戊辰，三司左使、門下贊成事，奏革私田，以袪民弊。

己巳，藝文館大提學。庚午，進門下侍中，益陽郡[1]忠義伯。王欲迎僧粲英爲師，先生於經筵進言："儒者之學，皆日用平常之事。飲食男女，人所同也，至理寓焉，堯、舜之道，亦不外此，貴在動靜語默之得其正而已。彼佛氏之教則不然，辭親戚絶男女，獨坐巖穴，草衣木食，以觀空寂滅爲宗，是豈平常之道乎？"時俗尙佛，忌日齋僧，時祭只設紙錢。先生請令士庶倣《朱子家禮》，立廟作主，以奉先祀，禮俗復起。

壬申二月，《大明律》來，先生取本朝法令，參酌成新律以進。我太祖大王功德日盛，天命、人心已有所歸，獨先生毅然有不可奪之節，使臺諫劾去心腹鄭道傳等，以殺其勢。時朝野恟懼，禍在朝夕。有山僧贈詩曰："江南萬里野花發，何處春風無好山？"先生流涕謝之曰："嗚呼，其晩也其晩也！"四月四日，行過大街，至善竹橋，爲趙英珪所害，先生亡而麗氏遂亡矣。

嗚呼！先生之忠，可謂與日月爭光，而於先生特一節爾。夫人之所以爲人者，惟理義爲大。華夷之分，儒佛之辨，至先生而判焉，至今環東土數千里，能免爲夷狄禽獸者，是誰之賜也？先生之學，傳於吉注書再，又三傳而得寒暄堂金文敬公宏弼，以至于靜菴趙文正公光祖，則其爲東方理學之祖者，豈不信然？嗚呼盛哉！

1 郡：底本에는 "君".《圃隱集·圃隱先生年譜攷異》에 근거하여 수정.

先生初葬海豐郡，後永樂丙戌移卜龍仁慕賢村文秀山坐辰之原，夫人敬順宅主慶州李氏祔。男女各二人，男宗誠、宗本，女壻成翼之、李長得。後孫甚蕃，不能盡記。系以銘，銘曰：

斯惟先生之藏，與天地而久長。

盛德大業，昭視無疆。

縣監申公墓誌

夫天地之間，惟人爲大，而人之所以爲人，惟忠與孝而已。斯二者，本無二致，然隨其所遇而成就各異，又或有顯晦之不齊，是以鮮克兩全。余於萬曆間得一人焉，曰申公吉元。

公平山人，字慶初。生有至性，幼而父母病，能號天祈代，又斷指和藥以進，以續母命。十四遭外艱，啜粥以終三年，哭泣甚哀，弔者爲之流涕。平居服勤，雖滌溷之節，不令人代之。家素貧，而甘旨之供，未嘗乏絶。州里以聞，宣祖大王嘉其行，命旌之曰孝子之門，又歲給布繒食物。丙子，中司馬，用太學薦，除禧陵參奉，不仕。後復由寢郎，序遷數官，爲聞慶縣監，居三歲。

壬辰，倭寇大躪一道。時巡邊使李鎰在尙州，公亟往問策，爲調兵輸餉，復馳還。事未集，列鎭崩潰，賊兵且薄境，衆曰："兵單勢急，不如姑避之。"公厲聲曰："守土之臣，死於封疆，義也。”時公已先送母夫人，避兵于京，顧謂庶弟吉成曰：“吾受國厚恩，今獲死所，夫復何恨？汝歸告老母，母在而子死，固非孝，而爲國致命，亦忠也。”又曰：“爲吾語家人，善養吾母，勿以吾死而有異也。”左右皆泣。既而賊大至，吏士皆散，一官奴金龍者獨不去。公冠帶佩印而坐，賊露刃脅之曰：“汝能馳馬否？”公曰：“我儒者，安能馳馬？”又曰：“汝速降署名。”公不屈。又使指路，公大罵曰：“恨不斬汝萬段。”因以手畫頸曰：“有此而已。”賊怒先斷右臂曰：“猶不可指路乎？”公色不變，罵不絶口。賊遂剮之，是四月廿七日也，年僅四十五。事聞，宣祖大王又表其門曰忠臣。

嗚呼！公以一身而任父子君臣之倫，生而不愧於天地，死而有光於家邦，何其烈也！蓋聞公自少篤於爲己之學，口不出不正之言，身不蹈非禮之事，尤好觀濂、洛群書，用作規繩。故所成就若彼卓然，雖其資性有大過人者，而學問之力，亦不可誣，嗚呼！爲士者不可不讀書也。

公高麗壯節公崇謙之後，入我朝判書詛、大司憲彝最顯。有諱景文監察、公錫縣監、國樑持平，是公三世。妣完山李氏，其考始寧令賢仝也。公初娶東興府院君權常之女，無育。繼配司醞署令河世濬之女，一男二女。男命休生員、教官，婿牧使李憎、掌令李瀷。

宣廟嘗命刊公事行於《三綱續編》，後百有餘年，邑人即公殉節之所，立石以識之，其所以表揚者．殆無憾矣。後孫嵒謁余以幽堂之誌，余亦夙慕公風烈，樂爲之役。公墓在楊州軍場里云。銘曰：

嗚呼千百代之下，過是墓而不式焉者，吾知其無人心也。

校理李公墓誌

南方學者盛推天默李公，公仁祖朝講官，學術精深，尤長於《易》云。我太宗大王別子曰孝寧大君補，是後瑞原諱寀、高林諱薰、漆山諱瓊孫仍三世襲君。公考諱昱，漆山之曾孫，以孝聞，親喪躬負土成墳。妣長興任氏，大英女。公八歲避兵嶺南，華人相之曰大人也。未冠從李活溪大㫮受經書，發憤忘食，覃思實踐，餘力貫穿諸家。晚又游沙溪文元先生之門，先生歎其敏學。

壬子，司馬。乙丑，及第，補成均館。一日攝堂后入講筵，愚伏鄭公經世、谿谷張公維咸推公經學。上命參講，問以《尙書》朞三百、璿璣玉衡註及潮汐之理，仍及他經疑義，公應如扣鐘。及退，上使中貴人問李某世閥如何。尋拜侍講院說書，遷司書，移禮曹佐郞。拜司諫院正言，褫爲典籍，入兵曹爲佐郞、正郞，改司憲府持平。由文學爲正言者再，知製教，乞養爲玉果縣監。丁母憂，旣吉，拜弘文館副修撰。上疏陳修攘之策，以正君心爲本，辨君子小人爲得人之要。

丙子，虜兵犯京，扈駕入南漢，爲督戰御史，上箚論守城方略，且請諸將逗留之罪。下城，亟言金慶徵、張紳、李敏求罪可誅，而兩司附勢廢法，旋移疾南歸。復拜修撰，移持平，密疏言：“大義者，三綱之倫，五常之序，捨此則人類禽獸，中國夷狄，不可一日廢者。我邦二百年，臣事皇朝，義則君臣，恩同父子，於戲其可忘乎？今雖不幸至此，皇朝貢路，不可便絕。亟宜示哀痛於國內，暴誠忠於天下，使知慘惻不得已之意。”不報。再除校理、掌令，皆不赴。冬除輔德，當赴瀋，公病甚，自載入都。尋免爲司諫、校理，又兼春坊，復以疾歸。庚辰，上違豫，以執義一赴召。是後屢除官，不就，有召命，則加朝服涕泣而已。病中惟觀朱子書，有時掩卷嘘唏，其微意可知也。

公諱尙馨，字德先，生卒俱乙酉。公敦厚縝密，謙以自牧，平生不言人過惡，溫然君子人也。至其臨大事守大義，確然有不可拔者。進退出處之正，其有得於《易》之時義歟！公嘗曰：“陽一分長，則陰一分消，天理人欲亦相爲消長。孔子到乾卦，顔子到泰卦。”又曰：“《易》者，聖人欲使誠善補過也。人能誠於爲善，則可以補過矣。”是以其學一以眞實不欺爲本。在政院時譚《易》，尹承旨知敬等輒起拜之。

配善山林氏，副正克立之女，先公十五年卒，葬于任實鍾山。五男三女，男文獻、文源、文載參奉、文英、文啓進士，士人尹砥、參奉楊雲擧、士人吳添喜其婿。聖蓍、聖虎、聖龜、聖鳳，長房出。二房一女，爲持平崔致翕妻。聖麟、聖眞、聖元，三房出。聖麒、聖鸞，四房出。五房男聖憲，女承旨尹弘離。曾孫頤根，朝廷徵爲世子諮議，頤正亦世其學。

愼齋先生嘗作公碣文，後公孤文載摭其遺事，請房參奉斗天成行狀矣。頤正來乞幽堂之誌，余亦慕公名行者，爲之銘曰：

長陵御極，耆俊盈廷。公挺其間，珥筆談經。
衆賢推轂，王曰誰子？太支于南，三世不仕。
玉堂深嚴，乃處宿儒。蒼黃執靮，慷慨援桴。
孤城三版，地裂天傾。公曰於戲，敢忘大明？
相彼流水，亦流于東。微公一言，噫吾其戎！
雖言不行，義則日星。伏枕幽吟，山榛隰苓[2]。
維《易》有象，進退偕時。含章守貞，公實以之。
豈必籯金？後孫其承。我銘其行，百世于徵。

花浦洪忠正公墓誌

嗚呼！此大明忠臣花浦洪忠正公諱翼漢字伯升衣冠所藏之地也。夫棺槨，所以掩形也；墓，所以藏棺槨也。無其形而爲之墓，不亦虛乎？然氣魄，固不可得以埋，而亦無所不之，衣冠者，形之所親而氣之所依，則又不可以無葬。葬而誌，禮也，旣有葬，則惡得無誌？此公嗣孫禹錫之嘗屬綷爲文者也。誌曰：

2 苓：底本에는 "苔".《詩經·簡兮》에 근거하여 수정.

公南陽人，初諱霫。高麗金吾衛尉先幸其鼻祖，而有左贊成諡莊僖淑顯於我中宗朝。是生觀察使叙疇，於公爲曾祖。祖諱磑縣監，考諱以成進士，有文行。妣金氏，承旨彦沈之孫。

公生於萬曆丙戌十一月二十二日，其伯父秉節校尉大成取以爲後。乙卯，生員。甲子，仁祖南狩，至公州，庭試多士，公爲壯元。歷成均館典籍、司憲府監察、世子司書、司諫院正言、兵曹佐郞·正郞，於外爲高靈·扶安縣監、高山察訪。以書狀官，航海朝天，其爲正言時，極論叛賊姜弘立導虜犯順之罪，請誅之，不報。

丙子，爲司憲府掌令。時虜僭號，遣使來，要我共蒙古尊之爲帝。公痛哭上疏曰："臣自墮地之初，只聞有大明天子耳，寧有魯連之死，不忍使斯言汙耳孔也。我東素稱禮義之國，天下謂之小中華，而列聖世修藩職，事大一心，恪且勤矣。今奉虜而臣之，縱延晷刻之命，其於祖宗何？天下後世何？臣未知處廟堂者何人，而高枕熟睡，君父受侮，視若尋常。然則虜人之稱帝，非虜人自帝，實廟堂使之也。臣謂宜戮其使而取其書，聞于皇朝，速下哀痛之敎，檄召八方之士，諭以大義，則滅虜之期，可指日也。"不納。

崔鳴吉乞送小譯於瀋陽，以探賊情，意欲潛通和好也。公引義面責之，鳴吉大慚恨。先是公之兄翼亨隱于小白山下，公有書云"欲挈家爲老年相依計"，蓋已有蹈海之志矣。是冬虜復入寇，上幸南漢。鳴吉言："首斥和議者，洪某也，可使禦敵。"遂除平壤庶尹，趣之官。時寇迫路阻，公奉母置江都，從海路西下。及到平壤，賊已充斥，入保寶山城，招諭兵民，流散還集，莫不以死守爲心。旣而鳴吉等執斥和人於虜，以公爲首，令道臣執公于任所，送虜營，時丁丑二月十二日也。

公聞命疾行，至義州。林慶業爲府尹，迎謂曰：“明公此行，眞男子事也。身扶大義，名光竹帛，死亦何恨？”及渡江， 路上群胡見公械繫以去， 莫不嘖嘖稱歎曰“此義士也”，至或有勞慰之者。至瀋陽，汗置于別館，供饋甚盛。公却而不食曰：“此非禮之食也。”其將龍骨大使問曰：“汝何故入來？”公曰：“吾以斥和臺諫，被執而來耳。”曰：“斥和者，豈獨汝一人乎？”公笑曰：“吾有一死而已，豈誣引他人耶？”又謂龍胡曰：“去年汝之來我邦也，上疏請斬汝頭者，我也。”龍胡亦笑而去。公自在亂中，遠念家國存亡，忠憤激烈，往往見於吟咏之間，至是又有一律，辭意悲壯，聞者爲之下淚。

三月五日，汗盛其兵衛，將訊公。公方食聞之，顔色自若，食訖，卽縛公兩手以前，促迫甚急，而公步履益安徐。屹然立庭下，汗命解其縛，謂曰：“胡不跪？”公曰：“此膝，豈屈於汝耶？”群胡起立聳觀，汗曰：“汝之先背盟而斥和，使二國成釁，何也？”公曰：“先背盟之失，在汝乎？在我乎？”汗無以對。良久曰：“汝旣首先斥和，則大軍之來，何不迎擊，反爲我禽乎？”公曰：“我之所執，大義而已，成敗，非可論也。且使我國臣民一如我志，則爾亡無日矣。”卽解衣投地曰：“聞爾國刑人必剮，何不速剮我？”

仍索筆書之曰：“大明朝鮮國縲臣洪翼漢斥和事意，歷歷可陳，而語音不相慣曉，當以文墨控白焉。夫四海之內，皆可爲兄弟，而天下無兩父之子矣。朝鮮本以禮義相尙，諫臣惟以直截爲風。故上年春，適受言責之任，聞爾國將渝盟稱帝，心以爲‘若果渝盟，則是悖兄弟也；若果稱帝，則是二天子也。門庭之內，寧有悖兄弟哉；覆載之間，寧有二天子哉？況爾國之於朝鮮，新有交隣之約而先背之；大明之於朝鮮，舊有字小之恩而深結之。忘深結之大恩，守先背之空約，於理甚不近，於事甚不當’。故首建此議，欲守禮義者，是臣職耳，豈有他哉？但臣子分義，當盡忠孝而已，上有君親，俱不得扶護而全安之，今王世子、大君皆爲俘，老母存歿亦不知。良由一疏之浪陳，以致家國之禍敗，揆諸忠孝之道，埽地蔑蔑矣。自究乃罪，可殺罔赦，雖萬被誅戮，實所甘心。血一釁鼓，魂去飛天，歸遊故國，快哉快哉！此外更無所言，惟願速死速死。”汗使華人譯而聽之，歎曰：“難矣哉，此人也！”仍出示公斥和疏曰：“吾不可爲皇帝耶？”公曰：“汝乃天朝叛賊，何爲得帝也？”汗大怒，令二胡扶而出，蓋其刑人者也。拘公蒼頭於別舘，使不知其處，後以鞍馬、衣衾幷還之，公死時年五十二。昭顯世子方在瀋，命以衣帛招魂而送焉。時公闔門遇禍，而獨母夫人無恙，而公不能知矣。

嗚呼！人皆有一死，而死或輕於鴻毛，重於泰山者，惟所遇不同耳。若公者，以海外偏邦之一陪臣，爲天子守節而死，不獨使吾邦禮義之風，永有辭於天下後世，抑亦孔、朱以來，《春秋》大一統之旨，賴公而益明。韓愈氏所謂“崒乎泰山不足爲高”者，非斯之謂歟！孝廟嘗除翼亨教官而不就，足不出山門，酒後每痛哭，仍晦迹以終身，天地間正氣，可謂萃於公門矣。

公之配許氏遇賊於江都，子晬元以身翼蔽，死於賊鋒。晬元，元配具氏出也。許氏自投水，晬元妻李氏亦自刎於晬元之傍，朝廷幷旌其門閭，嗚呼烈哉！公累贈至議政府領議政。肅廟爲作哀三學士詩，其幸溫泉也，特遣官祭公之墓。墓在平澤縣西鯨井里先兆，許氏祔，章甫建祠於其下而祀焉。今上乙卯，特賜春秋祭需于家。

公以翼亨子應元爲子，直長。禹錫其男，敦寧府都正。都正之子澍又無嗣，繼子曰侃。侃，翼亨之玄孫，方爲參奉。內外子孫不能記。銘曰：

天高日昭，亘萬世也，有踐斯墳，無人心者。

都事柳公墓誌

公諱萱，字汝實，文化人。柳氏出高麗大丞車達，我朝右議政文簡公寬以淸白著。曾祖諱用諶生員，從金慕齋兄弟學。祖諱益贈參判。考諱公亮禮曹參判，有文武才，仁祖甲子，枉被慘禍，卽伸雪復爵，士大夫至今嗟傷之。夫人驪興閔氏，進士思溫之女。兄弟三人，公序居二。

萬曆丙戌生，七歲遭倭亂，流落西陬，雖兵戈搶攘，不廢讀書，未成童，盡通四書二經。從崔簡易岦學，爲古文詞，又學詩於詩人李達。士大夫子弟多避兵者，與之遊，莫或之先也。十餘年始還漢師，大小發解，輒居上游。庚戌，司馬，筮仕爲修城禁火司別提，調通禮院引儀，出監永同縣。癸亥反正，上遣御史行八路，澄汰官吏，御史還白公慈詳愛民，命陞敍，尋以微事棄歸。以策魁漢城試，張谿谷維爲考官，歎曰："此文衡手也。"未幾丁家禍，廬墓下以終喪。自是廢擧，寓居利川之碧溪洞，惟以山水自娛。戊辰，除監察，一謝便歸。乙亥，由宗簿寺主簿爲和順縣監，秩滿復宰昌平。間爲戶曹佐郞、儀賓府都事，或辭或赴。公之在湖南，增損藍田鄕約以行之，又用朱子社倉法以備荒政，方伯考曰"化民成俗"，又曰"政遵古道"。自昌平還，不復仕，年七十六卒，辛丑閏七月五日也。葬於同府聖齊洞負乾之原，杞溪兪氏祔，兪氏考同樞大祺。

擧四男二女，誠厚、謙厚生員、譚厚承旨、源厚寺正，洪茂敎官、魚震爽其婿也。長房男晌，女李東淵。二房四男曘、畦皆生員，晽繼季父後，疇繼叔父後，女進士韓鑌。公側出一女未笄而死於丙子之亂，旌其節。

公爲人端雅，遇事果決。聰明絶倫，博覽强記，尤熟於禮學，而務爲韜晦，不以自居。其視名利財貨，若浼己然，家世淸寒，疏糲不給，而常逌然也。撫育兄孫、妹女，婚嫁以時，於親戚極其愛。非其人，不與交。終日危坐，不以疾病少懈，雖倉卒，未嘗疾言遽色，其德性如此。在昏朝屢第，而忤凶黨，輒見拔，遭罹禍故，自屛田畝間。黽勉祿仕，而非其志，栖遑下邑，卒不得展布所蘊，人皆惜之。自號節初堂，有文集若干卷。吾曾祖晩悔公嘗與公友善，至老切磋不倦。公之後孫文濬託以幽堂之誌。後生蒙陋，顧何所知識？而義不敢辭，第據其狀而爲之辭，系之以銘。銘曰：

簡易之文，蓀谷之詩。具此兩美，蓋自得師。
中丁家難，若窮無歸。間就祿仕，迹與心違。
數邑絃歌，猶見儒化。華國之手，虛老田舍。
齎志以歿，命也如何？寂寥篇章，令人吁嗟。
林泉舊居，想像遺風。我闡厥美，以納幽宮。

觀察使李公墓誌

公諱天基，字載元。延安之李，自樗軒文康公石亨始大顯。其後牧使幰以儒學名，是生廷秀郡守，生贇縣監，生時程義禁府都事，於公爲考。其配遂安李氏，縣監亨長之女。

公美風儀，眉目如畫。年十二通諸經，文藝日進。癸酉，司馬。乙亥，上謁聖取士，公中丙科。始補槐院，薦入藝文館檢閱、待教、奉教，兼世子侍講院說書。遷成均館典籍、禮·兵二曹郎、司諫院正言、司憲府持平。時一二卿宰有奴犯法而匿諸家者，公劾正其罪。光海訃至，禮官請百官會哭，公謂“光海得罪宗社，不可以舊君待之”，議遂寢。乞外得扶安縣監，入爲弘文館修撰、校理，間爲獻納。禮曹請王世孫行冊禮，上以未冠難之。公援據古昔，請以空頂黑幘、雙童髻受冊。

己丑，仁祖禮陟，以《五禮儀》無大臣、禮官入參大斂一款，命議啓。公引《喪大記》及疏家所論以奏，且曰："滕文公爲世子，不聽百官之言，終行古禮。今群下所望於嗣聖者，豈不及於滕文，而反用《五禮儀》草創未備之制也？"公於禮書用力深，雖倉卒立草，考據精而辭理到，輒見施行。清陰金文正公論吏判沈詻，而嚴鼎耉等交章右詻，公上箚痛辨其是非。時二宋先生赴朝，以激揚爲己任。同春始論竄自點，公亦上箚申請，既而同春欲并劾其黨與，公以獻納難之，以爲宜徐待山陵之畢。同春引避，斥以觀望，尤菴復提公避辭，論辨甚力，公卒被褫罷。蓋公言論務持重，而大義未始不同，故尤菴晚與人論此事曰"此吾輩不相悉之致"云。

辛卯，除吏曹佐郎，移議政府檢詳、舍人。受暇省覲還，陳湖西民瘼，上嘉納。歷司諫、副應教、執義，又求外得韓山，未赴還執義。乙未，以實錄都廳勞陞通政。金公始振以推刷御史之慶州，請別擇本倅，上問誰可者，以公對。遂除慶州府尹，居二年。繡衣上治績，特命加資，旋寢錫馬。還爲判決事、承旨、戶曹參議。由驪州牧使拜忠淸監司，以母老陳情乞解，特授忠州，以便其養。其後又爲仁川、忠州，時相積居其境，乞得煙軍築私堰，而堅不許，其守法不撓如此。乙巳，丁憂，及吉，周流諸曹。公不樂在朝，爲就閒得鐵原，以庚戌七月十一日卒于府衙，壽六十四。

公敦厚忠實，濟以文雅，望之可知爲長德人。事親至孝，家甚貧，每躬自耕漁，以供甘旨。居官不以一物自累，而如親意所欲，則爲之極力營辦。雖大州務劇，而定省侍食，未之或廢。衙罷，必公服在傍，取當日所決公事，一一奉白，曰可而後，充然而喜。大夫人老而失明，食必奉匙，衣必挈領，起居坐臥，必躬親扶之，至愛懇惻，觀者感動。平生不營産業，無家於都，田不增一畝。爲州郡時，謂家衆曰："汝曹在家，糠粃不厭，而幸藉 國恩，安坐飽飯，於分過矣。"如是而尙可剝公肥私乎？罷歸之夕，家人稱貸自給。然而絶不爲斬截之行，以要名譽，人亦不能盡知也。在講筵，善陳說經義，爲文明白簡當，一時絲綸，多出其手云。蓋公雅志恬冲，不汲汲榮進，故中歲以後，蹭蹬不振。卿相皆其後進，公則低徊冗散，而無一毫慍色。其累求外補者，不欲以三公換一日之養耳，世或疑公坐己丑一事而沈滯，此豈知公者哉？後以側出子同知鶴老推恩，贈吏曹參判。

夫人南陽洪氏，牧使履一之女。擧五男二女，有老縣監、嵩老、德老縣監、景老、成老，嵩老、德老皆出後人，士人宋奎章、趙爾鼎其婿。長房男軒佐縣監、商佐僉知，女適崔晩爽、崔晊、魚景龍僉正、魚史周。二房男羲佐、宣佐、命佐，女適黃濬。三房男元佐、藎佐，女適進士朴仲錫、判書閔鎭厚。文佐、衡佐、箕佐、弘佐、忠佐、良佐，四房出，而五房無後。曾孫曰鉉祥進士、台祥、奎祥、應祥、夏祥、重祥、泰祥縣監、麒祥武科、濟祥、鼎祥、觀祥、最祥進士、會祥、興祥、恒祥、宗祥，而鉉祥實尸公祀。趙堉之孫，彦臣參判、命臣參議、虎臣兵使。餘不盡記。

公墓在陽智山幕洞癸坐之原，夫人祔。最祥從余游，以諸父兄之命來請銘。銘曰：

樗老之後，師靜友晦。儒素傳承，以及公世，
公貌如玉，厥美蘊內。盛之金鑾，華衣光佩。
而公而卿，晉塗誰礙？非我思存，曰有親在。
反哺斯急，夕照難貸。左右以相，藹然深愛。
榮利之場，衆趨我退。低回朱紱，白首靡悔。
環視其居，風雨不蔽。何以遺後？淸白家計。
位不滿德，有識攸慨。我闡厥幽，昭視百載。

副提學沈公墓誌

惟沈氏遠有世序，自定安公德符始顯于世，子孫相繼爲公卿名臣、戚聯后姻，事載國史。公之曾祖諱友正以上第，官止驪州牧使。祖諱諿累官禮曹判書，考諱東龜弘文館應教。妣金氏，左議政命元孫也。

公諱攸，字仲美。其仕在顯宗、肅宗之世，以淸名直道，爲弘文館副提學，位非不顯榮矣，而論者謂其不止於斯而已，則其人可知也。公爲人寬厚忠勤，議論正平，不喜爲崖岸斬絶之行。然於邪正是非之際，正色直言，累躓而不悔，其義如此。崇禎甲寅，李宇鼎等引己亥議禮，將論尤菴

文正公。公以司諫，奏陳文正公無罪、小人構害狀，上怒黜公。未幾群凶復因事構誣之，編配廣州，久而得釋。當是時肅宗新卽位，群凶用事，朝臣皆危懼不敢言，公獨毅然不顧也。故遂菴權公贊之曰："一言出口，奇禍立至，而公之所樹立若此，雖古直臣，何以過之?"斯公之實錄也。

公幼穎秀，勤於詞學，以進士，登庚寅文科。由承文院正字轉承政院注書，薦入翰林，辭不就。已陞成均館典籍、兵曹佐郞，補龍安縣監。顯廟初召拜司憲府持平，先是判書公從南漢使虜，以非罪奪爵，公上疏白其寃，報罷。丁父憂，服除拜司諫院正言。出爲金堤郡守，以事謫配長城。還拜掌令，論相積奉使辱命之罪，不報。遷獻納，又論積徒之嫁禍士類者，又言文谷金公因事被嚴責不可。尋遷司諫，連除司䆃寺正、成均司成。轉爲執義，因災異上疏，極言修德保民之實，又曰："言路之開閉，關國家之興亡，殿下好自聖而惡直言，此聖學不明本源多蔽故也。"公爲臺諫，前後數十年，隨事盡言，侃侃不撓，其大者如是，餘可略也。

公精於吏治，嘗爲沃川郡守，一境稱治，去後磨崖以思，宋文正公爲之記。還拜司諫、知製敎，試士湖南，歷司僕寺正、世子侍講院弼善·輔德，出爲安邊府使，居數年代還。其自廣宥還也，復拜司諫，移弘文館校理、議政府舍人，由應敎擢承政院同副承旨，兵曹參知、禮曹參議。癸亥，拜黃海監司，坐事罷。入爲大司成、吏·禮·戶曹參議、大司諫，上疏斥尹拯誣悖狀，幷論其黨之營救者。丁卯秋，萬壽殿災，公以副提學，侍上陳戒。於是上入邪黨言，頗厭薄善類，文谷公以卜相忤旨去朝。公先幾進言，反復不已，冀以弭國家之禍，而上不能用。明年，除刑曹參議，遽以七月六日卒于第，春秋六十九，從葬通津文殊山下。公卒之明年，凶黨果秉國。甲戌，更政，始遣官祭公廟。

公以直道忤於時，判書公久未雪寃，公含痛在心，無進取意。肅宗庚申，用文谷公言，始伸其枉，人謂公誠孝之感也。其事太夫人，盡其禮，與兄弟友。其心恬於勢利而好儉約也，常居江上，從宦而不營第於京師。平居簾閣據几，從文人學士觴詠，自放於江山之間，悠然不自知其外之有榮辱利害事，然其愛君憂國之心，至老而未嘗忘也。

夫人完山李氏，司議命悅之女。慈惠好施與，配君子無違，十三年而卒，祔葬公墓。有四男三女，男漢柱郡守，贈參議，漢章、漢瑞、漢規直長，女李弘廷僉正、丁道晉、李世禎都正。孫男鳳輝牧使、鳳儀正郞、鳳威、鳳逸、鳳仁、鳳觀，曾孫監司聖希、賢希、士希、道希、泰希、顯希、元希，內外孫曾摠若干人。公善爲詩，有集行于世，別自號梧灘云。銘曰：

允矣梧灘，外夷中方。才敏而贍，學博而彊。
平居自弛，文酒江山。其在朝廷，讜言犯顔。
憂深慮遠，邪正之交。彌縫幾先，弗艱于嶢。
恬淸儉恭。惟德之緖。我最其大。以永終譽。

陶菴集

卷四十一

墓誌

墓誌

判書汾崖申公墓誌

公諱晸，字寅伯，號汾崖，平山人，高麗壯節公崇謙之後。考諱翊全參判，妣趙氏，漢原府院君昌遠之女。公以崇禎戊辰七月七日生。戊子，司馬兩試。甲辰，由冰庫別檢，擢春塘臺庭試。鄭相公太和賀上曰："是宣廟名臣欽之孫，而以文學才器稱者也。"上色喜。初參判公爲賊㷡所構陷，縶於虜中，及虜譯命壽來，廟堂許令被縶人子弟往見。命壽素獰悍，視公卿蔑如，而見公則不覺膝屈曰："此秀才可畏也。"公之妹爲王子婦，參判公深懷畏愼，而公左右之力居多。賊臣自點要結歡，遺以昏需二車，却之。辛卯獄起，多延及姻黨，而公家獨免焉。愼齋金文敬公以讒口去國，尸其論者卽公至親，而公不爲苟同，慨然倡多士上疏請留。

公自在韋布，雅負重望，至是隷槐院，旋入史局，又爲承政院注書，由說書陞禮曹佐郎，遷司憲府持平。有韓姓御醫怙勢縱恣，公坐臺發捕，竟置之法，都下震慄。屢爲司諫院正言，以徐必遠侵詆尤菴先生，請正其妨賢之罪。先是尤菴論駙馬第宅踰濫，以爲非人臣所可處，先生去國之明日，上命駙馬仍處其第，公啓請還收。貞陵旣復，禮當祔，而上意猶難之，公始上疏論之，復合辭力請，遂蒙允。選玉堂，屢拜修撰、校理、應教。時倭酋爲移館，使平尙成來，尙成遇不平事，輒劒擊人，特遣公爲接慰官。公至則折之以威，曉之以義，尙成謂公嚴明不可犯，因舌人謝罪，不敢復言移館事。

歷執義、司諫、輔德，承命廉問嶺南，所上便宜十餘策，率見採施。獻納尹敬教斥相積奸邪，上震怒褫其職，公上疏曰："敬教有古諍臣風，不宜摧折，以塞言路。"幷及承旨呂聖齊繳旨被逮之失，疏入九日，嚴教特褫，政院爭之不聽，自後屢斬黜。壬子，用廟議超授全羅道觀察使，律己淸簡，莅事嚴明，大侵之餘，殫心賙卹，一道賴蘇，又加意於詰戎備變士習。俄以子鎭華選儀賓，特命徵還爲兵、戶曹參議。公主歿，公以官給昏費，義不當留，悉爲還納，以至假貸取足，上以非故例固止而不能得。

其爲大司諫也，嶺人張應一以寧陵事欲構禍士林，上疏痛斥其情狀，應一遂竄。時群凶投隙，日進邪說，上頗厭薄士類，譴罰相續，公輒力爲救解。拜大司成、禮曹參議。甲寅，以中原有吳三桂之亂，中外繹騷，朝議重邊圉，遂擢公爲平安道觀察使。營有捉虎軍數百，皆驍勇之士，特蠲其絲布，且募丁壯以益之，給弓銃，使之習藝，有逐殺獸者卽厚賞，幷與所獲而與之，軍心感奮，願爲之死。一日訛言海寇至，城中波蕩，號哭載路，公首斬言者以徇，民稍定。公所畜捉虎軍一時荷戟而至，達夜戒嚴，因以無事。以藥山、慈母兩山城爲西關巨防，大修樓櫓器械，爲久遠圖。每日洞開重門，使民直入寢閤外白事，晨起視事，夜則引將佐談論，盃酒從容，言可用則輒賞以勸之，論者比之張詠之鎭蜀云。

肅廟初服，群壬用事，先朝舊臣斥逐殆盡。公亦被劾罷歸，寓居湖上，朝夕不繼。俄有叙命，蓋以賊鑴爲言公淸白人不可及也。用敦匠勞，陞嘉義兵、工曹參判。有妖僧自稱昭顯子，上命公卿會議，積爲上相，首鼠兩端，群奸環坐，左右顧而莫敢出一言。公直入坐，引雋不疑故事，正色折之曰："此一言決耳。"趣吏持紙筆來，口授啓草，昂然而出。積等色沮，遂置之法。間拜都承旨、諸曹參判。賊鑴使私人假公文，大伐禁山松入其家，左尹南九萬請查治。上旣許而旋寢，公以右尹上章，暴其縱恣狀。鑴黨疾之，後被劾罷。江都有匿名投書者，蓋爲逆枏所指使，將欲魚肉搢紳。公時在江閣，與季監司公酌酒賦詩，篇未及圓，子啓華疾來，涕泣言公名亦在告中，公笑曰："死生命也。"吟哦不輟。明日入城，與鄭相國致和諸公同胥命，公爲誦其詩，鄭搖手止之曰："非所也。"公曰："常謂相公好風度，今何㥘也？吾輩豈爲逆者？"仍高聲誦之，待命數十日始歸。尋得投書者李有湞，凶黨遽戮之以滅口。

庚申更化，公方爲安邊府使，以大司憲召，差副价之燕。吳始壽與逆枏憑藉虜言，做出臣强之說。公在西藩之時，已盤詰而得其狀，及還而白上甚詳。後始壽獄起，而公爲始壽所誣引被逮，辨證明白，上特命釋之，始壽辭屈竟賜死。拜大司諫，因星變上疏，陳嚴贓律恤民隱之策，上嘉納。翼年進資憲，歷大司憲、右參贊、禮曹判書，與修《顯宗實錄》，兼弘文館提學、知經筵事，又陞正憲。癸亥，崇政拜吏曹判書。公自在郎署，輒引遺戒不就，至是力辭褫，公議多之。出爲開城留守，參判公嘗有遺愛，公一遵前矩，以導民化俗爲務，居數月褫罷，松民請如寇恂故事，借一年，不能得，則相與立石頌之。後以儐使過松都，父老傾城來迓，供帳亘數里。及聞公卒，士民來哭者以百數。

丙寅，入枚卜，出爲江華留守。江都國家緩急所須，而要害無一障蔽處。公於沖年目覩陷敗狀，心常慨然，及是修葺土城及墩臺凡四十餘所，增造器械，頻閱武事，以爲陰雨之備，保障至公增重。丁卯十二月二十二日以疾卒於官舍，壽六十。上震悼輟朝，弔祭如禮。公始葬驪州，後移卜利川水井里負壬之原。夫人青松沈氏，校理熙世之女，先公歿。三男，徵華有至行早夭，瑞華府使，啓華文科重試承旨。女適縣監李碩亨。繼配陽川許氏，判官暹之女。五男三女，鎭華夭，尙華別提，錫華郡守，宅華以孝旌閭，從華。婿進士李翊夏、奉教洪重益、士人李世規。孫曰魯校理、曰晳應教、曰邁、迪、曰晛、曦、暉、曰縣監埜、壆、曰郡守晉，內外孫曾，不能盡記。

公爲人豪爽俊特，內行甚篤，幼時値歉歲，見母夫人闕朝食，泣而告曰："若鬻兒則可食矣。"及其貴顯，每以祿養不逮爲至痛，言之必涕咽。又篤於友愛，與監司公約曰："寡嫂弱妹，貧無以自資，盍以先業歸之？吾與若祿食足矣。"得俸賜，輒與諸弟妹，家無留者。不爲子孫立產業，每誦楊震遺以清白之訓以詔之。且以儉約理家，自少喜施與，己之所有，人有欲色，必與之，以至擧奴僕與人若輟飯水，每謂士大夫一失名節，餘無足觀。公退閉戶淸坐，寂若無人，非公事，不出入。遇會心人，輒欣然對酌，胸次洞然，風流氣槩，傾倒一世。雖間雜諧謔，而憂時憫俗之意，自寓於其中。宋儒曰：“氣象好時，百事是當。”其公之謂歟！

公常歎曰：“黨論必亡國家。”當老少分析之初，命侍者戲作日曆貼壁上曰：“某日老某日少。”客有談時事者則曰：“看吾今日作何論。”其混俗玩世類如此，實則未嘗不嚴於陰陽淑慝之分。於先輩尊尚尤菴，每言南九萬必爲小人，人服其先識。雖身居宰輔，而超然於得喪寵辱之外，惟憂愛一念，炳然如丹，語及時艱，爲之太息。或酒酣，詠鄭圃隱此身死復死之歌，歌竟泣數行下，至今想像，如見其人焉。文章得之家傳，有館閣典則，尤長於詩，遺集若干卷藏于家。魯在時託公幽堂之誌，今老病且死，未忍負亡者，遂爲之銘曰：

倬哉尙書，象村之孫。文章器業，以大厥門。
言議侃侃，士望攸歸。一節終始，履險如夷。
諧浪笑傲，風流弘長。混俗玩世，此老非狂。
牢騷不平，一寓於酒。鑑別邪正，人也焉廋？
氣象之好，宜永終譽。世界衰颯，開眼無所。
匪公誰思？銘以表之。

左議政老峰閔公墓誌

公諱鼎重，字大受，號老峰。驪興之閔，在麗代繼世隆奕，咸祖尙衣奉御稱道。本朝有諱審言，端廟將禪，棄開城副留守，歸老於鄕。四傳至立巖，立巖諱齊仁左贊成，救乙巳士類謫卒。生郡守諱思容，是生庫令諱汝健，於公爲曾祖。祖諱機府尹，考諱光勳觀察使，世以淸德質行聞。妣延安李氏，府院君光庭女。三子，大司憲蓍重、文貞公維重而公序居二。以崇禎戊辰正月戊寅降。

自幼志氣卓邁，長者叩疑事多中，聰明絶倫，文藝驟進。二十一進士，翼年庭試第一，授成均館典籍，遷兵曹佐郎、侍講院司書。孝廟新踐祚，庚寅冬雷，公以散職抗疏陳闕失，有曰："殿下踐祖宗之位，不能安其宗社保其赤子，先王在天之靈，肯曰予有後？殿下何顏入太廟乎？"御批"嘉爾忠直"，尋以未安敎自免。又應旨論八事，仍諫酒用程子好獵爲喩，所論多見施，至"詼諧爲淸致"，上嘉歎，使臣隣知戒，賜皐比奬之曰："善養直氣，以期遠大。"拜司諫院正言，劾宰臣憲官犯法者，上稱之曰："鳳鳴朝陽。"入玉堂爲副修撰，箚論存養延訪，語益切。又請不時召接宿衛及入直官，試其才否而擢用。觀察公宰安邊，公以母病乞暇，加賜藥物，以修撰召還，陳趙庶人按律、王子保全事。

壬辰，以自點獄問事勞加資，未準格改正。論尹善道逸居蔑義，不宜擢近密。改副校理，入對論奏明剴，常以立志得人爲先。夏旱，貼黃封事，言姜獄自趙、金之敗，輿情愈惑，兄弟之倫，本之天顯，有寃則伸之，不者夬示是非。又言勿以諸儒狼狽而沮求賢之誠，勿縛送漂漢人而館穀于濟州。復救兪棨錮廢曰："棨本樸愚，或有三至之讒歟!"上亟賜對，責其論獄之妄，公對如疏指。上曰："在法無赦，而予旣求言，爾能無隱，故不之罪耳。爾年少何能盡知?"詔以獄情始末甚詳，公起拜謝。上歎曰："世間浮言至此，予實慙焉。"昭顯諸子方拘海島，後放還，又官其婿，用公言也。

上又曰："漂人，予亦矜惻，而萬一見洩，嚇喝百端。予不才，廷臣又無可仗，不免以數千里畏人，奈何?"時儒賢以虜嘖去國，上思之而拘格不能用，至是面諭其意，復問可用者誰。公以尹宣擧、尹鐫進，願以白衣召見。上顧近臣書入，且以兪棨事曉諭。是日早入對，至昃而退，公以眇然新進，極言不諱，人皆爲公懼，至前翕然有吁咈之美，士流相慶，然公不自安。罷而叙副修撰、校理，乞省覲，或得小縣讀書，不許。自是契遇寀隆，復陳正心、養心、恤民、固邊諸條。

乙未，副校理，上講《詩》，公以新免李夫人喪，引徙月樂之義辭，命下僚替讀。以微事被嚴敎，已而曰："君臣猶父子，何必藏怒於中?"又與諸僚因災陳戒，上召見，奬其切實，語及得人，慨然論昭烈君臣之際，仍問："宣廟不大用李珥何也?"公曰："李珥契合昭融，不久而死，假之以年，昇平不難致也。"上曰："安得必如古人而用之? 近臣中亦可識拔也。"對曰："正直者多逆于心，此宜加察。"後又誦程子先進見後受爵之說，願開儒者可進之路，次別其賢能而用之。又言："自點謀逆，獨憚宋浚吉等，必欲構禍於外敵，此非今之汲黯乎？"上深然之，公之惓惓招賢若此。

承命作東國地圖以進，賜貂掩耳，展墓復賜馹。嶺南饑，請遣御史賑之。虜以查來，公因事規戒言："先奮大志，不畜具臣，平居礪節義，臨急責忠力。"批曰："令人氣湧如山。"禱于社，省牲而雨，大臣欲申入報謝意，公爭之曰黷。諫長兪㯙被鞫安置，論救之。金文敬先生之喪，乞行恩典。褫爲直講，還校理，請寢新宮之役，又論天命人心去就之幾。公素善疾，鑿書室於廣州泉谷，退居調息，屢除不就。間赴召論言路，褫復歸。

文貞公以憲官特補鏡城，諸大臣救解。上遷怒于公曰："某非俗流，可大用，而近亦誤入矣。"以校理請譴，上批："前日之敎愛爾也，有則改，無則勉。"入城辭則曰："嘉爾戀君之忠。"復應旨進十條，其論待下曰："詈辱及於宰輔，杖責加於卿士，斥之使去，招之使來。昔四皓以善罵亡匿，安知今日亦無義不辱者哉？"上嘉納，仍曰："今日亡匿者爾耶？"公辭謝，復以錢若水事爲諷。答曰："戲之耳。"陞副應敎，忠淸監司徐必遠奏毁道內諸書院，公斥其謬得已。間爲司藝，上臨朝勵精，同春先生日侍講。公感奮不敢言病，出入論思，請令同春及權公諰直講院，夜對講《心經》，旁招尹文擧諸人。又於不講日，令直員寫進故事可法戒者，講時隨疑咨詢，副本留館，遂成令式。

戊戌，修撰改司諫。公嘗爲御史湖南、西，皆稱旨，復廉察嶺右道。移執義，還以便宜從事者條奏胥命，嘉奬之，又特召使書進所欲言。上臨麟坪大君喪，巫茢不先，與同僚劾喉司失職，遭嚴旨自劾，倉卒草啓，詞理俱到。拜東萊府使，至則梟潛商，嚴約條。當宴，倭猝起擲刀，公色自若，突出館門，則又整軍待之，自是戢伏。詗得商譯吏與倭通狀，請徙之邊，增簽卒伍，大修邊備。同春馳書勞公，擬之韓、范。公遘瘴疾，已亥廟堂請罷。上曰："國勢削弱，自得閔某，差强人意，舌人苦之，必詐云罪罷，使彼雀躍矣。"遂以禮曹參議召，尋褫。

孝廟賓天，公請用古喪禮，不行。兵曹參知，丁外艱，服闋，大司諫。湖南奏佛像汗．公請碎之以解人惑。壬寅．僉樞、承政院承旨、大司成。改量畿田，公受左道命，經界得正。以諫長請對，上辭以疾，公自劾有拒人千里之語，上怒甚，藥院請議藥不聽，公復引避，且曰："先王因微恙停筵，臣以玉堂陳戒，卽賜對，仰瞻天顏，餘汗未已矣。"不省，居數日召見，乞御講筵，革宮庄，又論繼後後生子，以繼爲嫡，下番史官許期服暇，皆見格，以不得其言褫，復拜輒辭。癸卯，大司成，嶺人醜詆栗、牛兩賢，公痛辨其誣，又陳學政以典學爲之本，取舊制增損條進，創通讀以嚴課式，司馬序坐，不以榜以齒。又撤尼院作黌舍，尤齋先生命其名曰闢入、曰一兩，每正色皐比，衿紳坌集，橫經問難，凜乎有三代風。是後他遷常兼帶，辭則儒生將請留，以故不得褫，至今論教胄之政，無居公右者。

備局、槐院副提調，且管賑事，大臣悉委簿書，酬應若流，移吏曹參議。甲辰，陞參判，從臣以祖母讎欲回避虜使，承旨徐必遠却其疏。尤齋以禮復讎盡五世，斥其悖理，是非紛爭。公爲激揚之論，銓注忤上旨，特罷旋收還。出爲咸鏡觀察使，以微嫌辭，乞得一塞府自效，不報。塞俗椎陋，公不鄙夷之，選鄉秀教以禮書，又資送二宋門下，使相傳習，建書院，廣布經籍，設養老飮射儀。於是北人始知有學，絃誦相聞。祠壬辰倡義士，以樹風聲，固關防鍊卒械。嘗盛軍容臨江大蒐，胡人慴其威，叱馭畏途，徧巡障戍，使老校疲卒各盡其情。又立詳定法，大均賦斂，爲永世惠，秩滿再仍。丁未，褫爲同樞，迭長三司，副學時議賑事，與大臣不合去，復爲國子、亞銓兼經筵、賓客。

戊申，從幸溫泉，馬顚給馹，尋擢戸曹判書，請加俸祿，以勵廉恥。量湖西、海西田，又以克己私勑群工陳戒，上悚然聽納。尤齋渡漢，公承命往諭，以其意還奏，免相始入朝，首請省冗費，公曰："事貴有漸。"上亟罷一二御供，復議減貢物，胥隷扇謗，朝議又推助，尤齋遂歸。公自以同事力辭褫，歷知樞、工書，以上价使燕，律己淸嚴，一行震讋，獵胡或獻其獲，畏敬如此。還至灣上，歸賞金于庫，鞍馬與武士，行槖蕭然，得崇禎皇帝御墨以來，尤齋勵之華陽广上。

庚戌，論神德王后祔廟，敦匠勞正憲，由憲長移秋曹。金公澄以壽親宴將坐贓，按事者素憾公，以公嘗受其有名餽，欲幷傷之。公在墓下引咎，輒慰諭，以荒政敦勉。有禮書、判尹、參贊之除，時大饑疫，人死且盡，公受命賙賑，殫竭心力，以饘以餱，濟以醫藥，復申遺棄收養之令，濟活以萬數。堂郎多染死，公晨夕往賑所，又身救姪女姪壻之病，卒無恙。拜兵曹判書，干託不行，甄叙得人，遞爲大司憲。

同春疾革，論相積奸邪，不報，恩禮無終。公以浴暇下鄉，上疏諫，仍言李敏迪、李端夏無罪，自後有除輒辭。及寧陵緬禮詣城外，上責其屢違召削職，兩司爭救，有謂公難進易退者，上怒竄其人。積方寵遇，奏事面諛口給，公惡其色態，徐一言折之，深見忌疾，至是被譴。甲寅，大臣爲公擧辛亥賑事曰："忘身殉國，未有如此人。"遂叙。顯廟禮陟，入臨董方中，參贊、大憲。玄石朴公世采以閔業家喪禮被罪，公亦嘗與聞，乞同勘。復還忠州，陞崇政判吏曹，遞。文貞公亦盤桓于野，疋馬來往，文酒相歡。凶黨謂公兄弟穢朝廷不仕，論削黜，無何，教曰："閔某等才局可屬重任，其叙用，復有尼之者。"崇陵莎土崩，公下吏，收告身。

戊午，叙判中樞。尤齋栫棘，同春亦追奪，公上疏願如尹、范同貶故事。初尹鑴盜名誑世，公少與親好，力薦孝廟，遂加招延。禮論發，人始識鑴禍心，公猶未遽詆斥。及鑴爲奸黨推轂，或問鑴將如何，公曰："鑴常大言士於今世，頭不可汙朝冠，其或不出，出則何所不至？"至是鑴出而顚國，罪惡貫盈。公始愧悟，盛論鑴罪，仍訟自誤誤君之罪。群奸請竄，命削黜，居一年，復論尤齋黨，公與文貞公及吾祖議政公兄弟偕竄，公得長興。十月大雷，上震警并宥釋，凶黨交爭，庚申夏始還。會堅、柟等謀逆伏誅，朝著清明，公叙爲工書，道拜議政府右議政。與文谷金公壽恒同心篤棐，革奸蠹黜貪贓，伸寃枉振淹滯，別遣御史于八路，問民疾苦，中外大悅，請用張曲江例，祭同春墓。

陸左議政，長星見，面陳修省之策，退又上箚曰：“存大體而戒好察卞急，懋誠實而無進銳退速，節財用以禁侈汰，明是非以張紀綱，惜官爵獎名節，秉心如日月，畜德如天地。”優批嘉納。仁敬王后上賓，差摠護使，禮官議莊烈大妃當絶服，上杖期而易月而除。公箚陳：“禮適婦大功，適孫婦小功，適曾孫婦無服，後人改適婦爲期，則適孫婦以下雖漸殺，亦可義起爲大小功。殿下宜臨喪用衰，視事用素，侍慈殿半吉，練祥禫咸如禮。”博詢，議不一而罷，然大妃服命用緦。又論趙絅配廟無義，勳籍追錄之非，吳始壽減死之失。一諫官爲瞻顧計，顯訟始壽，公又辨破，始壽死，絅亦黜。壬戌，虜主如瀋，將使使問，人多憚行，公請自往，星夜致命。

尤齋造朝，爲鑴黨所誣將退，公旣入對辨晰，又以禮論及出處始終，錄成一狀以奏，乞付史官。上遂勉留尤齋，諸儒亦應召。公始以奔問入謝，不欲久於位，自仁顯王后正位，益自抑畏，顧時勢嶠危，未忍決去，至是始力求退不許。上之冲年，群壬挾强宗謀亂，賴淸城諸公竭忠保社，而人心猶危疑。御營大將金益勳受密旨詷察，以告諸大臣，公深戒之。一日益勳來謁，出袖中紙，公不見，俄而急書上，凶黨鮮得脫，公多主平反，以故獄不濫。少輩自以攻勳戚爲淸議，極論益勳釁累，老成務欲參酌功過，黜益勳以調停之，衆怒愈激。及益勳蒙宥，言官爭之，謬援公室語，上罷其職。公請加優容，還益勳罪籍，以靖浮議。然尤齋已決歸，朝論遂橫析，不可復救矣。

上患痘，公坐牢人心，若未有憂者。醫議歧，公診而出，手剉藥以進立效。上甫瘳，明聖王后昇遐，公又摠護，應對中窾，錫豹皮。公屢請告懇益切，甲子冬始許之，付判中樞。及上謁陵，公已遘末疾，自載至，上見其癃甚，嗟勞之。公喜三淸水石而居之，窅然有塵外想，每枚卜，輒遣掖隷賜膳，問病如何，蓋思復用也。

尹拯自少學於尤齋，嘗請其父宣擧銘文，以其詡揚不如意，深銜之，外存師生之分，而潛與人書，訾毁其心術。尤門人上具事十朝，少輩猶盛推拯謂觀過知仁。公曰："此斯文變故也。"遂同文谷白上勿禮遇拯，以俟自新，自是士論大定。拯徒爲訟寃，醜詆大老，大臣欲鎭定，預請勿捧。公言其失體，疏果入而罪其人，後相臣有力救拯者，公復據義痛辨。朴玄石以冢宰論宮禁事，被嚴旨歸，兩大臣論救皆竄北。公上箚諫，以上講《易》，深陳懲窒遷復之義，批旨未安，旋刪改。公地偪跡危，而力疾獻忠，人比之屍諫，陞領樞。

己巳，移領敦寧，逆黨復入，悉反庚壬獄，方次及按事大臣，及中壼遜位，先命削公爵，未幾尤齋、文谷被後命，公亦栫棘碧潼郡。公積歲痿廢，人皆愍之，而與親舊笑别，自舁趲程，繼有按律之啓報至，一行震遑，公則無幾微見。金吾郎歸語其黨曰："此人天生，何能以人力害之？"李元禎死於庚申，其子聃命自謂復讎，嗾嶺人充三司者迭出害公。將請對，一人忽嘔血死，下詢廷議多異，聃命獨力請不得，歲餘停，公未嘗一問臺章，女訃至，亦無過戚容。嘗謀遷觀察公兆，病不及就，以爲至恨，及是始遣子弟行緬事，自力哀臨，疾益劇，以壬申六月廿五日卒於棘中，貴賤知不知皆慟曰：“賢相亡矣。”比反，士林迎哭者續於道，北民爲位而哭。甲戌，坤位復正，復公官賜祭，改窆官庀事，又謚文忠，遺迹所及，多建院以享。

夫人申氏，東陽尉翊聖之孫，父昪洗馬，淑哲有婦德，蚤卒，公終身悼惜。一女適士人李寅烒。繼配南陽洪氏，觀察使處尹之女，後公十五歲卒，朝家月致廩。男鎭長魁文科，右議政，克趾先美，以孝旌閭。側室女歸李煊。右相娶判書南二星女。五男三女，在洙縣令，啓洙縣監，安洙、學洙、德洙皆夭。壻佐郎洪重錫、監司朴師益、判書李濾。李寅烒男成坤郡守，泰坤、元坤皆參奉，女判書洪致中、士人郭熙績，曾玄若而人。

公天分甚高，立心造事，非第一義不爲。少時發憤大讀《中庸》，文思泉湧，及從姑夫趙樂靜錫胤聞爲己工夫，日誦《夙興夜寐箴》，痛自刮磨，下至經世之務，恥一不通。嘗欲買畿田，力耕以養老，又將倣行古人同居義庄之規，不果就。熏炙二宋先生之門，造詣日深，禮以治躬，敬以持志，瞬息有養，語默有節，喜怒不形於色。常謂人於榮辱禍福，雖處之得其道，如有一毫留着於胸中，便是爲其所動。言議尤峻正，論人是非淑慝，必取其大處曰：“以小節曲恕，則利害勝矣。”教人先教《小學》，同春言當今知《大學》無如某，蓋其平生受用，不外兩書。

黨禍時，人勸以謝遣學徒，則以朱子說應之。官高事煩，晨興輒讀書，手書《太極圖》、《東·西銘》，又於竹籤書《尚書》，亂抽迭講，又倩人寫四子諸經而大其畫，老而嗜學如此，故踐履篤實，表裏洞澈。嘗曰："中秋月夕，浴蘭湯着新衣，焚香誦詩，氣象如何？人當常存此意思。"欲知公者，宜於此語觀之。公雖不以學問自居，其道自修身進乎齊治，童年在堤峽，侍觀察公疾，採藥邀醫，不避風雨。李夫人理家勞瘁，夜分不寢，每懇諫，又彷徨不去，以覘燭滅，夫人强爲之休。居喪哀動隣里，祭時齊明致慤，公私饋賜，必別貯享需，以供宗家，餘以徧及親族，久遠墓隧之役，無有闕漏。日與兄弟湛樂，大憲公歿，爲之嫁其女，新其弊廬，割庄土以資嫠妹，而畜孤甥如子。

居家倣溫公《雜儀》，最謹於四禮，有疑文，質諸師友，以成一家則。正名分篤恩義，閨門嚴如朝廷，教子弟有法，謹容節愼交游，仕則飭以盡職。遇僮僕，莊而慈，又申以孝悌，死爲食素。與人交，敬而信，抱枉則直之，歿而恤其後，親黨無疎賤，依之如歸。虛心愛士，門無停客。平居儼恪若不可犯，而卽之乃更溫然款曲，兩忘其爵位。在朝以正己正君爲務，激昂喜論事，而至誠懇惻，常在言前，故言出而上下信服。憂國如家，一視夷險。臨大事，嶷若山嶽，發之果則水決千仞，嚴法守而善通變，規模大而綜理密，莅下威先恩隨，奸猾革心，以至韎韐之徒，亦相語曰："緩急得公爲帥，湯火何辭？"隨才甄拔，輒先孤寒，見善猶已，芻蕘必擇。賤者或抗言不慴，則屈已以成其美，僚屬有違，覆甒若戶樞。

同春嘗曰："峻潔者多欠器量，惟某兼有之。"存心愛物，凡所周恤，尤致力不報之地，事可以利民，必忘身而爲之，雖在田野，朝政有闕失，竟日不怡。嘗讀文貞公救漂漢人疏，爲流涕曰："後必昌乎！"在謫病革，聞大君生，蹶然而喜，忠愛惻怛，其素性然也。

酒量過人，微醺，風流映發，一座心醉。視不正之色，若穢物來逼，終身無所近。所御服食非常有，必窮其來處，騶直不入家，鞭韉亦不受。瀋行之還，以別賜路資，還之有司，命勿受，則取以備公服，餘皆購書。或諭以買宅，不應，日用百物井井，雖累毁累成，必慊於心而後已。北關時營築屋墻累百間，經數十歲，堅緻如一，蓋事無鉅細，一一精神所到可知也。立朝五十年，多退少進，朝野以用舍卜其汙隆。每朝會，正笏端拱，班行肅然，望之者若麟鳳。文貞公云："吾兄與文谷俱間世人物。"人不以爲私言。嗚呼，天生聖君，必生名世之賢以左右之，公以英特之姿、經濟之具，際遇孝廟，一言結殊知。時則有若二大老而又爲之主，入告出勉，無非所以明天理樹民彝者，有時宣對，大計密勿，慷慨幾於涕出。雖志業未終，遺痛千古，而亦可以觀君臣矣。

聖祖旣簡拔公，俾輔後嗣，公亦以世道自任，而平陂往復，無所不有。以公先憂後樂之志，不克大究厥施，卒與斯文同其興喪，雖受禍有淺深，其畢義殉忠則一也。宋之馬、呂能做元祐之治，而不能遏章、蔡之禍，如天不祚何哉？然公之出處事業，磊落光明，如青天白日，奴隸皆知，足以垂百世而不朽。求其所以得此，則蓋孟子所謂先立乎其大者，而集義以養氣，推仁以利物，弘以勝重，毅以致遠，若公可謂全天所畀，而亦不負聖祖期望之盛矣。嗚呼偉哉！平生所爲章奏，明白激切，讀之凜凜有生氣，一時聞公之風者，皆能知重名節尙禮讓。朱子言國朝士大夫振作之功，范文正爲多，尙論者於公亦或云爾。

公之葬，始自楊州遷驪之大居里，復改卜負甲之近崗，去寧陵十里而近。噫，此豈偶然哉？緯以文貞公外孫，幼拜公於三淸之第。白毫美髯，目光奕奕射人，時衰疾沈淹，而豪氣不衰。嘗聞東陽公評公比之秋鷹，其少時可知。長而得公遺事，實有高山景行之慕，而邱木已拱矣。今嗣曾孫百男屬以誌，自懼穉昧蒙陋，不足以發揮萬一，而第撮其言行大致，以納諸幽，後之君子，尙有以考信焉。

佐郎李公墓誌

李公箕相年五十四肅宗辛酉及第，尤菴先生與公書，以晦翁之賀同甫者賀之曰："後生叢中，出一口氣，出身事主，由此權輿。"蓋期以遠大。不幸公數歲而卒，其事又與同甫相類，豈非命耶？公字悅卿，系出中廟王子德陽君岐。德陽之孫曰睟，龜川君，諡忠肅，是立大節昏朝者。生諱烱胤，蓬萊君，以詩名。是生公之考諱至縣監，妣晉州蘇氏，其考監察挺震。

公才器夙成，九歲避虜亂嶺南，徒步行十日無疲色。洎還都，逮事大父、曾大父，能順適其意。父寓湖峽不歸，輒涕泣以思。十八發解，二十五司馬。壬子筮仕，昌陵參奉，序遷敦寧府奉事、司䆃寺直長。丁外艱，後六年復除繕工監副奉事，是秋擢謁聖第五名，以資窮陞成均館典籍，拜兵曹佐郎。有名官躁競者，因事遷怒，以驟陞論公。吾祖考議政公判選曹，爲陳公才行以直之，遞拜禮曹佐郎，爲養得扶安縣監，抑豪强恤孤寡，孜孜奉職。適大水傷稼，躬閱田疇，又以公幹跋涉山海間。時公久感疾，子弟諫則曰：“食焉敢怠其事？”疾劇解歸。旣而收叙，駸駸且進用，而癸亥二月十二日竟不起。大夫人方在堂，公臨絶猶問今日安否何如，聞者悲之。

公篤於內行，父病露立禱天，三年日上塚號哭，無寒暑風雨，服吉猶晨謁不廢。平居簡言語，惟樂道人之善，罵詈不及僕隷，慈諒和易，而中實有守。少爲太學齋任，公父友有營公薦者，衆爲之勸，卒不應。治官又極謹嚴，家業不問有無，淸坐看書，寡交遊，一不迹權門，衰晩蹭蹬，處之悠然，雖不克大展，而志行略可見。嗚呼惜哉！葬于廣州樂生之先兆，尹淑人祔。淑人坡平大姓，都事惟晉之女，生于某年，歿于某年。四子著徵府使、著應、著昌、著命縣令。著徵男觀濟、益濟，著應男光濟、敏濟、道濟，著昌男謙濟進士、泰濟，著命所後子經濟，曾玄若干人。府使公使孫東謐來曰：“先人墓迄今無識，吾老且死，無以藉手於地下。”縡不敢辭。銘曰：

晩翠早萎，乃理之常。

公獨反是，拙若處子。
何德之剛？用告無止。

參奉玄公墓誌

湖南古稱多山水、樓臺之勝，靈巖鳩林號爲樂土，而玄氏竹林之亭爲最，參奉諱徵字士休之居也。公之仲父裕後亦參奉，不仕，有亭名就陰者，後承衰替，不能保有。公傷之，歸其直於人而移構之，以復舊觀。文谷金相國聞而歎曰："士休之篤於親如是夫！"遂取阮家父子契許之義以名之，文谷之胤農巖、三淵諸公相與詠歌其事。公未老謝官而歸，居閒數十年以終，士大夫多高其風致。

玄自高麗兵部尙書德秀籍星州，高祖縣監諱球，曾祖從仕郎諱德亨，祖諱健，官主簿，不就。考諱振後，妣坡平尹氏，府院君之任之後。公七歲而孤，哀毁猶成人，仲父憂之，挈歸而鞠養，且授以書，文辭夙就。旣而歸奉母夫人，經理成家，雖生事旁落，而甘旨不乏。戊子，隨計赴京，見星而奔，終身以爲痛恨。旣吉，遂欲廢擧，而爲仲父所强，中庚子進士，後屢發解，竟不第。庚申新化，除光陵參奉，嘗於直所遇喪餘日，有詩自叙如不祭之懷，仍卽謝歸，人問其故則曰："病未能也。"文谷欲爲公取近，使待殿郎之闕而猶不肯，乃追寄書曰"歸袂浩然，不可復挽"云。公嘗曰："吾鮮民也，追養之節，惟祭祀耳。"非甚病，未嘗一廢沐浴，臨祭膳羞或不備，則傷歎却食。晚遘脚疾，而祭日猶俯伏致哀，已祭而出，號哭不止，哀動隣里。

公爲人敦慤，身不設惰容，家不置戲具，處鄕黨和遜，不言人過惡。少而劬書，至老不釋卷。舊有塾而中廢，改建而增大之，令村秀日肄業其間，每朔望會于亭中，考試而賞罰之，蔚然有作成之功。暇日又與諸長老擊鮮置酒，吟哦酣暢，以永終夕，至今傳以爲勝事。嘗聞吾叔祖冢宰公當己巳禍謫冠山，公往拜之，燕語從容，笑曰："吾與公同年生，月日亦同，而窮達懸殊，豈所謂命歟？"曰："吾雖致位卿相，子則一生享有湖山淸福，反復勝耶？"

公年七十四，壬午正月十六日卒，葬在郡北立石山辛坐之原，室竹山朴氏祔。公無嗣，取從子若昊子之，若昊生四男一女，守初、守中、守範、守愚，女適林尙夏。曾孫曰命直、命益進士、命德。命直從余遊，來乞幽誌，余久聞竹林之名，欲一登斯亭而未能也，且慕公淸操，遂爲之銘。銘曰：

故家肯構，非亭爲高。小阮淸眞，脫屣塵囂。
所友不俗，眼底兒曹。忠厚孝悌，寔神攸勞。
湖海風流，亦足自豪。觴咏娛賓，絃誦造髦。
抱玆奇氣，老死蓬蒿。銘以志之，厥德載昭。

參判韓公墓誌

肅宗大王有直臣，曰韓公聖佑。其封張氏淑媛也，公爲司諫院正言，以節寵色、愼名分、防讒間獻戒，且引宋仁宗流涕放出女口事曰："臣何敢謂殿下不能哉?"上震怒，革其職，傾朝迭諫，方收還，未幾有己巳變。君子曰："匪直也直，其炳於幾先乎!"公字汝尹，少喜古文辭，不利公車。三十七進士，五十二文科。在太學，倡多士直尤菴先生寃。筮仕 顯寢郎，歷數官，至是陞六品，除禮、兵二曹郎，忤當路，出爲咸鏡都事，拜司憲府持平。

相臣李尙眞請釋閔熙、洪宇遠，公劾其鼓邪論，且駁奉使者貽罰鍰之辱，及論宮掖事，屢擬臺省靳恩，三載始除禮賓寺正。世道否，自屛楸下，一不迹都門。甲戌彙征，除弘文館修撰、校理、應教，間爲執義、司諫。嘗撰尹相趾完批詞，有彝倫斁敗語，尹大慍，公不顧也。己巳榜見棄名義，有名家子爲騎郎者，公使諷之曰："亟自處，吾且駁之。"其榜人又擬瀛選，公堅遏，長官不能難。一日內入漆三斗、胡椒幾十斗，公上箚諫，其言若質之者曰："殿下欲用於何地? 宮庭雖邃，天已洞見。"

參鞫坐，南九萬爲委官，方傅李義徵生議，公力爭不能得，起出，義徵遂死。擢承政院同副承旨，褫復入至左承旨。公素不喜進取，屢求外，爲淮陽、三陟、鐵原、光州，其治一以淸淨。三拜大司諫，嘗因天災陳正君德、輔世子、勵廉恥、嚴贓法、去朋比累百言。辛巳，拜全羅觀察使，廉公自律，一道肅然。諸宮家廣占山澤，爲民害久，公條列請罷，以去就爭之曰："白首老臣，一念如丹。"遞拜戶·兵·禮參議、掌隸院判決事，又拜大司諫。

上嘗以用不足，預取市廛，又引用惠廳米。公慨然諫曰：“稱貸之事，鄕黨自好者亦羞道，殿下一言幾乎喪邦，而廷臣將順不暇，猶謂國有人乎？”正言金萬謹劾吏書李濡，黜補瘴邑。公爭之曰：“聖朝三十年間，嶺海外以言死者幾人？使萬謹又死於暑路，則殿下手滑，豈不來後世之譏？”仍斥臺臣金栽阿諛不言。乙酉，議上號，公在儀曹，引陸贄累謙冲傷事體之語陳戒，上雅知公直，屢逆耳不之罪，至是奬其忠愛。其秋，拜開城留守，入爲兵曹參判。

李東彦，敢言士，爲人構陷將瘐死，公以同義禁疏救之，剖判獄案。且言東彦事繼母孝，時論大駭，東彦死而寃雪。歷禮參、漢城左·右尹，遷吏曹。時善類多見枳，公獨政，一日疏滯盡，吏以政格告，揮手呵之，旋爲群小所擠辭褫。由工曹，移成均館大司成，公老無仕宦意，七違召坐罷，徜徉湖山外，吟嘯自適。年七十八，庚寅十一月十三日，考終于京第，疾革，口呼遺戒與子孫，賻祭如儀。

公天姿貞介，面如紅玉，望之無一點氛濁。言若不出口，而遇事可否，氣蓊勃不休，門守堅確，賁育失其勇。然性慈良，昆蟲之微，亦不忍傷害。與人交，無褻狎，不設機關，見不善若浼，聞善則喜而揚之。事君忠愛藹然，常曰：“報國日短，吾不忍循默苟容也。”盡言不諱，亦不事訐激。屢典州府，田不增數畝，而爲親黨周急則不悋也。杜門罕出入，公退淸坐看書，門巷闃寂，嘗摸十名山于屛，朝夕臥遊。於書最好晦菴、西山，平生不釋手，晩又書《小學》置傍。

蓋公內行甚篤，親疾血指以進，居喪廬墓致哀，每祭泣曰："少與群兄弟分喫甘旨之餘，雖欲復爲此，得乎？"取其餕嘗之。伯清原公性嚴少可意，謂子弟曰："吾弟事我，汝曹可法之。"季貧甚，割土資之，爲外先樹石其墓，又助其祀，皆孝之推也。公少事二宋先生，終身敬慕，動以繩墨自持，早起端坐，人不見惰容，於物無嗜好，老而涵養益深。是以立朝言行，潔白峻正，蔚爲士流重。其在經幄，入奏出箚，人服其淹博，詩文亦典重有古意。

韓，清州大姓，至右議政淸平府院君應寅益著。是生諱德及同知敦寧，生諱壽遠牧使，實沙溪先生宅相，公其第幾子。外祖龍溪李處士榮亢也。夫人南陽洪氏，觀察使處厚女，壼德純備，六親則之。四男配義牧使、配道、配文、配琦。壻教官趙命徽，側出子配熙。女朴弼懋、進士師范，長房出。參奉師逸，三房出。配道所後子師軾，趙婿子漢宗、漢明、漢章。師范男顯謩校理、翼謩、敬謩。緈以通家子，辱叨知獎，公嘗出示晦翁書曰："士大夫不可不讀此書也。"退而竊跡，公言論正直，絶不爲近世媕婀習，眞可謂善讀晦翁書矣。藏佩德音，何日忘之？牧使公屬以幽堂之誌，義不敢辭。銘曰：

余生也季，尚及公幸。瑩如寒冰，恬如古井。
避利若怯，趨義何猛？諤諤其言，擧世縮頸。
公髮旣皤，公節彌勁。曰紫陽書，維師所命。
嫉惡持正，矧我天性。唉彼懦庸，視若蹈阱。
考履旋吉，缶歌昃景。於戲不忘，惟我王聖。
孝友淸白，非曰細行。我最其直，衰世是警。

府使趙公墓誌

公諱顯期，字揚卿，其先林川郡人也。上祖天赫仕高麗，封嘉林伯。入國朝有諱瑗，號雲江，進士壯元，文科，承政院承旨，贈吏曹判書。是生掌樂院正贈承政院都承旨諱希進，於公爲王父，出爲族父贈通禮院左通禮諱璘嗣子，通禮公卽成廟朝名臣知足堂諱之瑞之曾孫也。考諱時馨，麻田郡守，贈戶曹參判。妣貞夫人青松沈氏，贈參議廷揚之女也。趙氏自明、宣之際，益大以昌，世號爲詞翰家。至公與其弟拙修齋聖期，用文學經濟自任，爲時聞人。然公之高才博聞，將以有爲於時，而困於位卑，無所用，以老且卒，則豈所謂所負愈大而其合愈難者歟？

公少以進士高第，拜冰庫別檢、義禁府都事，陞尙衣院主簿，改天安、眞寶二縣監，皆辭不拜。蓋公有大志，卓犖奇偉，視天下事，皆以爲吾分之所當爲者。嘗欲究觀聖人六經、《史記》、諸子百家之言、古今治亂興壞之變，將以發爲議論，施諸事業，以定一代之治。孝宗朝以天災有旨求言，公年二十一，以諸生草封事累萬言，會不果上。然其大要，言臣主救民之術，經世之文也。崇禎甲寅，吳三桂起兵廣西，中原多故。公聞則以爲異日必爲國家憂，遂上書勸上奮大志躬庶政，求賢愛民鍊軍，實爲自强之圖，凡萬餘言。後顯廟對大臣稱善，有採納之意，未幾上薨不果用。

肅宗嗣位，當路者交薦公，遂除漢城府判官，又不拜。尋爲溫陽郡守，以親老黽勉一就，將行召見熙政堂勞遣之，公辭謝，仍極言朋黨之害，兵民愁怨之弊，請選人材以備緩急，制戶布之法，以紓民力。上將聽納鄕用之，則有不悅公者，屬諫官以越位言事論之。又爲瑞山郡守，未幾罷去。公之爲政，本於養民，勤於敷敎，煦濡摩厲，文理章順。其在溫也，擇邑中子弟，依朱子讀書次第，口授傳習，朔望必躬詣學，引諸生升堂講讀，月以爲常。於是諸生皆興於學，來受業者常四五十人。務爲民興利除害，急於飢渴，一境大治。至瑞之明年春，以歲饑發倉粟振貧乏，別自具數千斛穀以佐之，旁郡人皆爭歸之，所全活至二萬餘口。御史以狀聞治最一道，郡中立銅碑頌之。尋拜掌樂院僉正，出爲仁川府使，於是宰相有迭言公材可大用者。上曰："予固知其人焉，且將試之以藩衛之任。"未及而公已病矣。

嗚呼！士常患位卑而不見用，彼有位矣而無其材以有爲焉，則天下之治，宜其日入於衰壞苟且而不可振矣。若公之材，其包括古今，裁制事物，慨然以天下國家爲己責。苟使施於有位而行其志，則其設張措爲，當有卓然可觀者，而庶幾不負其所學矣。故拙修公哭公之辭曰："寧欲以一身之勞與苦而易天下之樂與逸。"斯固可以見公之大者，而顧乃老於州吏簿書之間，使其效不見於當世而致更張之化，則豈獨公之不幸也哉？公以乙丑十月二十五日卒于正寢，春秋五十有二，明年正月某日，葬于某郡某原，淑人金氏祔。

公爲人嚴正峻潔，篤於孝友，與人交，樂易善恕，譚笑詼調，若豪縱不拘者。然其內自守，則常以富貴不能淫，威武不能屈，招不來麾不去爲志，而思以身殉國家之急焉。且其勤學好古，而篤志確然，不撓於異說之惑，則有人所不能及者。觀於先輩耆儒所論著，一有倍貳乎朱子之義者，必力拒而深斥之，其有喜文辭，不專於經術，則輒移書顯責而不少假焉。嗚呼！斯可以見公之志業磊落，經緯周悉，實本於義理之正，而非功利可喜之論也。

金夫人，兵曹判書佐明之女，相國文貞公堉之孫，端淑溫惠，配德無違，後公十四年而卒。子男六人、女七人，男長正緯司諫院正言，次正紳僉正，次正緒縣監，次正綱佐郎，次正經，次正純司憲府持平。郡守金魯得、監役李郈、吏曹判書李寅燁、兵曹判書李師命、刑曹判書兪命雄、佐郎沈胤賢、進士尹敬宗其壻也。 諸孫明復、明澤大司憲、明觀、明濟、明震庶尹、明履大司成、明健校理、明謙監司、明恒、明鼎修撰。後以孫明謙推恩，贈公吏曹參議，淑人贈淑夫人。公所著《一峰遺藁》若干卷藏于家。銘曰：

馬氏五常，吾見嘉林。目大天地，心通古今。
博辯高論，快若決河。剖破藩籬，是則大家。
嗚呼叔季，乃有斯人。曷不大施，以惠吾民？
公身雖阨，其志則長。我作銘詩，百世彌章。

察訪閔公墓誌

公諱泰重，字士仰，驪興人，參判振衣諱汝任之曾孫，社稷署令枏之孫，黃澗縣監光爀之子。振衣公以清德名，嘗作忠孝詩以詔子孫云。公幼學於族兄文貞公維重兄弟，及長遊於二宋先生之門，同春稱之曰：“士仰異日必爲士林師表。”顯宗壬寅，進士，肅廟庚申，舉學行，翌年除永禧殿參奉，不就。丙寅，又除金井道察訪，公爲親老一赴，及遷長興庫直長，不拜。公嘗在太學，與諸生上章直尤菴之誣，顯廟下嚴敎。公慨然自廢，卜築鎭川之平沙。平沙有巖壑林泉之勝，公意樂之，仍以號焉。遠近來學者衆，提撕誘掖，咸獲其益。平居好讀禮，間又設俎豆而習之，禮容可觀。

己巳，尤菴受後命，公以罪人自居，所好琴鶴悉屛去，素苦羸疾，及是增劇，竟以壬申三月十三日卒于平沙之樂眞堂。臨絶重整冠衣，神氣如平日，享年五十三。門人加麻者殆百數，葬于同縣銀城。後己卯，改卜陶村子坐之原。公天姿寡慾，自然近道，又益之以師友之力，德器成就，大異於人，望其容貌，可知爲篤行君子。其爲行，蓋本於孝，嘗感庾黔婁故事，每夜默禱親壽，而妻孥亦不知。居則致敬，養則致樂，喪而盡哀，祭而盡誠，以至先代墓隧之役，皆自經紀，以及於外氏。母金夫人年老，公亦老，須杖乃行，而入中門，則捨杖於外，不令金夫人知之。家甚貧，猶極其滋味之供。金夫人喜施予，進食必令有餘，至佳辰晬日，則又別具酒食，問所欲與者而與之。季妹嫠而遠居，必歲一致之，以娛其意。鄕隣咸嘖嘖曰：“孝哉孝哉。”公卒而金夫人猶無恙，聞者悲之。

其爲學門路平正，見識明透，尤深於四禮，雖以病不能刻苦用工爲恨，然其莊敬持守之工，至死而不懈。常沈靜寡默，若與物無競，而惟於邪正義利之分，一刀截斷，毅然有不可奪之勇。與人語，誠意懇惻，氣味溫醇，至見其不是處則直斥之，雖微細不貸。一時士大夫皆重公德行，而公則退然自守，若無能然，又遭時陽九，卒不能大用。公卒後幾年，方伯請加褒尙，始命贈司憲府掌令。

金夫人考曰岦，貫慶州，桑村自粹之後。配全州李氏，復先之女，有婦德，無子，以從子鎭喬爲後。鎭喬四男，正洙、宅洙、志洙、游洙。女適士人郭來復、朴胤興。文貞公於縡爲外王考，縡以是從幼慕公至深，每恨其不及覩德矣。然嘗見權遂菴哭公之辭曰："剛健豪爽，俊偉特達。"遂翁是公親友，而其言如此，可以想見公爲人矣。正洙來乞幽堂之文，遂爲之銘曰：

於虖休矣，振衣之詩。貽厥孫子，曰惟秉彝。
公得其孝，是爲肖孫。惟此順德，乃學之源。
爰有據守，維禮爲大。旣嚴且和，積中發外。
自身而家，施及鄕里。人曰幸哉，有子若是。
左琴右鶴，樂彼泌水。山嶽旣頹，公疾亦殊。
遂翁曰嘻，吾道益孤。我懷遺風，沙水淸漪。
刻石幽墟，厥美昭垂。嗟爾後人，尙克似之。

司禦李公墓誌

公諱世澤，字士潤，我世宗大王別子密城君琛之後。自密城四傳而僉正克綱，始由文譜進。是生申祿監察，生碩興縣監。縣監二子，敏學通德郎，敏行武科府使。公長房出，而府使無嗣，及卒宗人議以公爲後。公門有白江相國，世稱名相，與縣監公爲從昆弟。公又學於白江之子竹西公，其教以經傳爲本，旁及子史，公亦惇實行，不喜爲詞章，蓋其天質然也。公旣屢經喪故，一以愼終自致，府使公夫人獨在堂，公爲奉養，未老而廢擧業，力致甘膬，務順其志。

肅宗丙寅，筮仕，繕工監監役、司贍寺主簿、稷山縣監。己巳禍作，便棄歸。甲戌，丁憂。己卯，始牽復，義禁府都事、翊衛司翊贊·司禦，爲司禦者再。又爲楊口、扶餘縣，察訪麒麟道，扶餘則不赴。公奉職勤恪，理事精緻。上嘗幸英陵，見新改魂遊石，問監造者爲誰。是後銓擬有公名，多越次而除之。稷，孔道小縣，之官數口，値太祖影幀之行，百物井井，應之裕如。又不一年而移建聖廟，民不知勞，其幹具如此。顧公隨分仕宦，無少營求，門族隆盛，亦不自有。閉門深居，退然若無能，人亦鮮有知者。澹泊寧靜，以終其身，壽七十八，戊戌三月十四日卒。葬于驪州活臺，淑人南陽洪氏祔。

淑人成均進士浚之女，治梱嚴正，有女士之識。與公同歲生，先十年歿。三男聖彦、最彦皆佐郎，重彦縣監。女歸生員金錫垕、進士韓以興、士人鄭來昌。道祥、定祥、駿祥其孫。而二房繼子曰庚祥，金婿子相一，韓婿子生員學增、宅增、福增，鄭壻子運孚。曾孫英幹、英源、英秀、英保，餘幼。

公器度簡重，與人交，辭氣甚恭。平居口不談朝政得失、人物長短，惟喜讀書，至老猶輪誦《庸》、《學》及《四勿》、《敬齋箴》、《東·西銘》之屬，日以爲常。每戒諸子曰：“汝曹持身，當如處子也。”視世之營私苟利者，若將浼焉。親族或有爲非理事者，輒曰：“無令某知之。”所後家貲産一委諸庶母而無所問，爲官三十年，田宅不增一區，若公可謂謹厚長者，而其恬潔尤可尙也。銘曰：

世支于今，蔚爲大家。盛爲衰始，賢人攸嗟。
公惟自晦，悃愊無華。德鉅位細，不餒不侉。
而年之永，而子孫之多。嗚呼知公者天耶！

司議吳公墓誌

陽谷吳忠貞公有從父弟曰斗岥，字德裕。肅宗己巳，忠貞公爲國母諫死，公同諸縉紳與其疏。上命錮忠貞公親屬，公亦坐廢。居數歲復叙公，爲官三十年，官不過小縣，無官常杜門深居，人病其拙則曰：“是吾分耳。”忠貞公家法恬靜自守，不喜與人交遊，公蓋亦有所受，而其天性然也。

公早攻文，出遊黌舍，輒屈曹偶。庚申筮仕，孝陵參奉，及忠貞公子泰周尙主，以將命勞調六品。內則義禁府都事、瓦署別提、軍資監主簿、司憲府監察、掌隷院司議、翊衛司翊贊，而爲監察者再，於禁府四入焉。外則石城、陰竹、積城、漣川、抱川，而石城以親老不赴。殿中故事，上有司必歸有聲望人，故缺時居多，僚友咸推公，修擧廢規，斤斤守法。隷院掌詞訟，嚴束猾吏，關節不行。

積城官宇故經燹不修，　至公始煥然一新而民不知也。尤長聽訟，道內疑獄咸輳焉。在漣首興學政，民俗稍變。抱當東北大路，冠蓋絡屬，爲設保民廳，隨便供億，爲永世惠。又善賑飢，四境無一捐瘠，御史褒聞。邑有豪族素武斷，公痛繩以法，謗訕大興，卒以事謀逐去之。道臣知其誣，趣公還任，公竟不肯，豪恚未已，復謀陰中。後幾年臺官趙泰億劾金德基爲御史，受賂縣邑，德基是褒公者，右泰億者必欲實其事，屢起查獄。吏受拷掠甚酷，終無二辭，公誣遂白。公自是益無世念，謝官歸陽城先壟下，卒而仍葬焉。

公海州人，生於壬午九月十日，卒於戊子正月十一日。考諱翻知中樞，妣鄭氏，海豐君孝俊之女。配咸平李氏，考曰敦寧都正楚老，其姨之子遂菴權公識其行，先公六年卒，與公祔。男胤周進士郡守，五女適參判李世瑾、士人李希稷、進士鄭熙周、司評趙興彬、執義李榕。胤周男璲，三女爲兵使李義豐、內乘宋載恒、士人李日曾妻。李世瑾子曰挺杜縣監、挺楷參奉、挺材進士，壻曰金溟、進士權絳。李希稷子曰竣進士，女府使趙載博。李榕三男，慶泰進士、慶恒、慶復，洪啓承其婿也。

公善養親，家貧而甘旨不闕。知樞公疾谻，斫指進血，及喪致哀盡禮，墓隧之役，悉辦於三年之內。邱嫂嫠居窮甚，大小祀必悉力以助之。姊死於癘，手自殮殯，撫養孀姪，以及其死，內行之篤如此。余少委禽忠貞公之門，屢拜公顏色。其接人也，無親疎貴賤，輸寫心曲，皮毛剥落。然天姿介潔，未嘗善色軟語以悅於世。又不能容人之過，意有所蓄，如噎必吐，其終身坎壈，實由於此云。胤周爲乞幽堂之誌，義不能辭。銘曰：

衆方矜衒以自賢兮，吾獨守吾拙也。

人或垢膩以相加兮，吾則信吾潔也。

天德之崗，其宅孔寧。誰其銘者？陽谷之甥。

卷四十二

墓誌

墓誌

領議政睡谷李公墓誌

肅廟晚年，相李公畬，公以君德世道爲己任，每入對，其言根據義理，動援經訓。縡時忝史職，退而歎曰："眞讀書宰相也。"自公去國，不復聞是言矣。又嘗謁公驪江江上，環堵蕭然，無一點富貴氣。公歿後十年，其胤台鎭來屬幽堂之誌。嗚呼！使九原可作，吾誰與歸？

公字子三，後改治甫，睡谷其號也。高麗中郎將敦守爲上祖。考諱紳夏禮賓寺正，贈領議政，妣寧越辛氏，教官後元女。國朝文章，稱容齋、澤堂，澤堂，容齋之玄孫；公，澤堂之孫也。公季父畏齋及公，凡四世繼掌文衡，德水之李，隆赫莫有京者。

公以崇禎乙酉正月二十三日生，幼聰穎絶倫。嘗受《麥秀歌》於畏齋公，伏泣不忍讀。十歲，議政公戒其行遽，公方讀《小學》，自抄要語數條體行之，未數日動止安詳，議政公心喜之。詞學日進，未冠詩律已行于世。十八，中生員。公不以文藝自多，惟深味經傳。乙卯後廢擧子業，躬耕稼夜讀書，不以家貧而闕甘旨。

庚申，老峰閔文忠公以文行薦于朝，授齋郎，不就，是秋擢庭試，朝野喜得人，公憂不能寐。唱名第三日被史薦，因同剡者見枳。翼年由槐院始入藝苑，序遷至奉教。玉堂最重南床，虛其位幾五十年，始得公。歷正字、博士，賜暇湖堂陞修撰。上爲慈懿大妃將進宴，同諸僚求對，極言歲饑民窮不可行，遂寢，移司諫院正言。

癸亥，爲宣諭御史于關東，招集父老，導揚德意，往往有垂泣者，歸則奏蠲積弊，民勒碑思之。爲兵·吏郎、校理、應教、獻納、司諫、司憲府執義、宗簿寺正、議政府舍人。始公爲北評事，未及赴，以親疾歸鄉，上矜念爲褫其職。不悅者斥公圖免，公不自安，久屏于外。大臣言公文學可惜，尋擢承政院同副承旨。應旨論事，請日御便殿，聽諸臣面啓，以存祖宗常參遺意，抑浮議懋實績，以盡建極之義。移吏曹參議，差槐院副提調。拜副提學，深陳《大易》中正之道。上方講是書，仍請招集朝臣、儒士習《易》者，以資講確。遷成均館大司成，爲養爲利川府使，在官七月，治爲一道最。以副學召，間爲禮·兵參議、大司諫，爲吏曹者數。

還玉堂，論上躬闕失曰："群下言涉後宮，則疑其謗訕；論及近宗，則疑其構害，常若有憤鬱不平之氣，藏蓄不去。竊想聖心必以爲'我無此事，而妄相揣度，以招君上之過'。然此無可怒，無則曰'爾言誤矣'，有則速改之。殿下之有過無過，群下當仰之如日月矣。今殿下之威怒日加，而群情之疑惑方甚，四方傳聞，始以殿下爲眞有偏係之累。自古未有上下阻隔而國不亡者，若有讒邪間之，豈不危哉？"上嘉其憂愛，是後天怒少霽，忤旨者稍牽復。

己巳，爲大諫、吏議，皆辭褫歸驪上。無何士禍作，公方侍議政公疾，仍杜門自靖。翼年丁憂，衰麻不去身，三年如一日。甲戌，特陞刑曹參判。時坤聖復位，公當撰進教命文，進詣江郊辭職，仍擧議政公遺戒曰："臣父見臣受恩踰涯，毫無報效，冥行不已，終必僨敗，臨歿，戒臣勿復爲進取，念知子莫如父。"上批不許。旣應製，陳母病歸。

拜大司諫，國賊希載當誅，領相南九萬、判義禁柳尙運瞻顧禍福，故緩其獄，儒生朴尙絅抗疏痛斥，坐編配。公馳章救之曰："尙絅雖狂疏，其言則天地之常經，古今之通義也。"兼弘文館提學，別諭敦召，復申先戒益懇，上勉以世祿之義。爲禮·戶·吏·工參判、漢城右尹、大司成、副提學、都承旨，兼經筵·賓客。

陪大夫人赴伯氏報恩縣，時大饑，公疏請痛省御供以下需用。丙子春，又乞發倉以紓民急，附論去朋黨和朝廷凡累百言。公聞赴召，而不肯久於朝，大臣以公老母在遠白，上換授伯氏邑果川。尋擢拜判尹曰："卿不喜矯激，忠愨可尙。"移禮曹判書，世子嬪將謁永昭殿，公難之曰："古者天子、諸侯宗廟之事，后夫人實尸之，後世不得行矣。嬪宮展謁，不于宗廟而于別廟，以古禮則不備，以今禮則非有受於祖宗也。"

公篤信尤菴先生，以爲華陽洞朱子之武夷也，請特宣院額。尤菴所述《心經釋疑》嘗遭焚毁，公白上復刊行。正言申公銋劾正大臣柳尙運、徐文重，出補塞邑，公疏論疑阻之患，且言文重敦府疏受謗最甚。文重遽自辨，上以不韙斥公，朝臣右文重者交詆之，公解職徑歸。連除判尹、大司憲，輒引妄言之咎。上慰解之曰：“察其本心，決非喜事。”

以知中樞還朝，拜京畿觀察使。公每謂國家將以無食亡，累陳節省積儲，以遵王制。圻民適饑困，公竭誠賑救，勞極而疾。拜吏曹判書，力辭褫。由藝文提學進拜兩館大提學，人以爲遲。歷參贊、都憲、禮書。遭內艱，年衰尙能以筋力爲禮，服闋，自禮書遷吏曹。大臣以公每擧遺戒，引卞壼奏語請勉出，上然之曰：“予方爲銓衡，喜得人矣。父戒與臣義，孰重孰輕？”公胥命哀籲，累牘不已，批曰：“使卿親在世，而君父開釋若是，則必無固守之理，卿他日歸告，亦有辭矣。”辛巳正月始應命。公自傷不能守初志，對家人出涕。

公嘗於講筵，言“人立志不堅，則萬事不可做，況人主一心，攻之者衆，寡欲尤爲切要工夫”。又曰：“一事一念，不合天理，便是私欲。武王聖也，猶以不矜細行戒之，蓋小不戒，則積而至大也。”又曰：“對越上天之道，不在於言，在乎心。”大抵所論皆本諸心，而於別義利、愼喜怒、崇節儉之道，尤致意焉。

擢判義禁，公以埤遺甚殷，累疏辭。解銓職才六日還授曰：“予欲委任責成。”復典文衡。九月宮中獄起，公與李相國世白同按治，希載始伏誅。上欲貸杭死，公爭之曰：“臣決不可與此賊俱生矣。”杭遂死。

壬午，受暇歸，復力辭本職，許之，拜左參贊。是年春，上視學取士，公實主試。媢嫉者謂考官親屬多，嗾鄉人崔世鎰投匭，指爲用情，上命拿究。世鎰自伏，遂與嗾者而竄之，蓋任公埅以宿儒獲中，於公爲姻親。李公喜茂以同考人上疏言“秉心之公，天日在上”，上亦曰：“爲國赤心，予所知也。”公則未嘗一言自明，伈伈引咎而已，仍辭褫文衡。

癸未八月，擢拜左議政，敦勉隆重，遂拜命。王子將行吉禮，請從簡約，且曰：“中、宣兩朝螽斯盛，而出閤之前，外間不知有王子矣。”累陳營第折受之弊。修撰趙泰一喜黨比起鬧，白上黜外邑。

甲申，上臨筵歎曰：“大明以是年亡矣。”公以朱子含寃忍痛迫不得已之義仰對，請勿恃皮幣以自安，奮聖志，恢國政，以待天下事變。上以神宗皇帝有再造之恩，議建廟，公謂禮節多難處，建言“天之於天子，天子之於諸侯，其尊等，以天子祭天之禮，祭天子，則稍有可倣。祭天，設壇埽地而行，以至敬無文也。禘爲王者大祭，而常時不立廟，祭時設神牌，祭畢燎之，《大明會典》所載可考也”。諸臣咸以公言爲是，遂設壇禁中，春一祭，歲爲常。

朴世堂異端行怪，其門徒通喪廢筵饋。公以爲不從朱子而從世堂甚悖理，奏定制防禁。上在位三十年，鄉儒疏請上尊號。宮官姜履相白東宮祖宗有行之者，東宮卽陳疏，僚相欲庭請之。公獨持重，徧考故實，則中、宣朝只有稱慶一節，詰履相，不能對。遂請用陳賀舊例，上許之。東宮猶申前請，公從容言宜仰體大朝撝謙之德。時廷議靡然，賴公一言以定。

先是有海寇警，廟議欲築北城，公獨言都城廟社所在，宜與民共守。乃定增繕之議，分授五軍門，漸磨歲月，責其成效。入則以立聖志、省浮費、壯根本，爲上惓惓焉。及事役遲久，上意稍倦，群小欲乘此擠公，持平朴彙登斥以任私智徼事功。人謂公當一一辨暴，公笑曰："吾爲大臣贊大計，有罪無罪，惟我在。"上慰釋備至，待命十數日遂歸。合啓發，繼有壬午科拔榜之啓，上怒並黜彙登等于邊邑。公連章懇扣，上知其意不可回許之，判中樞府。公既去，都城之役仍撤，未幾北漢成而國力竭矣，識者恨之。

上頻有疾，公屢獻淸心制煩之術。及聞有傳禪命，進詣利川，馳疏以諫，尋反汗。

丙戌，有林溥者請召尹拯，仍告辛巳獄謀害東宮之說出於罪人口而鞫廳匿不聞，命鞫問溥。溥引問事郞姜履相、呂必重知狀，必重等含糊納供。委官崔錫鼎遽曰："是不過鞫廳悤擾不察耳。"外若緩辭，而實證成之。又白令按獄諸臣勿待命，公對啓略陳崩迫之情，不敢退，大司諫尹趾仁又操切之。及必重等受訊，乃云"瞥然似聞謀害字"，錫鼎直歸之承款。

始師尙以臺諫言不問溥所告諸人，而獨問溥不可。至是判義禁趙相愚、正言韓配周以當錄不錄，請諸臣罪，遂罷職。相愚，公平生故人，以微憾爲下石計。人或爲言，則公笑而字相愚曰："子直豈殺我者？"未久特叙還判中樞。李潛又投疏，凶言浮於溥，上震怒親鞫。公顚倒詣城外俟命，命史官趣入曰："予當面諭。"至三四，不得已入對。上慰諭曰："此不獨卿等不幸，實國之深憂。"仍悉言師尙輩情狀曰:“予幾墮術中矣。”蓋群小樂禍之志，非一朝一夕，密張機栝，將以盡赤士類，卒不得售。潛、溥既杖斃，公復還，上累下別諭。

己丑冬，聞上候違豫，一入覲而歸。

庚寅三月，特拜領議政。時進宴，公進爵，宴訖祝曰:“願聖體康寧，而益謹將攝，常若在沈綿之中；邦慶無前，而愈存抑畏，常恐失上天之心。《詩》曰‘嘉樂君子，顯顯令德。宜民宜人，受祿于天。保佑命之，自天申之’。”上曰:“卿言誠切實。”

閏七月，玉堂三臣及大司憲鄭公澔以尹拯事一時竄逐。公深以君德爲憂，陳戒曰:“七情之中，惟怒難制。今日處分，激而又激，無復裁量。噫！朱夫子曰‘人君察於此理，而不以一毫私意鑿於其間，則其心廓然大公，泰然行其所無事，而坐收衆職之成功’。君心旣正，則其效自如此，夫豈嘗動聲色費神氣，切切焉以自勞哉?”聖批極嚴。倉皇出城，是夕暴雨，川渠漲城門塞，人皆異之。再疏卽褫，一棹浩然。未幾上深悔之曰:“予未照察卿心事，過加疑怒矣。”

冬北咨至，中外洶洶，詢築城便否。公對曰:“海寇志在搶掠，非有深入之計。使我國稍有戎備，則一邊吏足矣。以此至議乘輿避兵之所，不可使聞於外國。臣之所憂，不在城池之不足，而在乎民志之不固也。”後寇果不至。

辛卯六月，上手札勉諭，公累辭。一入對，上强留之，公對曰:“臣在朝無所補，惟一退可以少補士夫風節。”退而連章，卒徑歸。

癸巳，又別諭，史官來守，時方上徽號，以玉冊製述申召命。公入朝，上喜甚，有疾醫問，間令掖隷致膳，知公每有歸意，特遣知申事敦諭。東宮又手書，以爲"余昔日受學，與他大臣有異"，以上意勸留，公感激遲徊，乞致仕不許。九月，申請不止，上引戴珊事爲諭，命至前，執手懇勉，又以寓舍荒寒，別致柴炭。已而上違豫，公不敢告歸。

始尹拯之倍師也，上不以儒臣遇之，己巳以後，拯復騫騰，因坐致卿相。有語及拯者，上輒右拯，以父師輕重爲定論。拯死後遂菴權公尙夏所著跋文，有斥拯語，其徒訐訴於上。

丙申春，朝臣、章甫繼論拯本事，竄斥相望，公歎曰："耆德凋喪，義理晦塞，吾不言，誰復言者？"遂泝源而極論之曰："師者，非人所皆有，而又不無輕重淺深之殊，故古聖論五倫，師生不列。然旣定爲師生，又以道義相傳，則其義與生我等也。就其中言之，父師輕重之分，臣亦不以爲不然。然父子固重，師生亦豈可輕視耶？不幸父師之間有不得兩全者，則固當先父而後師，其所以處之，亦宜有道。藉曰師實有過，不可操戈而反攻之則明矣，況其過未必在於師者耶？義理至公，亦何得以父子之親而自私也？師生之絶，古未曾有，雖或相絶，是宜沬血飮泣，明白自處。旣絶之後，更不敢以惡言相加，終身不失惻怛之意，則君子猶或恕之。今乃不然，一有慍憾，便成嫌隙，陽若尊敬，陰實相害，卒至視先正如仇敵，分立門戶，血戰求勝。及至鑴黨得志，而榮辱禍福判於目前，如是而拯尙得以安於心乎？古人於曲藝之師，猶曰‘不忍以夫子之道反害夫子’，況於儒者乎？是雖曰‘由於爲親’，果必如是而後爲孝乎？前後聖教，不免執着一邊，欲以是定爲國是，臣恐國論愈難定，而師生之倫，將自此而絶矣。願平心易氣而察之。”答曰：“卿憂國之忱，至老采篤。從容開陳，義理明白，予甚感歎。”始公力疾草箚，子弟親友懼禍咸止之，不聽，批下，士林聳忭。

拯徒崔錫文等投疏詆公，仍出辛酉擬書，拯之肝肺，至是畢露矣。公又上箚痛辨，其言益嚴正。鳳輝、鄭栻等旣論罷遂菴，又侵詬公，公出寓郊村。七月，上命書入尹宣擧墓文，又取覽拯擬書，以公再箚有“操切”二字。下教曰：“某言果是矣。”仍命諸臣論拯獲罪者並宥還。自此士論大定，人謂公一言回天。上別諭，又降手札曰：“思想之極，必添予病。”公感泣入城。已而上候少勝，公決意歸，知舊亦不及來別。史官追宣批諭，不能挽，因辭疏附愼疾之戒曰：“治國治病，蓋無二道。”及聞東宮聽政，又獻戒兩宮，忠愛藹然。累告老不許。

戊戌正月己巳，考終于驪上。公感風疾匝歲，猶不廢看書，臨終翛然若安寢。上震悼，庀喪如禮。越三月葬于砥平竹杖里坐甲之原。

夫人豐川任氏，寺正座之女，參判義伯之孫。媲君子無違德，後公一年，年七十七卒而祔。男台鎭奉事，四女婿府使朴弼文、縣監洪禹諧、縣監元命稷、士人金弘澤。台鎭男沈，一幼。朴壻子師厚，洪壻子啓百生員，元婿子景淳、景厚，金婿子相鳳。沈五男皆幼。

公淸粹溫厚，天姿近道。自少以《小學》自律，嘗曰："人能善讀此一書，雖由此堯、舜，不難也。"又曰："吾於心學，略見得眞的路脉，而因循孏廢，卒無所得，爲可愧耳。"公雖不欲以學問自名，其深造自得可知已。

在親側，色容愉婉，一以養志爲主。年高位隆，而左右服勞如幼少時。議政公家居，坐有定處，雖不在，未或當其所。世母疾，公暇必數候，躬執藥物。奉伯氏如溫公之於伯康，得饋遺，必先供邱嫂。季楊口公早世，撫恤孤寡，須臾不忍捨，教其稚子，或撻之而泣。孀妹喪所後子，爲之親占葬地，以至遠近宗黨，曲有恩意。

居取容膝，食不重味，弊冠木纓，遇之不知爲相公，夫人亦布裙，相對逌然。位極公輔，而家不長尺寸，惟力穡以自給，不足則仰官糴，至秋償還，輒先於編戶，然甔石之餘，亦及窮族。伯季作宰，家人欲告急，不許。與人交，久而能敬，又能忠告善導，或睽乖而無所悔。客至無疏賤，一待以和顔。子弟有過，必誨之諄諄，雖僕隷之微，未嘗盛氣詬詈。

事君也，誠愛惻怛出於天性。嘗曰："吾雖老，國有事變，當渴赴，死於路而不恨也。"素不喜黨論，前後論治道，惟以格君心、建皇極爲第一義。聞一政令失，則終夕憂咤；見一善類進，則喜形于色。事關宮禁，正言不諱，上亦知其忠赤，禮遇不替，然朝象益泮渙，終亦末如何矣。公歎曰："吾非不知此，惟正誼明道而已。"是以跋前疐後，不能大有猷爲。然淸裁雅望，卓然爲士流宗主，闡明倫義，痛闢邪淫，其有功於斯文、世教，豈淺淺哉？

公素志謙冲，率以三讓一揖爲節。進而立乎朝，則若鸞鶴不群。窅然有江海之思，雖眷係恩遇，時往時來，而畢竟成就得一退，殆所謂六丁力挽而不回者矣。公於物無所好，以《歸去來辭》作圖，朝夕對之，其意遠矣。澤堂公潛心性理，而務自晦，公一爲之準，以遺訓中"通明經術敦行孝悌"爲八字符，至其憂國如飢渴，則又克類畏齋公。蓋公平生事業，得之家學者多，而於一敬字尤用力，故雖由科目進，而中外翕然稱儒相云。

公爲文章典雅，本之經傳，又喜讀韓文。長於疏箚，婉曲懇惻，明切事理，詩亦閒淡，惟遇興陶寫而已。公嘗歎曰："墳典之味，眞知其無限，而不能靜坐玩索。"又語縡曰："吾嘗欲熟讀朱子書，而今老矣。"若公眞老而好學者矣。今之人得一第，便不讀書，目下徒見榮利，鮮知有名節，其視公何如也？《詩》曰"樂只君子，德音不已"，其斯之謂歟！銘曰：

坐廟堂而其容則山澤，處江湖而乃心則君民。
吁嗟乎！吾不可復見斯人。
敬惟德基，孝乃行源。
後之尙論者，疇不曰澤翁有孫肅考有臣？

郡守李公墓誌

公諱蕃，字子芳，左議政畏齋諱端夏之子，吏曹判書大提學澤堂諱植之孫，兩世用經術、文章進，德水之李益大。議政公娶清州韓氏，其考參判必遠。公崇禎乙酉生，己酉司馬。嘗結同志，月講學，尤菴先生作《相觀會序》以勉之。議政公在朝，每有退志，嘗坐無妄下獄，示諸子曰："吾且歸矣，爾曹能躬耕以養乎！"公執書泣曰："爲子不能盡職，以傷吾親志，吾罪也。"是後世運平陂，議政公退多進少，公輒携書適野，身課耕耘，菽水無所闕，妻子或飢寒，不令親知。議政公曰："是善養我。"

辛酉，除英陵參奉，移義禁府都事，因微嫌不就。乙丑，爲金井察訪。適大侵，公捐俸賑飢，患不給。時議政公管賑廳，公請得空名帖，廣募粟，驛人以活，秋後還糶，仍設社倉于屬驛。道臣上聞，有守令除授之命。有與議政公同任者，抉帖文事，欲陷公罪，以及議政公，以逞其私憾，計不行。臺官又增衍其說以爲言，議政公上章陳狀，乞收公所蒙賞典，溫諭不許。公自傷累及家庭，投狀歸去，後御史又追褒之。未幾陞拜石城縣監，卽引褫。

公有至行，議政公疾，斮指進血，送終務用其誠，不以微文而忽之。公私賻遺，盡歸之饋奠，不家。於喪一遵澤堂公祭式，豫慮具物，器用亦別於燕私。手寫遺集，隻字殆不遺。修里中社倉，育外氏窮族，皆遺意也。

甲戌，爲刑曹佐郎，尋監堤川縣。翌年歲饑，公抄貧民九等，月三給乾糧，尤甚者粥之，又教以松葉救死方。與民約，盜起某處，轉相傳告，截路救援，每一警，四境響應。時道殣相枕，堤民獨不死，盜又不起。丁內憂，不用邑中例賻，民爲致于家，終却之，立碑以思。庚辰，由翊衛司翊衛，出守金堤，患風痺，解歸驪江。尋就醫漢師，卒於辛巳八月十七日。

室南陽洪氏，進士九成女，祖曰判書處亮。柔惠得婦道，年四十五庚午歿。男義鎭義禁府都事，次靜鎭翊衛司侍直，次龜鎭毁疾早死，次厚鎭，三女歸正字金聖重、縣監金愼行、士人金鎭符。敬鎭、德鎭及宋巨源、鄭悔，側室子若壻也。

公少負氣槪，急難好義，不惜己私。作事縝密，常主於愛物，其試於郵縣者，可見其大略。程子所謂"一命之士，於人必有所濟"，豈不信然？惜乎其不能大展厥試，以卒前人志業也。公有弟曰薔，早嘉遯不仕，公嘗曰："吾死後，爲文字明吾心者季也。"後果然。余以侍直君之請，掇其狀納諸幽，系之以銘曰：

幹蠱承考厲無咎，材鉅位細命不偶，人不聞言余竊取。

參奉朴公墓誌

吾仲父歸樂公、季父觀察公當己巳禍後，以布衣挈家，歸高陽之花田。時朴公汝興出居江樹，相去不十里，暇日招邀，每擊鮮置酒以爲娛。二父又喜遊中興山水，一歲數三至，公輒與之俱，余以童子隨焉，如是者四五年。公子叙揆，又余友，與同筆研，公卒後一年，公之子又歿。後十餘年，余過幸湖，公榭已邱墟。吾二父亭子在於公榭之左右，而亦旣無主，或易主。顧余獨留人世，鬚髮已皤如矣，盛衰存沒之不可常如此，悲夫！

公字起夫，咸陽之朴爲世名族，逍遙堂諱世茂、潛冶諱知誠以儒學有名。潛冶之子諱由東坡州牧使，是公祖考，考諱彭祖早卒。妣完山李氏，司藝晩吉女。公十九失怙恃，能自力成家，弟妹之未婚嫁者，皆不失其時。少治擧業，中歲散漫江湖，氣豪不羈，不苟合於世。言人過惡，略無憚，是以嫉之者衆，嘗爲凶黨所齮齕，謫于南陬。晩以蔭補慶基殿參奉，又被彈免。庚寅十月二十八日卒，年五十八，葬于楊州神穴里先山向巳之原。

配韓山李氏，牧隱之後，考曰宣敎郞尙稷。溫恭聰敏，甚有婦德。生於己丑，歿於辛丑，與公祔。公一子叙揆，二女李益亮、李陽元。叙揆三男鳳陽進士、景陽、挺陽，女適趙漢寔、辛命三、李觀迪、李慶章，皆士人。

鳳陽嘗託余以誌文，未及就，鳳陽又死矣，韓愈氏所謂哭其祖子孫三世者，方知其爲悲切語也。略叙其少日從遊之樂、人事俛仰之變，以授景陽兄弟，使納諸幽云。

監司李公墓誌

公諱萬稷，字子長，平安道觀察使泰淵之子也。近世人才，莫盛於寧陵之際，而其論著績方面，則必先數觀察公。公少落拓不遇，肅宗己卯，成進士，越二年始筮仕。時公年且五十，士大夫咸目之曰：“是蔭監司也。”蓋公沈毅遲重，有公輔器量，且以觀察公爲父也。

公初爲厚陵參奉，以微事免，復除典設司別檢。叙嘉禮都監勞陞活人署別提，司憲府監察、工曹佐郎。外則臨陂縣令、永川郡守、清州牧使。間由宣惠郎出爲善山府使，以善其職還仍，又爲羅、原二州，治理常爲諸郡最。藩閫、直指諸使者相繼褒聞，有寵錫，其陞通政者，以在羅時賑功也。大臣嘗以幹具擧公，己亥，擢廣州府尹，任滿許留一年。壬寅，逆黨柄國，卽棄歸。今上元年，召拜江原道觀察使，還爲掌隷院判決事、刑曹參議。

公之爲政，寬而不弛，威而不傷，詳而不苛，又不求近功，不喜小惠，所至皆大治。每日洞開重門，簿牒四集，揮霍立盡。斤斤守法，尤愼於獄訟，以“至公”二字，焚香自誓，又輒決遣無滯，罪無大小，首實者或貰之，欺詐者痛繩之，奸猾慴伏，民亦自以爲不寃。不勞料辦而財用自足，不事蠲免而民力自紓，作事必通下情集衆慮，大而城池甲兵，小而倉廒舘傳，一皆修擧，公則晏然若無所事者。湖南麥大熟，公曰：“豐年之後，必有大凶。”預貿累千石以待之，至秋果然。公復盡捐官用，竭心賙恤，以至絶嶼窮浦，亦皆船粟而往哺之，一境無飢，咸戴如父母。

及居藩府，不以宦成而小怠，益持大體，袪弊興利，若嗜慾然。雖往往格於廟議，而利澤之及人者亦深矣。公長於吏事，至老愈練熟，百事井井，綽有功緒，大率一本於觀察公成規云。黃判書龜河嘗使從南還，爲余盛道公政績，余歎曰：“譬之用兵，豈所謂堂堂之陣、正正之旗歟！嗚呼！其亦異於今之所謂能者矣。”丁未，時事一變，公又大歸，以是年十一月二十八日卒於公州村舍，去其生甲午七十四，葬州之茁洞。

公，韓山人，牧隱先生穡之後。贈執義洎、贈承旨濤、義禁府都事德泗，觀察公以上三世也。觀察公夫人文化柳氏，其考觀察使景緝。公凡三娶，東萊鄭氏，參議載岱之女，領議政太和之孫。貞靜謙愼，甚得婦道，年三十而卒，與公同兆而異墳。潘南朴氏、光山金氏別有誌。男秀輔，鄭出，牧使。參奉秀得、府使洪晉猷·士人愼必遇妻，金出。側出二女柳福基、朴新源。長房二男二女，思重參奉，思弘爲次房後，女歸士人金亨澤，一未字。思重男奎英。

公爲人勤儉質實，內行甚備。常以早孤爲至痛，事兄如嚴父，事邱嫂如母。篤於奉先，恭於接人，厚於親黨，斯其爲政事之本也歟！漢時多以循吏入爲卿相者，若公者不可謂不用，而用亦不能盡其才，惜哉！然人家子弟世其職者固不易矣，而守其法爲尤難，況兼有之乎？此柳仲郢家法所以見取於朱子《小學》書者也。以此觀之，觀察公誠有子，而公可謂能子矣。銘曰：

吾猶及古之循良兮，此其藏。
嗟後之人兮，無或傷。

牧使宋公墓誌

公諱炳翼，字穉擧，同春文正先生之孫也。宋氏出恩津，而世居懷德之白達村，村以宋名。考諱光栻正郎，贈左承旨。妣白川趙氏，樂靜文孝公錫胤之女。凡四丈夫子，公最季，崇禎乙未生。生而容貌娟秀，及長沈靜寡言笑，儕友重之。甲戌，除繕工監監役，叙勞調司䆃寺主簿。出監牙山縣，尋以方伯親嫌褫，未幾宰南平，居五載棄歸。間爲司僕寺主簿、軍資監判官，皆不赴。由掌隷院司議守韓山郡，陞潭陽府使，旋仍，又遷善山。再除宣惠郎，或辭或赴，又爲僉正于司僕，轉江華府經歷。月餘移授淸風，上官雅重公，亟馳啓留之，俄陞尙州牧使。

公爲治，不役私智，不干小譽，惟勤謹不倦，事擧而利博，人不知其能。南平學政尤卓殊，建興學堂，捐俸買田，以資其居業者，月朔有課，又坊置訓長，人給廩米，文敎蔚然。公歿後，鄕人祠于其堂。爲尙州，嘗夜燭理獄案，子弟憫其勞諫之，公愀然曰："人之死生，决於片言，吾敢不盡心?"屬歲歉，隣邑多設賑，而公獨否。人問之，則曰："靜而勿擾，不奪其所有而已。"一日忽太息曰："吾老且病，尙可仕耶?"以文告于祧廟，卽日歸。公間黽勉祿仕，而不喜進取，凡官內外，意有不愜，便引去，不曾少有顧戀。嘗於所居室，揭淵明"樂天"、"知命"之語，其志可見也。戊戌五月二十二日以疾卒，葬于公州台山鳳舞臺之原，元配趙夫人祔。

公內行甚篤，十歲而孤，能自力致哀，母夫人疾謊，割指以進。旣免喪，不復應擧，後爲官，泣曰："祿雖厚，何及矣？"見兄子奉母之縣，亦爲之泣。初爲牙山，仲氏樂正公無恙，得一味，不走送，不先入口，日用百須，供給無闕。其疾也，夜不解帶，藥必先嘗。在江華、尙州，迎嫠姊以往，雖公務劇，日侍食，遇其生朝，爲之張讌，自起壽以歌。

公之爲邑，懷鄕人待以擧火者甚衆，及褫歸，視其家，則屢空也。燕居端重，子弟未嘗見其惰慢之容，與人語，氣味溫醇，容止可度。於鄕黨，尤和而不肆，鄕黨亦敬信之，咸無異辭。與宗子異宮，而宗子每祭，必就公敬問其所當具者，乃敢具。兄子治內第，稍踰舊制，公心不喜，爲謁廟至，不一擧目視。蓋公遵奉先訓，不敢失墜，凡一言一事，洞洞屬屬然，惟恐其或忝，故詔子弟必以學，至死不已。公秉心謙退，世亦不以家學望公，然德修於己而行孚於鄕者如此，噫！子夏所謂學者，亦如是而已矣。

趙夫人籍林川，考曰郡守景望。慈惠勤儉，婦德甚備，年三十八辛未卒。擧三男三女，堯臣縣監、堯佐郡守、堯輔縣監，堯佐出後叔父，婿縣監權定性、府使洪重耉、參奉洪濟猷。繼配完山李氏，鳳紀女。子堯弼、堯協及爲金亨謙、進士李思勛妻者，其出也。堯臣男思欽生員壯元，女適柳海宗、申昍。堯佐男明欽、文欽進士，女適參奉尹得敬、閔克烈。堯輔男晉欽、復欽、鼎欽，女適李國輔。堯協三男一女，皆幼。思欽男曰在淵。

文正先生於吾先妣爲外翁，小子自幼獲侍公。賜誨諄諄，大要貴德行而賤功利，每念公見識甚高，今不可復聞斯言矣。堯輔以二兄遺志，泣請幽堂之誌，義不忍辭。銘曰：

維孝與友，維德之源。我徵厥有，維色溫溫。
而公爲州，亦云邅迍。退聽于鄕，天爵其尊。
夙興夜寐，無忝前人。惟此一心，之死靡諼。
我書其幽，文正之孫。

達城府院君徐公墓誌

公諱宗悌，字孝叔。徐氏出達城，世有聞人。高祖忠肅公諱渻，穆陵名臣。曾祖諱景需典籤，贈吏曹判書。祖諱亨履僉正，贈左贊成。考諱文道司評，贈領議政。妣安東金氏，參奉鼎之之女。

公聰敏絶人，淹貫經史，爲文贍蔚可觀。丁卯，司馬兩試，人謂朝暮取一第，而卒不耦。甲申，筮仕，歷思陵參奉、明陵奉事、崇陵·尙衣院直長，遷掌苑署別提、義禁府都事、工曹佐郞。於外爲臨陂縣令、信川郡守，所至有治績。賙飢勸農，尤以養老爲先，繡衣屢褒聞。公骯髒寡合，於世抹摋，老而志氣不衰，往往與人飮，談笑淋灕，胸懷坦然。自以託姻天家，一心畏愼，杜門深居，罕言時政得失。

己亥，寢疾，我中宮殿下時在潛邸，欲往省，而公堅不許，及以肅考命臨視，則猶不色喜也。以八月三日卒，壽六十四，例贈左贊成。辛丑，上正位儲宮，贈右議政，及上登極，封達城府院君，進爵領議政。

公事親竭力致養，家素淸貧，而甘旨未嘗乏絶。親有疾，忽然心動，自鄕疾歸，如黔婁故事。及喪，哀毁幾不全，每月必拜墓，而芟草種樹，不憚身爲之。其內行之篤如此，太常奏諡曰孝僖公。始葬楊根，中遷於利川，庚申五月十七日，又改卜于長湍龍頭里，岑城府夫人李氏祔。夫人別有誌。

男命伯、命休，四女，中宮殿下序居三，長次適承旨李重庚、士人申正集，季府使林遽。命伯男德修、仁修、信修。德修死於壬寅誣獄，戊午始伸雪，仁修縣監。命休男魯修。李婿子明吾、章吾。進士泓及應夏，申、林出。德修之男有祜實尸公祀。銘曰：

達城之徐，號爲顯姓。公紹舊聞，有文有行。
洞然渾樸，乃見天性。列宿百里，低回何病？
有爀塗、莘，載誕女聖。公惟兢畏，引恬自靖。
積德有報，身後之慶。王謂吾舅，上公是命。
倚伏無常，終則天定。子孫昌熾，國休與倂。
我銘其幽，昭示無竟。

伯舅參贊趾齋閔公墓誌

公諱鎭厚，字靜能，號趾齋，我外王考驪陽府院君文貞公諱維重之長子。閔氏出驪興，自高麗尙衣奉御稱道，圭組熚爀。曾祖諱機府尹，祖諱光勳觀察使，世以質行聞，至文貞公名德益大顯。 妣恩城府夫人宋氏， 同春先生諱浚吉之女，崇禎己亥正月壬寅生公。

聰穎夙成， 十一歲上書尤齋先生留其行， 勉以《春秋》義。弱冠丁宋夫人憂，柴毁幾不全，文貞公常稱爲孝子。左右服勞，餘力攻藝業，辛酉，生員壯元，丙寅，別試，隸槐院。己巳，仁顯王后遜于私第，公方居文貞公憂下吏，禍且不測，旣而釋。甲戌更化，始由侍講院說書，歷禮、兵曹郎，遷諫省，入玉堂，箚奏剴切，兼司書、西學教授。出爲北評事，以副應教召，白鐍北路弊數十事。移中丞，又爲御史繼內。丙子，由輔德陞通政，歷戶·禮·刑參議、承旨、忠清監司、兵曹參知、掌隸院判決事， 累拜大司諫。 大臣有低昂科法者，公斥之曰："宰相可謂有權。"當路者嫉之，以他事構罷。

庚辰，擢江華留守，兵曹、戶曹參判。辛巳，特授漢城判尹， 自後判刑、禮、兵、工四曹， 又爲議政府參贊、知中樞，間兼經筵、春秋、成均、賓客、摠管等職。乙酉，正憲。丙戌，以知義禁讞獄，觸上怒罷，其冬陞判義禁，又忤旨革官。戊子，判敦寧，以上价使燕。辛卯，因移咨事譴罷，識者以比萊公之勑利用云。戊戌，崇祿，屢以內局提調侍藥，上嘗曰："惟閔某能憂予疾。"拜弘文提學，力辭罷，每罷官卽歸墓下。

蓋公周流卿列二十年， 爲京兆、司寇最久， 而斬斬守法，聽斷如神。爲司馬時，注措公而紀律嚴，在儀曹則放淫樂正頹俗。凡有儐接、賙賑、釐正、繕築之役，一埤於公，廟堂籌畫，非取裁公，不敢行。五爲守禦使，兼管該司以十數，而所至盡職，綽有成效，爲政精密節省，不苟一時譽。

公積瘁成疾，己亥冬，大臣愍其勞，白上解籌司，俄薦授開城留守。公猶不自逸，治事日孳孳，未幾諫臣請召還廟堂。時上候日臻，公聞設侍藥廳，力疾趣駕。至則僅一二問起居而疾益甚，卒於庚子五月十三日，壽六十二。春宮震悼，命優給喪葬需，上亦賜棺板。遠近聞者齎咨相弔曰："國其如何？"

公明達剛果，慈諒正直，飭躬以禮，奉先以誠。世襲淸白，而篤姻睦恤窮困，又一遵文貞公遺軌。氣貌肅溫，精彩遒發，與人語，洞快懇到，壹志凝神，事至沛然。其於患難富貴，不一動其心，赤心體國，任怨奉公。以肺腑之親，有骨鯁之節，嘗歲旱上禱于廟，詞臣倣六責，而其一爲王子第，上始點下，旋用其文，而役不輟。公進諫曰："殿下心不欲而强之，是自欺也；責躬而不知改，是欺天欺祖宗也。"其犯顔不諱如此。

與大僚議，又棘棘不阿，事有關國家大體，必爭之强，是以動見忤於上下，而公之一日去國，若朝無人然，斥不久輒復用。公自以義同休戚，未忍便訣而進，亦未嘗不思退。晩年時勢益艱危，端居衆欷，鬚鬢盡白。或勸以休養，則曰："非一死，何以報君？"臨絶猶眷眷職事，語不及私，若公可謂"鞠躬盡瘁，死而後已"者矣。立朝大節如是，其細可略也。

公初聘副提學延安李公端相之女，有一女適佐郞趙奎彬。繼娶延安李氏，縣監德老女，二男，翼洙洗馬，遇洙生員，女士人金光澤。孫曾若干人。以八月十四日，穿元配李夫人墓，合葬于驪州治南金橋里午向之原，去文貞公墓十餘里。臨葬，仲舅判書公命縡以幽堂之誌，遂掩涕而識其概，若其發揮志業，將以俟立言君子云。

正郎鄭公墓誌

尤菴門下，蓋多一時才彥，而若處士鄭公普衍其尤者。處士志操卓犖，每以天地崩坼，冠屨倒置，士不可立於世，絶意於功名之會，放跡於山水之間。先生重義氣，期與甙甚，不幸短命而死，年僅二十四。先生爲文而哭之曰"天喪予"，公其子也。

諱洊字某，以崇禎己亥生。處士公臨歿，以其未離襁褓，書託於師門。當是時也，鄭氏之不絶，懔如一髮，而母閔孺人有達識，號爲女中君子，殫心鞠養，相依爲命。尤翁亦於赴朝時，源源來見，或冀其無事成長，以見處士公有後也。

蓋公世德有素，松江文淸公諱澈以文章節義，爲士林之領袖。生諱宗溟，文科、府使，贈判書。生進善諱瀁，丙子亂，與淑人李氏入江都，遇賊不屈，皆自刎而幸不絶喉，相繼復甦，尤菴作傳記之，後幷蒙旌閭，於處士公爲考妣也。公幼而岐嶷，稍長孝友出天，事王考及孺人，溫淸甘旨之節，儼若成人，見者咸歎。甫十歲進善公棄世，煢然益無依，內舅老峰公三昆季相與率養，而孺人仍命學於老峰，老峰提撕撫愛，無異己出。

甲子，公中司馬，仁顯王后方御坤極。舊例戚屬登科，必私伸起居，放榜日，后爲備賜予物以待之，而公以孺人素不喜通信於闕中，旣唱名，自外徑歸。公奉孺人敎，決意廢擧，杜門息交，長侍於孺人側。有時從先生於華陽之間，先生若遇高山巖巖之處，則輒流涕而言曰："爾父氣象政如此。"處士公歿時，且以公託之尹拯，及拯狼狽之後，公獨未忍遽絶，稟于先生，則先生曰："爾之處義，與爾父差異，何必絶之而後快邪？"公自是只通慶弔。尹嘗製送處士公墓文，公受而不用焉。尤翁之前後竄逐，公不憚險遠，輒走拜於謫所。己巳耽羅之行，亦追送之中路，路過沙溪墓，先生爲祭文，使公往告之。及受後命于楚山，又星夜馳赴，奉柩以歸。

聖后遜于私第，公奔詣門外，痛哭拜辭。甲戌，坤位復正，公隨老峰子文孝公對門而居，不替舊歡。丙子，除長寧殿參奉，尋以親病免，復授童蒙敎官。丁孺人憂，守廬以終三年，及吉復慶安道察訪，以親嫌換省峴。壬午，由司憲府監察出監永春縣，政多修擧，惠先窮獨，峽民至今誦之。柳永慶之孫爲繡衣，挾舊怨誣捏坐罷，遂歸堤川舊居。遂菴權先生居於莽蒼之地，而實與處士公有同門之好，公頻頻往候，遂翁亦時來相見，見公新構精舍於墓側，書其額曰瞻依。吾伯舅趾齋公作詩以美之，吾亦攀和焉。

後授義禁都事、禮賓主簿、平市署令、工曹正郎，爲衿川縣監，居一年褫。親知多以窮峽非老人所居，勸令挈歸京第，而公則以邱墓在此，不忍去。竟以甲辰九月二十九日，卒於瞻依堂，享年六十六，葬于堂東小麓坐丑之原。沈淑人年七十八，乙卯歿而祔。

公爲人寬厚恭謹，絶無傷人害物之心。本事親之孝，而在官則思盡厥職；推敦睦之誼，而接人則務致誠款。見人不是處，則雖不顯斥，心若有所浼，或有遭患難者，力所可及，爲之周旋，而絶口不道其事。常以祖先以來，俱事高尙，不爲攀援進取之計曰："無忝爲幸。" 平生以不識嚴顔爲慟，從人得遺墨而珍藏之。每日晨謁於廟，其在墓下，則又必展墓，雖衰病而不廢焉。有姑寡而老，公事之如母，遇一適口煖體之資，必送之，以終其身。姊早歿，率育其遺稚，至於成立。其於疏族之無依者，助其昏喪，鄉人之待以擧火者亦衆。進善公素有儉德，公自少擩染，逮至當室，常若銜恤，大布麤綿，至老如一。子女被服，或有近於侈靡，則痛加禁抑。雞鳴必盥洗正坐，授家衆以事，門內肅然。常勑子弟曰："近來習俗，多心口不相應，吾甚恥之。" 遇後生少年，必擧尤翁氣貌、老峰家法，娓娓稱說，蓋公一生受用，多出於此。

淑人，青松大家，監察、贈判書若溟之女。事姑以孝，訓子以義，勤於理家，慈於御衆，六親稱其德。男長泰河禁府都事，次觀河方爲星州牧使，次益河文科、參判，次復河蚤死，女長適李藎佐，次進士李著德，次正郎李普萬。孫曰棨、曰棆、曰槦·樸，皆進士。公於吾先妣，爲內外兄弟，幼時相長大，情如同氣，終始不衰。今諸孤屬以幽堂之文，義不敢辭。銘曰：

松江後孫，老峰宅相。孤童自奮，舊家未喪。
晩從祿仕，猶見骯髒。堤峽雲山，昔人高尙。
暮年賦歸，舍玆安倣？瞻依之扁，遂老攸奬。
於焉畢命，宅後之葬。仁厚勤儉，善報不爽。
朱輪紫綬，有煒來往。我識厥幽，永世不忘。

縣監李公墓誌

公諱簹，字猗叔，寺正、贈領議政諱紳夏之子，領議政睡谷諱畬之弟，澤堂文靖公諱植之孫。德水之李，爲東方文獻家，公生而擩染家訓，性又好書，探討經史，非甚病，未嘗一日釋卷。於睡谷公爲昆弟間知己，嘗曰："吾仲，吾師也。"事事必取則焉。且取文靖公遺訓，揭于屛障，以寓箴警。其在親側，左右服勤，雖事之鄙細者，不令僮僕代之。大夫人久疾在床，晝夜扶將，往往作嬰兒戲，以睹其歡笑。前後致喪，俱如禮。嘗寓寡姊家，四歲同爨，上下無一辭，人以爲難。少峻急，不容人過，議政公戒之，用力剋治，一變爲寬緩，倉卒顚沛，亦無遽色。

以門戶隆爀，常懷盈滿之憂，冲挹自持。間赴公車，晩爲爲貧之仕，而皆非其所樂也。時俗多貪昧躁競，而公則恥之，隨分仕宦，卒得一薄縣以去。雖名登州牧之薦，而不求他遷，及歸甔石屢空，而亦不以爲意也。

公世居驪江之上，與睡谷公隔水以居，昕夕往還，日以爲常。謂人曰："終日討論古書，人生至樂，豈有過於此哉?"間有吟哦，其詩閒澹無俗氣，如其爲人。疾甚爲就醫入城，尋以柩歸，睡谷公以文哭之曰："猗叔端良雅靖，意恭而行飭，自幼未見有子弟之過，父母嘉之，兄弟重之。"嗚呼！此可謂人不間之言也。公生于辛丑正月十五日，卒于壬辰十一月三十日。其筮仕在肅宗甲申，歷四山監役、世子翊衛司侍直·副率、司僕寺主簿、義禁府都事，出爲楊口縣監，居四年棄歸，後除義盈庫主簿，不拜。

公才識通敏，試之一縣，其治可觀。淸簡寬平，而以風教爲先。民有親戚爭鬩者，先治其家長，女子有父病血指者，具資裝以嫁之。廚院白土，爲一邑鉅害，奏罷之，該院執不肯，則又以差員入對力陳，卒省其勞費之半，峽民永賴之。

妣寧越辛氏，其考教官後元。公凡再娶，原城元氏，右尹萬春之女；朔寧崔氏，佐郎容之之女。四男箕鎭今爲禮曹判書、藝文提學，出後其伯父，奎鎭郡守、翼鎭、星鎭。女適監役尹益東、士人朴師存、金相麟。男二女二，後配出。奎鎭男渼、瀟、涑，翼鎭男潭，箕鎭繼子曰潰。公葬于砥平木谷先塋之傍，元令人祔，去睡谷公墓若而里。

縡既爲睡谷公作誌，而公之諸子又以文見屬。噫！余嘗一拜公於桂坊直中，容貌辭氣，不問可知爲睡谷公弟也。公於睡谷公，素悅服之深，而睡谷公亦曰"吾弟，於吾言逌然相順"，雖其窮達懸殊，而氣味有大相類者，欲知公者，觀於睡谷公可也。遂爲之銘，銘曰。

驪湖一曲，君子攸宅。我篋爾壙，其樂無垠。
彼菀者崗，松栢靑蒼。有來千秋，魂魄同游。
我銘昭揭，睡谷之弟。

大司諫洪公墓誌

洪大諫仲熊，於余爲忘年，辱與同年，又辱爲同僚，進退榮辱，蓋未嘗不同。余素不喜徵逐，比謝官閒居，朋遊日益疏，出則捨公無可之者。見輒驩然忘歸，有時觴咏，風流醞藉。公卒遽已十有九年矣，若余者衰疾不死，閱歷百變，追思舊遊，邈不可得，則不暇悲公，而又以自悲也。公之遺孤屬以幽堂之誌，亦旣數歲，而不能自力，忽自念因循若此，一朝溘然，將無以見公於地下，遂攬涕而爲之敍。

公諱禹瑞，號西巖，仲熊其字也。顯宗壬寅生，五歲作大字，七歲能綴文。庚午，進士，選補崇陵參奉。壬午，謁聖及第，隷槐院，侍講院說書、承政院注書、藝文館檢閱·待敎·奉敎。始吾榜中，得人最盛，以是群小媢嫉甚，陰嗾鄕人投匭而訐不售，後四載賊臣詹及姜履相追發考官親屬拔去之啓，上燭其誣而痛斥之。公又以記注官事，橫被構捏，與人置對交質。上雅知公忠實，終直公。尋陞成均館典籍、禮曹佐郎、司諫院正言。輔德朴行義於离筵侮毁眞西山，大司成李濟與經生問難，怒其不合，捽而出之，公以疏擧劾，行義罷，濟被推。

戊子，入玉堂爲副修撰、副校理。時上爲王子卜宅，相臣崔錫鼎與一二大官請强買故主第，多詖說之辭，錫鼎又纂《禮記類編》書，背悖程、朱，朝紳章甫相續辨斥，而被譴者衆。公並極論其事，上不省，無何大覺悟，罪錫鼎而火其書。

庚寅，由兵曹佐郞復爲修撰、副校理。朴世堂之孫弼基不從朝禁，從世堂亂命，世堂死後過卒哭，廢朝夕供，及對獄，誣詆先正，以上及朱子。公箚請其罪，而盛援禮典，上奬其明快，弼基遂遠配。鄕儒有論斥尹拯者，上怒甚，追咎甲子二大臣勿以儒賢待拯之奏，仍有論議無益國事之敎。公偕兩僚上箚捄正，有曰："有國則有事，有事則有是非，曰是曰非，論議在焉。在上者公聽並觀，明其是非，歸于至當，則論議未必可惡，而反爲國家之益。若不分涇、渭，斷之以無益，則世道以之壞敗矣。"且言："故相臣金壽恒、閔鼎重公忠正直，聖明所知，而追提往事，無少顧藉，恐非終始禮遇之義。"天怒大震，並削黜，尋命遠竄。公得務安，至謫堅坐讀《近思錄》，日有程課，往往賦詩，有《水調》遺思。是冬放還，旣敍，時人齮齕不已，又黜補殷栗縣，廉白愷悌，民愛之如父母，及還擁路涕送。

還玉堂兼司書，時有李整科獄，其黨欲敗查事，迭出眩惑，大司諫李濟、校理李夏源之言爲甚。公論劾之，二人或削或罷。轉吏曹正郞，復還玉堂。癸巳，尊號之議起，公勸上毋受，及見許，持平金有慶疏斥敦請諸臣，語直咈上旨，公諷諫懇曲，上曰"愛予哉"，特改未安之敎。爲銓郞者屢，間移獻納兼文學，常帶知製敎。一日上命納新牛黃，牛死者無筭，公引齊宣易牛、宋仁不索燒羊事以戒，上感悟，卽令停止。陞軍資監正，移應教，是日擢拜同副承旨，其後屢入，序至右。甲午，由刑曹參議，乞外得安東府，爲治一如西邑。冬以大司諫召還，歷兵曹參知、禮曹參議。丙申，三月八日，以風疾卒，年五十五。

公聰明端雅，恭愼簡潔，有才美於己，而絶不自滿，無怨惡於人，而亦不苟徇。平居談笑，眞態淋灕，望之溫然可親，而卽之不可狎玩。左右琴書，一室蕭然，雖處城市，而窅然有塵外之想，遇之者不知其爲達官。立朝言議方正，一以匡主德扶士林爲主，其在講筵，辭氣雍容，善於開導，深得論思體。是以主知日深，駸駸大用，其卒也，無知不知，莫不痛惜之。

公之淸裁雅量，固有以喩乎賢士大夫之心，而若乃內行之純篤，知之者莫如余詳也。余童時獲侍姑夫淡圃尙書，尙書於公爲季父，每語及公，則曰"孝子孝子"，久而益聞其所不聞。蓋聖人論孝，居致敬、養致樂、病致憂、喪致哀、祭致嚴，斯五者備矣，公能有之，而其至誠懇惻之意，未嘗不貫乎其中，於是益信尙書公之言爲無間。而又聞公臨祭書祝，嘗曰："吾甚愧孝子二字。"此公之所以爲孝也歟！其順乎親旣如此，則信乎朋友而獲乎上也宜哉！其餘細行可略也。

南陽之洪出高麗太師殷悅，代有名人。有諱命元、諱處厚皆京畿觀察使，諱受涜府使，寔公三世。靜菴趙先生之玄孫郡守松年，其外祖也。公葬於積城庚龍洞向卯之原。

夫人青松沈氏祔，府使益善女，花浦洪忠正公翼漢之外孫。擧二男三女，男啓欽進士壯元、直長，啓鉉生員，女適牧使金泰衍、都事趙榮曾、士人尹㴵。啓欽男朝海，次鵬海夭，女爲士人李明煥妻。金婿子仁大，士人徐日修、趙載福其婿。趙婿壻士人朴師近。

公酷嗜書，博洽過人，爲文操筆立就，尤喜詩，老健有格趣，遺藁若干卷藏于家。李相國宜顯爲公作碣文，於夫人別有誌，玆不復詳，只敍其大略如右。銘曰：

紺岳之南，湘水之北。有崇四尺，其人如玉。

司禦尹公墓誌

景宗壬寅，凶黨乘上有疾，挾奧援擅國柄。太學生尹志述坐直言，首被酷刑，其老父在堂。當被逮也，父與之訣曰："汝若死於桁楊，豈非幸也？"或勸以送藥獄中，使之自盡，則父曰："君命，無所逃也。"子壻閔遇洙見其辭氣慷慨，義理明白，退而歎曰："偉然眞丈夫也。"被刑之夕，遇洙又往拜之，則氣益厲而辭益嚴烈，無一毫隕穫之色。夜分自誦"但願生兒愚且魯，無才無德到公卿"之句，音節悲壯，仍復就寢，鼾睡如平日。論者謂子之決死固難，而其父處變爲尤難，可謂有是父有是子云。

公漆原人，諱景績，字汝輝，後以季輝行。自高麗左太判事始榮見于譜，有直提學諱碩輔以直節著於我中宗朝，且被淸白之選。曾祖諱自莘正郎，祖諱有吉郡守，考諱遇丁掌令，俱贈參判。妣龍仁李氏，留守後山女。昆弟五人，公居其季。天姿魁碩，氣宇恢弘，其視世俗齷齪者流，若將唾面也。顧以門戶衰替，屈首爲公車業，文辭淹博敏速，而累擧見躓。與吾仲父歸樂公相友善，嘗同上重興寺，夜酌詠懷，公詩有曰“南郭書生期擢第，西郊學士說休官”，蓋自嘲也。晩而蔭補司饔院參奉，陞奉事，序遷平市署直長、活人署別提，爲掌隷院司評。公素性傑驁，黽勉爲貧之仕，而不屑應講，自引褫，家食十餘年。

戊戌，用嬪宮墓所勞敍復，由漢城府判官出爲海州牧通判，爲治不苟干譽，而吏畏民安，事務畢擧。以省墓違水操之期，被水使啓罷。辛丑，除翊衛司司禦，未幾士禍作，公挈家出城，往依從子志大溫陽任所。邑有凶徒出悖言，公不欲頃刻留，遂於牙山之北，得村舍寓焉。鄕隣父老愍公身世，爭來問慰，或以子弟來學者，公感其意留之，又或黍酒來餉，則雖不謝却，亦未忍食也。始到無庇身處，欲縛數間屋，則齊來趨事以助之。公喜其地僻，課農以自遣，而忽忽無生世念，或執盃垂涕，擧匙歔欷。一日語家人曰：“苟延數年之命，及見兒孫之長大，則可無恨矣。”未幾聞兄嫂喪，輿疾奔哭，及還室具淑人又不淑。公疾益甚，居數月竟不起，甲辰閏四月十六日也，享年六十三。

公自幼有至行，三歲而孤，人有撫而悲之者，則輒低首嗚咽，若不忍聞者。每遇喪餘日，辦送祭需于宗家以助之，魚果之新出者，必薦於宗家而後食焉。諸兄及兄之子多早世，必育養遺孤於家，視之如子，閨庭無間言。家雖貧，而窮人無告常多寄食，其急人窮厄，恤人喪葬，如恐不及。性喜酒，樂與親戚故舊劇飮，酒中眞態淋灕，間以諧謔，醉輒高枕大鼾，未嘗使酒。其氣象之好，義氣之高，類非季世人物，而一生窮厄，卒又遭窮天極地之痛寃，顚沛流離，以殞其身，豈曰天道有知乎哉？ 公至親多附麗凶黨者，公常惡之，一日有族孫某自凶黨葬所來者，見公食時無飯饍，進其橐中饌，公强齧乾肉，至半哇之。遺命兒孫長大後，仍其小字以別其族。

淑人，叅奉守禎女，其祖綾平君鎰，與公合祔於陰竹，後移葬利川孝養山之北。一男一女，男則志述，女則爲閔遇洙婦者也。銘曰：

昔聞孟博之母，今見老彭之翁。
禍故酷烈之際，氣益壯行益峻，豈不誠男子之雄？
同閈少年今白首，閱歷世變靡不有。
哀公之窮而偉公之志兮，非敢曰文，足以不朽。

陶菴集

卷四十三

墓誌

墓誌

參判洪公墓誌

上之三年丁未，洪公禹傳以言被譴，屛于荒，越一歲正月癸酉卒。訃至，綍爲位哭，明日走哭于堂，後數日又哭其柩。孤啓禧泣請銘曰："葬得日矣。" 綍泣曰："嗚呼，吾尙忍作斯銘也?" 旣而曰："公常謂知我莫如子，我不爲銘而誰爲?"

公字執中，南陽人。系出麗太師殷悅，其後名公鉅卿，史不絶書。入本朝，友菊齋諱敬孫、石壁諱春卿、海峰諱命元大顯。有諱處深僉正，諱受濟正郞，海峰之子若孫。正郞娶恩津宋氏，縣監之濂女，有五子，公序居四。叔父諱受晉無嗣，於諸姪中最賢公，夫人具氏以遺意籲于朝，取以爲後，公貴，贈吏曹參判。

公以崇禎癸卯生，岐嶷異凡兒，纔免懷能識字，晩就學，文藝驟進，尤善辭賦，累厄于公車。壬午中進士第三，尋筮仕，長陵參奉，換慶基殿，例陞禮賓寺奉事、平市署直長、掌樂院主簿。移義禁府都事，入工曹爲佐郞、正郞，出監鎭安縣，蠲徭役公聽斷，十考皆最。還拜漢城府判官、戶曹佐郞·正郞，爲咸陽郡守，其治一如鎭。

公少謂一第可拾取，年五十七，始捷庭對，人比之陳鍾山。唱名翼日擬臺省，儲望如此。未幾，以司憲府持平召，上疏論變良役搜隱丁，而以振紀綱爲要。金百淵昌翕讀之，歎曰："經濟文字也。"時肅廟違豫，東宮聽政，而三司疏與軍國事，猶上關大朝，因玉堂箚，上心激惱，命幷入之東宮。公疏請收還曰："聖候一味沈淹，儒臣何嘗謂可以日近書冊、日應庶務哉？只以聖人志氣，無時而衰，治心治疾，本無二致，欲殿下間賜筵接，疏暢湮鬱，通上下之情，盡節宣之道耳。殿下豈宜顯示訑訑之色，逆杜來諫之路，導臣僚以婦寺之忠乎？顧今元良代理，萬機無滯，而殿下乃以付託得人，遽欲謝絶外事，亦豈我殿下四紀憂勤之意哉？"公言人所難言，而辭意切直，一種不逞，已煽鼓危言矣，拜司諫院正言、獻納。

景廟初年，凶人重遇投疏，請隆奉私親，而遍詆廷紳，玉堂有外引嫌而內和附者，公擧劾之。陞執義，太學生尹志逑以直言投邊，公在告，慨然亟詣臺救之，卒反汗。時陰陽互爭，朝象波蕩，公遇事敢言，不以死生禍福動其心，士論咸倚重。因山畢，陳戒乞亟開講筵，用玄宮封閉勞陞通政，爲掌隷院判決事、兵曹參議·參知。拜忠淸監司，以親老褫，復爲參知，移大司諫。出爲慶尙監司，適歲饑，至誠賙賑，民以不死，遇統帥驕恣，以壞體自咎。

時事又一變，公纔解職，群小積憾公，弼夢啓削仕籍，公退居全州之龜灣，因以自號，蒔花種竹，日吟哦其中。尋以在憲職時疏，追摘竄定州，翌年移泰仁。

今上元年宥敘，連除工、禮參議，不赴。以判決事還朝，旋歸省，銓議惜公，欲必致之，授驪州牧。公爲便養赴命，未至，移諫長，入對陳沿路民瘼，請遣御史賑窮，上爲傾聽。九月特除工曹參判，是後連貳禮、刑、兵三曹。丙午，寫進東朝玉冊，陞嘉義，同知義禁、春秋，參删景廟實錄，提擧槐院、籌司，前後爲諫長者四。

公痛凶逆偃息，常以懲討爲己任，屢登對，繼以疏極陳沐浴之義，三司之拘細嫌避大論者皆罷之，又論崔奎瑞嘗於私親崇奉問議時，所對意態回巧，又其疏敢自擬於皇朝薛瑄之因曹、石用事見幾退去，其心迹可惡，宜嚴斥絶，復言申致雲誣儒賢，不可不罪，皆不納。

先是，肅考祔太廟，群壬擅命，以南九萬、尹趾完、崔錫鼎得罪先朝者，從享于庭，輿憤久鬱。公唱兩司，請亟撤去，上不悅。公引避又疏列，其言愈嚴正，仍以輕視群下獻規，聖批切責，一告病卽遞，自是公不復入臺省矣。廟堂薦授水原府使，未之官，有七月大進退，命罷庭請請對諸臣，公與焉，繼以三臣撤享之論，首罪公黜削之。公賣京第，將盡室南下，感疾卒于廣州宮村之寓居，以三月二十二日，歸葬高山北，其先人墓側。

公長身秀貌，器度偉然，平居無疾言遽色。孝友出天，具夫人年八十餘，公亦老白首，常怡愉其側，晨夕服勞如强壯人，有不安節，頃刻不離。大夫人愍其衰，勸令少休，輒於戶外屛氣以俟，少間復入。一日疾劇，公手執藥物，疾步而顚，仰天請代，涕淚承鬚，觀者爲之感動。大夫人哭公曰："吾不死，使汝死矣。"與兄弟析居，而團會殆無虛日，所後家田民，悉分之諸妹曰："吾無此亦足矣。"一妹蚤死，取其幼子育于家。修宗契，勝日壺觴，情愛藹然。遠祖僕射墓在晉州，失其處，公按節時誠心求訪，比歸始得之，改其築而爲之碣。

居官不喜爲赫赫皦皦，而民悅其寬簡，去後多見思。事君一以戆愨，言議不苟，天性和厚，而淑慝義利之分則截如也。今世士大夫一經斬伐，工於身謀，大都爲含糊鶻突規模，而公則獨能以白首黨論獲過於上，眞朱子所謂公心直道無所回互者矣。彼年少厭厭有泉下氣者，得不愧於心乎？立朝大致如此，其細可略也。

公少委禽吾叔祖打愚先生諱翄之門，仍受業，先生器重之。公喜讀書，於經傳尤熟，晚於朱子書着力，雖流離顚沛，不肯釋手，必日誦數遍，夜分乃寢，老而好學，又可敬也。公骯髒，無時俗樣，不肯馳逐名流，杜門却埽，淡若寒士。是以宦途多在通塞間，子弟或以爲言，公訶之曰："衰晩通籍，未十年致，位至此，於分過矣。"

然時勢益巇險，公顧瞻踽踽，不樂於朝，手書韓文公"趨營悼前猛，斂退就新懦"之句於壁，蓋未嘗一日忘歸，而不能如其志。嗚呼，可悲也已！

公擧四男一女，男長啓福有神童稱，未冠而死，次啓祿出後其仲父，有志行蚤夭，次未名夭，次啓禧進士，女適李淹，所後子曰顯坤。銘曰：

嶷嶷洪公，中確外頎。爰初爲吏，寬靖以治。
一吐口氣，殿我南維。公在臺省，謇謇自持。

龍血玄黃，世運平陂。不懾不撓，不激不隨。
有偭廟庭，彼何人斯！臣敢顧身？肅考之思。
雖遭斥奔，名義昭垂。咫尺終南，死淚橫頤。
湖甸千里，桑柘依依。何黜不復，而以柩歸？
我最其行，維孝是基。愉色先意，白頭嬰兒。
移以事君，一節無緇。我詩匪諛，尚徵在玆。

郡守申公墓誌

大宗伯汾崖申尙書諱嶷有八丈夫子，其第六曰錫華，字天賚。以顯宗壬子生于汾崖公完營官次，丙寅委禽于吾外王考驪陽文貞閔公之門。縡時尙幼，日見公於甥館，甚荷撫愛。稍長，習科程文字，就公家，學作詩。見公平居，無疾言遽色，又不設惰慢。少交遊，每日靜埽室堂，書冊几案，整齊有常處，兀然端坐讀書，夜以繼晷。雖小出入，必以書籍自隨，溷廁之間，咿唔亦不輟。蓋其言以爲“寧拙不當近巧，惟勤可以補鈍”，其視世間機變之術者，若將浼焉，縡心悅而不敢忘也。後縡僥倖早颺，公則低徊蔭路，而情好不替，有疑輒相質。以縡中歲臥疾，懃念存訊甚勤，又時遣其二子焉，其終始眷眷如此。

公己卯進士，屢爲太學掌議，時有李喜鼎者誣詆栗、牛、沙三先生，公率諸生上章痛辨，上批嘉奬。乙酉，蔭補冰庫別檢，序陞長興庫主簿，歷司憲府監察、戶曹佐郎，出爲順安縣令，居五載棄歸。癸巳，由翊衛司翊贊，除加平郡守，翼年十月三日卒于官舍，年僅四十三。

汾崖之祖曰象村文貞公諱欽，象村以上，右正言諱曉、參贊夷簡公諱瑛皆名人。自象村至公第二兄承旨啓華，爲四世內翰，門戶隆爀，世罕其倫，而承旨公歿後，頗陵替不振。公每謂"國俗重科名，非決科，無以紹復先業"，雖屢厄公車，而勤勵不怠，簿書之暇，益復攻苦，連捷解額，人謂朝夕發軔，而竟不能遂。

公雖黽勉祿仕，而非其志也。然而亦不以官卑而忽之，職無大小，斤斤致謹。其爲邑也，慈祥豈弟，儒雅爲治，聽斷公明，疑獄咸歸之，雖負者，亦自以無冤。在順安時，設養老宴，親下堂而勞之，女子之年三十未婚者，官給資裝，俾不失時。每歲春秋，行勸課之政，士民咸奮，作成頗衆，又發摘如神，盜賊屛息，其治惠之在人者如此。使公雖不克趾先美，而屈於州縣，亦駸駸乎漢廷循良之績，而又復天閼之，不能大展其才具，命之窮矣，其於天何？

公內行篤至，其侍大夫人疾，血指和藥以進。仲府使公、第三別提公性嚴，有時盛怒，子弟莫敢違覆，公獨俟其辭氣稍降，從容開陳，二公亦感悟。以禮自律，冠昏喪祭，必欲一從《文公家禮》，俾子孫遵行勿失焉。與季學生公同爨而居者，幾十年，衣服飮食器用，一皆共之。一家昏喪，貧不自辦者，必盡力助之。居常口不道黨論，而於淑慝之別甚嚴，逆宗杭與公爲至親，曲意結歡，而公則自疎，此其行義之可書者也。

公繼配完山李氏，學生始蕃女。有二女婿，李垂、李後祥。二男埜、壆及女歸李良臣者則吾姨從也。埜縣監，壆有才行蚤死。埜泣請曰：“知吾父無如兄者，願得一言以納諸幽。”遂爲之銘曰：

汾翁之子，象村之後。席玆奕世，天賦亦厚。
始昔期公，豈一郡守？風雪嘉陵，乃歸以柩。
靈芝三秀，胡志未就？豈弟恬簡，善不自有。
知公之行，莫如我久。支離於世，獨此老醜。
驪邱之藏，同我姨母。禮當有誌，孝子拜手。
于以表哀，曷足不朽？

掌令崔公墓誌

公諱道文，字器甫。有諱永奎，實金傅王之孫，而有功於水州，麗王封隋城伯，賜姓崔。隋城，水之號，崔氏仍爲隋城人。曾祖諱宗直贈參判，祖諱橚統制使，考諱擎宇府使，外祖府使李彦珪。

公以肅宗丙辰生。庚寅，生員。甲午，增廣及第。承文院權知副正字、禮·兵二曹郎、司諫院正言、司憲府掌令、松羅察訪、慶尙道都事、三陟府使，其內外踐歷也。己酉，丁母憂，公平居事親孝，及是不勝喪，以十二月十一日卒，年五十四，葬于天安郡北梧根洞。

公志操敦確，壬寅士禍作，奉母歸鄕廬，人或勸之仕，不應。其在臺省也，遇事盡職，嘗於筵中力言光佐罪惡不可不誅，上曰："此臣頗朴直。"上親幸金吾，釋賊森，爭之又力，前後章奏，忼慨多可觀。丁未秋逆黨復闖入，當路者倡爲蕩平之論，士大夫多忘義趨利，而公獨恥之，又還鄉杜門自靖，亂時奔問外，不復入朝市，惟耕釣以爲養。

其掌試於南也，至公無私，後相臣閔公鎭遠請以此事行會八路，使試士者一如崔某。公嘗曰："吾父、吾祖屢典州閫，而家無美田宅，此吾家法也。"陟多黃腸餘材，而公去官數歲歿，而貿薄板於市以殮之。公少而有文名，尤長於詩，晚而獲一第，連遭屯難，官又不遂，知公者咸惜之，然其志業略可見也。

室青松沈氏，㰒女。男受復進士，婿李恒祚。受復三男幼，壻之子若曾，其婿趙匡宇。受復從余遊，來乞銘。銘曰：世或知公以詩人，而不知言議出處之正無愧乎古之君子。抱此志節，鬱于泉隧。詩以哀之，永昭厥美。

教官宋公墓誌

公諱婺源，字景徽，尤菴文正先生之曾孫也。祖諱基泰同知中樞。考諱晦錫通德郞，先生每稱其賢曰："此吾知己孫也。"不幸早夭。公時年十二，先生愍其穉弱，强以薑桂，則泣不食。先生嘗親授《小學》、《家禮》諸書，謂公性直有可望。己巳禍作，先生在耽羅途中，遺書命公名，蓋取淸陰金先生贈先生詩中語，而仍勉以道學，又歷叙其遘禍本末曰：“此事汝不可不知也。”

畏齋李相國端夏在砥峽中，公奉母夫人從之，夫人之父也。已而畏齋卽世，先生受後命。公孤苦寃酷，若不能自保，猶能佩服遺訓而不之失焉。甲戍更化，先生首被伸雪，公以世道未盡廓淸，不肯就公車，自是專意家學。

丙戌，上將親祀皇朝二皇帝於禁壇，會不豫，崔鳴吉之孫錫鼎以首相當攝。公倡多士上疏，言錫鼎世媚虜人，不可使將事。上欲慰安錫鼎，配公於康津，然竟使他相代之，士論稱快。時同樞公在永同，公將南行，使家人奉母夫人以往，及宥還，結廬以居，去同樞公所寓十里，日必往來展省。同樞公方大耋，公躬自採釣以充甘旨，餘暇必讀先生遺文於其側。及同樞公卒，移寓驪江江上。

丙申，斯文是非始大定，後二歲，除繕工監監役官。公以親老强就，旋爲微嫌棄去，尋除敬寧殿參奉，遷濟用監副奉事。辛丑之禍，卽日棄官入砥峽。乙巳，丁母夫人憂，服闋，除童蒙教官。旣而時事一變，又棄之。公方俶裝還鄉，屬有逆亂，城門晝閉，士大夫多蒼黃奔竄，公嘆曰：“吾世祿之臣，義不可後君，臨急有一死耳。”亂定去之。

始肅廟令印先生文集，公實尸其役，三歲告成。庚戌，續印《經禮問答》，越二年，又修年譜而印布之，後又樹先生墓表。丙辰十一月一日，卒於驪江寓舍，年六十。明年正月二十九日，葬于水原萬義之舞鳳山，卽先生墓西麓也。

公資性剛毅，器識沈密，望之儼然，雖親而不可狎。其事母夫人，則怡色婉容，未嘗少違其志。夫人謂諸孫曰："汝父幼時，文正公稱以孝子，吾老而未忘，益信其然，汝曹但當以汝父爲法也。"蓋其居致敬疾致憂祭致誠，殆無愧於古所謂孝者矣。

嘗以同樞公遺志，遷奉叔高祖典籤公墓，又以考妣異葬爲痛，日夜營度，分寸裒合，晚年始克合祔，仍處山下，朝夕哭拜，以訖緦月，人以爲難。然公之孝，實有大於此者，文正先生身任大義，而有繼往開來之功，東土人士孰不被罔極之恩？而公每於先生諱辰，終夕悲泣曰："我輩爲人，緊誰之賜?"此蓋兼有賢賢親親之義。而自先生文集、年譜之出，言行滿一國。先生之道，雖不行於今，而將有待於天下後世，是則公至誠發揮之力也。

公自以童年付囑之重，克念克謹，斯須不忘，凡有一言一動，以至飮食起居之細，必曰："得無悖於先訓否？"是以流離顚沛，備嘗困窶，而處之晏然，祭養之外，一無所累其心。雖官微祿薄，而進則必盡其職，可去則去，無一分顧戀。至於陰陽淑慝之際，言議峻厲，如一劒兩段之爲快，雖死生禍福決於目前，而確然有不可奪者，是皆先生壁立遺風，可以想見其髣髴也。

顧平生伉直，不與人苟合，宜其窮厄以終，不能展布其萬一。而方今義理晦甍，人心陷溺，使公在者，一脈正論，猶足以激礪頹俗，天又不假之以年者何也？嗚呼！其可哀也已。

公嘗曰："爲學當務實行，無實而有名，非學也。"故絶不以學問自居。然常謂："吾家自有正大門路，何用他求?" 終身講習而服行之。默然自修，繩墨甚嚴，家內又斬斬有法，其著於日見之行者，蓋無非學也，是豈人之所能知哉? 公自號曰念修，後之知公者，當於此觀之也。

公配金氏，判書鎭龜之女，沙溪先生五世孫也。四男一女，逑相、學相、德相，季夭，婿曰士人姜杜立。銘曰：

四尺之封，萬山之原。我銘不愧，尤翁之孫。

郡守宋公墓誌

綷幼從宋公道能游，道能纔長余二歲，已儼然不可狎玩，及長益敬之，相與日深。辛丑，道能爲錦山郡守，遇士禍作，卽日棄去，隱於沃州之龍湖，歿而仍葬焉。余時竄伏雪嶽下，訃至爲位而哭之。今年春，偶過沃州，公沒已十有二年矣。始訪所謂玩樂齋者，去其墳甚近，有藏書累百卷，山高而水深，淸絶幽敻，不問可知爲道能之所隱也。嗚呼！方今變故罔極，擧世汚濁，若吾道能者，宜其窮厄而死乎此也。

道能諱堯佐，號默翁。同春文正先生有孫四人，義禁府都事諱炳遠序居三，季曰尙州牧使諱炳翼。牧使公娶郡守林川趙公景望女生公，幼而有器識，好讀書。都事公卒而無嗣，其配李端人，掌令迥之女也，泣謂牧使公曰："亡夫嘗屬意於是子也。"公遂爲其后。其事李端人，居致敬病致憂，共二妹在側，藹然有深愛，李端人甚安之。吾先妣於文正先生爲外孫，間自李端人所歸，輒道其孝如此。

辛巳，補敬寧殿參奉，時公年尙少，意甚不樂，强出謝，尋自免。乙酉進士，翌年調翊衛司侍直。公已廢擧，而爲親老就仕，序陞副率，冰庫別提，遷工曹佐郎，尋移戶曹，以親嫌褫。由宗簿寺主簿，出爲義城縣令，及罷歸，五載家食，復由司宰監主簿，監燕歧縣。遭牧使公喪，喪畢，除平康縣監，不及赴而遷錦山，數月而歸。其喪牧使公，廬于墓下，寒不坯戶，暑不揮扇，日再上墓哭，哀動傍人。啜粥飯素，一如古禮，仍羸瘁成疾，比自錦歸，疾益劇，竟以癸卯十月二十日不起，年僅四十六。

公目有精光，罕言笑，狀不踰中人，而自然威重，子弟不敢仰視，閨門斬斬如朝廷。遇宗族故舊，情愛篤至，無不孚信。聞人一善，中心喜之，達於色辭，見鄙汙者，則甚欲唾面，於陰陽淑慝之別，尤截然也。常言"儒者一理不究，便不能盡分"，探索經傳，旁及百家，而未嘗聲讀，惟潛心玩味，有時瞑目竟夕，或秉燭達朝。其於性命理氣之際，往往不襲前人，有所自得於心，而內而不出，人鮮有知者。獨李仲謙顯益最相信，每與語歎曰："公我師也。"

平居端拱默坐，而百事自理，其在官亦然。義城素號煩劇，而目閱耳聽，口授手判，迭應而不亂，洞開重闔，賓客雜臻，而終日氣貌肅靜，若無事時。其爲政，沈思果斷，不矜私智，不徼近利，民不知其爲惠，吏莫測其涯岸，故所至皆大治。大抵人之峻潔者規模狹，恬雅者才猷短，公則有其美而無其病，天分固已過人，而其得於學問者亦多矣。余嘗謂人曰:“臨大事決大議而不動聲色者, 道能殆能之。” 聽者或信或不信。

公性簡貴, 不苟徇流俗, 不喜見貴人。雖素相親愛者, 亦或疑其傲, 況其餘者乎? 由是沈屈下位, 以終其身, 士之不容於世 固如是也。然文正先生有言曰:“世間萬事, 莫如有好子孫。” 若公可謂不負先生之志者矣。使先生有孫若此, 而不能少假以年, 以卒其家學, 嗚呼! 是又孰使之然哉?

公蚤有高世志, 好遊名山水, 嘗築室於瓶泉之上, 晚年欲歸老, 而亦不及焉。公文辭簡雅, 顧不好著述, 嘗以牧使公命修先生年譜, 十年始成, 明白精密, 識者謂“是書出而先生之道益光”云。

公配坡平尹氏, 正郎扶之女, 男女各二人, 男明欽、文欽進士, 壻曰參奉尹得敬、士人閔克烈。明欽請余爲銘, 余衰遲不死, 閱世旣熟, 益知公於今不可復得, 而不能及公在時, 叩其蘊奧, 以發蒙蔀, 此尤可恨。遂書其感而歸之, 以告諸幽。銘曰:

嗟乎道能, 不得於人, 而又不得於天也。
惟後之人尙或知之, 而勿夷其墳也。

校理申公墓誌

伯曾諱魯, 平山人, 壯節太師崇謙之後。國初正言曉用直言忤旨, 退而老於西湖之上。後三世爲夷簡公瑛, 己卯名賢。

及二世而有象村文貞公欽，宣、仁間名臣。象村之孫汾崖諱冣事顯、肅兩朝，禮曹判書、提學，器度伏一世，伯曾其孫也。汾崖公有八丈夫子，長諱徵華蚤卒，是娶吾叔祖大司憲打愚先生翔之女，無嗣。次諱瑞華府使，是生伯曾。汾崖公命爲長子子，伯曾生五六歲，汾崖公膝置之，引鏡自照而喜曰："爾極類我。"

伯曾落拓不偶，年且五十，識者曰："豈有賢如伯曾而長窮者？"今上元年乙巳，擢庭試第幾名，時朝著廓淸，卽入侍講院爲說書，旋隷翰苑，輿望翕然。序陞待敎、奉敎、兼說書，遷司諫院正言、兵曹正郞。上親策禁庭諸臣，與選錫鹿皮，屢除司書、文學、司憲府持平，預修肅廟實錄，出爲京畿都事，還文學，尋錄弘文、吏曹，一爲校理及佐郞，兼司書、漢學敎授。

其在史職，當三司齊聲討逆也，珥筆力陳，又應旨極論："鳳輝首投凶疏，動搖國本，泰耉、錫恒繼起誣獄，危逼聖躬。賊森乃其爪牙耳，內結宮禁，外嗾鏡、虎，駭機迭發，凶言交煽。雖天祐宗祊，禍心莫售，而其迹若泥中之鬪獸，此而不誅，何以爲國？"在臺省，疏請亟黜南九萬、尹趾完、崔錫鼎廟庭配享，又請嚴懲掖隷之毆打禁吏者，又陳貢物、良役、軍政之弊幾累百言。在講筵，言"國儲垂罄，內庭用度浩汗，願上體聖考儉德"，又言"頃年光佐致隆私親之請，此邪恕故轍"，上不悅。

丁未七月，時象猝變，同討逆諸臣坐罷。戊申，逆亂作，中外恇攘，伯曾奮然卽上疏，條陳方略。一，湖帥被害之後，列邑逃竄，而賊徒無分據之事，其寡可知。令州縣擇吏卒任討捕，厚廪料而明賞罰。又亟降曉諭，使知脅從罔治，咸許歸農，則諸賊自然乖離，易致殲滅。一，忠州，湖、嶺要衝，令牧使臣在魯察按撫之任，許便宜從事。一，水原兵馬八千、廣州軍三千，一時調發，廢農可憂，餉道亦大，宜歸其老弱，簡精鋭各滿千人留屯，亦足以備禦，請寢諸道徵兵之命。時都巡撫吳命恒出征逗留，疏中並及之。且言："趙趾彬癡騃一狂童，何足委大事？"趾彬當路子，方按撫兩西。上意其伐異，下嚴敎，削其職而黜之。然所列籌策頗見採。時逆晟在塞閫，欲藉徵兵西上犯闕，不果。大臣間爲之伸白，久之始放釋，又久之還告身。

伯曾忠愛根性，自布衣已然，衰晩通籍，志氣愈厲，聞一政令之失，彌日歎咤，或廢寢食。嘗自誦曰："大丈夫當信心直行，不可用機巧，機巧一生，便害吾正大之氣。"是以立朝不滿三載，數出位言事，卒以是顚沛而不顧。上雖知其樸直，而亦不能用也。

嗚呼，今之人往往終身喑默，坐致高官美職，又善候人主意色，依倚淟涊，不欲失之。當國勢危急，亦伈伈縮手坐視，以幸其無罪，其謀身至巧，而於國家何益？若伯曾者，其一斥不復也宜哉！

伯曾既絀，棲遑城外，或屏寓驪江江上。時士大夫多不樂京師，或勸其賣舍求田，則伯曾愀然曰："吾世宅于都，祿食已三百年矣，國存與存，國亡與亡，吾豈忍捨去若悻悻者然？"窮居喜看史，嘗謂"有宋立國規模，與我朝略同"，手抄爲三編，於熙、豐、元祐事，尤致意焉，擬他日袖進。仍語人曰："韓魏公以英宗可與有爲之主，乃得中書，祖宗御批得百餘番以進，皆經國長筭，英宗一見，不覺避座。愚非敢自附於昔賢，吾王至明，庶幾因是而有所感悟歟！"書幾成而伯曾已病矣。今之事君者，孰肯以伯曾之心爲心哉？不得於君，而有眷係不忘，妄欲以瑣力上回天地之心，其爲計若疎，而志則大矣，是豈可與俗人道哉？

伯曾之生庚申三月庚申，卒於庚戌六月六日，以八月十八日葬于驪州安平，去府使公墓一里。伯曾弟晳聖與，以應教與辛丑黨籍，死於謫，伯曾又擯斥以死，士類共悼惜之。伯曾娶坡平尹氏，持平之翊之女。三男一女，景顔、景閔、景雍，景閔爲聖與後，女歸士人李弘重。

伯曾孝友篤至，府使公疾革，出股血書辭，以禱于廟，聖與之死，忽肉顫色勃，俄而訃至。諸父皆早世，伯曾獨持門戶，一家未葬者葬之，未嫁者嫁之，窮無歸，則曰"於我乎舘"，遠近親黨常滿室，與同飮食，見者殆不辨賓主，而視其家則屢空也。

樂善好義，胸懷坦夷，人有齷齪卑汙者，若將唾面，雖平生親好，見不是，輒衆折之。恒居不甚拘束，言緩而氣和，然子弟嚴不敢言，於貨色泊如。凡有牢騷幽鬱，壹洩之於酒，揚扢古今，風流可觀。知舊勉以節飮，則曰："人生死便休耳。"雅有鑑識，先言人善惡吉凶，多中。外若闊於事，而旁通世務，輔之以史學，宜若一試於世，而亦不能焉。

大要伯曾器宇寬廣，類非今世人物，其何能久於世也？

余生同歲而月日差後，故呼伯曾爲兄，伯曾愛余深。景閔泣請曰：“葬得日矣，雖執事儼然在憂服之中，不得執事一言，猶不葬。”余不能辭。銘曰：

吁嗟兮伯曾，宜不用於今世。

而百世之後，尙或見其心與！

縣監李公墓誌

公諱梅臣，字季和，延安人。其先出自唐中郎將茂，入本朝，有樗軒文康公諱石亨，始鳴以文，至左議政文忠公月沙諱廷龜、吏曹判書文貞公諱明漢、禮曹判書文肅公諱一相，仍三世掌文衡。司僕寺僉正諱成朝，文肅公之長子，而於公爲考。配豐壤趙氏，進士贈贊成相鼎之女。

公生而眉目秀朗，氣度俊邁，見者期以遠大。八歲而孤，就從叔父艮庵先生學，文行日進。雅性恬靜，不喜交遊，常居母夫人側，務愉悅其心志。餘暇喜讀古文，至忘寢食，尋遘危疾，沈痼多年，而絶不近博奕雜戲。俄丁母憂，旣除喪，見世禍罔極，杜門不出，不事科業，讀《小學》、《心經》諸書，便欣然樂之。好種杞菊，以扁其齋，日與兄弟親戚彈琴賦詩，以消憂愁。乙巳，復應擧，中司馬兩試。丙午，除順陵參奉。戊申，遷徽陵奉事，逆黨有爲僚官者，公恥之卽棄去。後數歲復授明陵參奉，移義禁府都事，換典設司別檢。序陞通禮院引儀，入戶曹爲佐郎，出爲三登縣令，旋仍本任，移平市署令。

丁巳，爲禮安縣監，縣有退陶遺風，招父老立學規，各於里閭，擇通學術者爲師，使鄉秀子弟日受業，朔望咸會試講，賞罰以勸懲之，數年之間，一境風動，成就者多。公嘗歎曰："嶺以外聲教未暨，亂逆踵出，若建立淸陰先生書院於花山，爲士林藏修之所，則可以敦風化而正趨向矣。"於是勸起二三士子，共力建祠，旋爲凶徒所撤毁，公亦以他事被構捏，以至對吏，而毅然不以爲悔也。

庚申二月遇寒疾，以十五日卒于縣衙，去其生已已五十二。遠近人士操文來哭者甚衆，其治喪也，視篋中只有敝衣數稱，弔者咸驚嗟曰："居官四載，貧儉乃如是耶?"三月引歸，以五月一日，葬于廣州文映山南麓坐庚之原。金淑人先公五年歿，至是祔焉。

公爲人簡潔，素尚風節，志氣峻厲，而中心樂易。自少多疾，閒居靜養，家事不嬰於心，淨埽一室，終日穆然對書。及其接人，襟懷夷曠，色笑可親。然論人淑慝，辨事是非，一斷以義理，不爲利害禍福所動。自以早孤爲至痛，出而見長輩年同僉正公者，輒歸家涕泣。事伯氏如嚴父，隣居日必朝夕起居。愍寡姊及叔氏老而貧，在官時以廩餘營辦歲制。安分守拙，不喜夸伐，謙遜若無能。然有時長嘯以洩其奇氣，視世之齷齪近俗者，若不可與語。博覽强記，多識前言往行，至於國朝典故，亦所諳練，爲詩淡雅，且有《楚騷》遺意。公無嗣，取叔氏男惠輔爲後，惠輔來請銘。銘曰：

文獻之家，生此俊姿。學問文章，何所不爲？

少嬰沈疾，中丁百罹。抱此氣槩，秪以自奇。
潦倒下僚，夫豈素期？晚年儒化，止於嶺縣。
倡義建祠，志節可見。天不祐善，乃以柩歸。
一境悲慕，多士涕唏。有兒式穀，何必自生？
我銘幽堂，載揚休聲。

正郎朱公墓誌

記余少時，嘗竊聽於士友間，其論北方人物，必先擧朱公宅正。問其人何如，曰："此尤菴門人也。先生嘗稱之曰'豪傑之士'，其門下諸賢，蓋莫不推重之，豈古所謂不見其山，見其木者耶？"歲癸丑之冬，其門人文君挺八千里跋涉，謁余於寒泉之上，泣而言曰："吾師不幸遘家難，屏廢三十有餘年而歿矣。有德無命，仁者之所哀，苟賜之一言，是吾師死而無死也。"

余重其誠，仍叩其所未聞者，則復作而曰："吾師處於家邦，行不可一二擧，然孝於親忠於師，此其大者也。母之喪，方老白首，哀毁踰禮，終不近薑桂。其在時，一順其意，有季女愛之甚，而其夫家在永興，爲移宅而從之。久患脚疾，杖而後起，未嘗一日廢晨昏之節。得一味，必手進之。家法甚嚴，子弟不命之坐，不敢坐，鄉隣有不義，或恐其知之。村秀才從學者衆，誨之有方。挺八事之凡四十年矣，未嘗一見其忿厲之氣，一聞其鄙俚之語。其言曰：'禮者人之大閑，一踰此閑，無所不至。’老而克治益嚴曰：‘血氣衰矣，或不如少壯乎？’其視聲色若浼，家徒四壁，而一毫無苟取於人。

不惟天姿絶異，其得於老先生者蓋多。先生之謫德源也，吾師始從之遊，又往拜於華陽之洞，受性理群書，先生手書‘學如不及’四字勉之，又喜其刻苦曰：‘靜而張而不弛也。’靜而，吾師字也。丁卯，與同門韓聖輔諸公直先生之誣，己巳之禍，赴哭于南，仍與先生黨籍。及先生雪寃，復仕于朝。以先生卒於六月八日，是日涕泣終夕，若孝子之慕其親。每擧其當時契合之盛、尊攘之義，以詔穉昧，往往扼腕太息，又好談華陽巖泉之勝，屢發於夢寐。丈巖鄭公嘗書贈先生旨訣一直字，佩服以終其世。若吾師，可謂篤信守死者矣。”

余歎曰：“北方風氣貿貿，自老峰振作以來，始稍稍知學，而公乃其秀者，又得大賢爲之依歸，其學正而其守確，使斯人不能少有展布，卒窮阨以死者，命也。然當今世敎壞敗，師生之倫，或幾乎息矣，乃能尊尙所學，以善厥身，又推而及於一鄕，使後人知師道之重如此，非豪傑之材而能之乎？先生於是乎知人，而公亦可謂不負先生矣。”挺八起拜曰：“請歸而以是爲誌也。”

朱氏出完山，自南而北，世居咸興。國初典書仁最著。曾祖大乾、祖式孟皆參奉，父檠文科、郡守，外祖典籍韓汝虎。

公肅廟己未明經及第，隸成均館，自學諭陞至直講，禮、兵二曹佐郎，於兵復爲正郎。外則察訪銀溪道、監保寧·利城二縣，銀溪人至今誦其清德。朝廷嘗欲通西北人清路，公議以公爲首，已而不果。及廢而家食，丈巖爲方伯，延爲教授，以矜式蒙士。生於辛卯十月十七日，卒於丁未十一月五日，墓在同府塘內面向亥之原，室永興朴氏祔。男遠濟先歿，其一子曰徽錫云。銘曰：

尤翁之門，蓋多善士。
其在于北，曰惟公爾。
篤信其學，死而後已。

陶菴集

卷四十四

墓誌

墓誌

處士曹公墓誌

處士曹公一周，以戊戌十二月二十六日，卒于靈巖之靖閒齋，壽七十三。宗黨、士友皆哭之甚哀，既而曰："斯人也，有德而無位，惟嘗自號以靖閒，蓋慕淵明之風者，盍以是識之？"遂書曰"靖閒齋處士曹公之柩"，葬于同郡甘洞某向之原，孺人恩津宋氏祔。

始公未弱冠，學于尤菴先生。時先生之門，四方學者如渴赴河，英才甚衆，而先生特於公愛重，以其族子之子妻之。其在師門，用力刻苦，勞極而疾，疾十年而猶不自懈，倩人書古昔格言，揭之座右，朝夕觀省，其志學之篤如此。及夫世變罔極，先生遇禍，時事已不可爲，則乃走入小華山中，深居不出。蓋公少日志氣方盛，得賢師以爲依歸，不惟名公、大人推詡之重，公之所自期者何如？而蹇屯歷落，卒自託於靖閒之一節，其志可謂悲矣。然公平居酒一榼琴一張，興至輒命酌作數弄，見之者謂有漉巾無絃之遺趣，而此則粗迹也。終身不忍見胡曆，家祭用崇禎年月者，卽淵明之心也。公之必欲尙友於數千載之上者，其或以此歟！先生身任天下大義，雖九死而不悔，公之學乃其緖餘。又嘗自誦曰:“道學、節義, 自是一事, 今人欲分而貳之, 吾不知也。” 讀此語者, 可知爲先生弟子也。公自少酷好朱子書, 又熟於退陶所編《節要》, 如誦己言, 平生得力最多云。

公字可運, 昌寧人。其先遠自新羅, 在麗爲平章者八, 我朝集賢殿提學尙治、昌山君繼殷最著。曾祖麒瑞義禁府都事, 祖行立僉知中樞府事, 考敬輔通仕郞。妣昌原兪氏, 庶尹汝諧之女。公婦翁基隆察訪, 以上兩世忠顯公時榮、習靜公邦祚也。公男三人錫琛、錫珩、錫琮皆業其家, 有聲士友間, 三女尹天柱、梁夢協、林啓憲。錫珷及爲全益昌妻者, 側出也。

錫琛使錫琮來曰:“墓而有誌, 禮也, 敢以請。”余惟公實行孚於家鄕, 可書者非一, 然丈巖鄭公澔所爲碣文已詳之, 又何贅焉? 獨於公自號之義, 感發特深, 略敍之如右, 豈亦衰世之意歟! 銘曰:

少慕考亭, 晚悅淵明。噫百世之下, 誰知此心者?

生員柳公墓誌

公諱畦, 字晦仲。文化之柳, 咸祖高麗大丞車達, 入本朝夏亭相公寬以淸德聞。曾祖諱公亮禮曹參判, 祖諱萱縣令, 號節初, 考諱謙厚成均進士。妣坡平尹氏, 直長瑛女。

公生而眉目炯秀, 英睿出群。甫七八歲, 節初公指庭前碧梧, 使賦詩, 公應聲曰:“直如君子心。”節初公驚歎曰:

"此兒必不爲凡流。"親疾嘗糞，及喪哀毀踰制，無何節初公又棄世，公毁極幾危，仍成痼疾。癸丑，中生員。公旣失怙恃，叔父承旨諱譚厚無子，視公若子，公亦事之如父，備盡志物之養，觀者感歎。承旨公有疾，或被酒，不卽就寢，則侍坐不眠，或至達曙，雖年衰疾甚，而不少懈。承旨公嚴厲，於子弟少許可，獨倚公爲重，累典郡邑，常以公自隨。公隨事裨益，以至箱篋之微，靡所闕漏。公嘗至陝川郡舅氏尹公弼殷任所，有坐盜軍布當死者。公見有老嫗爲其子呼天訴枉，疑其有寃，從容白其狀，尹公更爲核實，其人得不死，其存心愛物如此。凡其啓發於承旨公者，亦多類此。承旨公淸素澹泊，爲官不顧家，公爲子弟，一毫無私取。嘗在三陟府，前時官吏多於稅船載器物送於家，公白送東閣一官梅，歸後朝夕賞玩，及嫁女歸于宋氏，無資裝，但以梅盆伴行。

公旣屢屈於有司，不復求榮進，築室於利川之松峴先墓下，兄弟同居湛樂。以伯氏主父母祀，忌日必具祭需詣其家，齋潔助薦，白首孺慕如一日。及承旨公捐世，結廬喪側，以終三年，夫人洪氏之喪亦如之，雖無嗣續，後事無憾焉。公素不營産，到老家事益旁落。或勸之仕，公意不樂曰："家世守拙，干祿不苟，豈以窮餓之故而爲忝先之人哉?"公少有文望，士友傾嚮。儕流多顯者，而不復與交，獨丈巖鄭公澔臭味與同，終始不替。鄭公惜其虛老，勸以應擧，公以詩謝之。

公於尤菴先生無契分，聞其被禍，草哀辭以寫意，其略云:“先生之生，道則與俱。先生之亡，大義誰扶？竹樹、楚山，萬古同冤。理不終屈，百世以俟。”其尊賢慕德，出於天性而然也。又樂善好義，見人有孝於親者，雖微賤，必極其敬愛。嘗以事至湖南，金公萬吉爲方伯，於公亦親友也。遇於道，邀之至官，以紙數百卷及錢幣遺之曰:“可歸而禦窮也。”公受之，盡以印書，不持一錢歸。金公笑謂公曰:“室人謫我言柳公坐於潔廉，至此之窮，何不厚資以衣食耶？今聞裝書以歸，書能救其餓死乎?”公聞之，笑曰:“餓死自應有分。”公屢空，有時連日不食。己卯夏，感疾，臨命無怛化意，呼姪子文甲曰:“汝其扶我，能母可出，男子不絶於婦人之手。”能母者其妾也。遂不起，四月二十一日也，葬於松峴先兆。

配陽川許氏，進士塡女，柔順得婦道。洪夫人嘗稱之曰:“此婦心溫姸如錦繡，子女似之則必賢。”先公十五年，年四十三而終，與公祔。有女子子五人，鄭龜河、宋達源、韓德晉、愼儀重、李澤其壻也。繼室姜氏亦無子，側出二男文錫、文鐸。

余自節初公以來，實有累世之好，鄭氏女以書錄其行，屬爲銘。余悲其志，且哀公之窮，力疾而爲之文，以遺鄭氏之子槃。銘曰:

不見尤翁，而哀誄先就，可知爲丈巖之友。
終身固窮，不苟干祿，可謂淸士。
有女乞銘，以闡厥幽，勿云無子。

生員金公墓誌

金公光白景純，舊與余善，公北方人也。余十數年前，始見公於漢師。公言論慷慨，欲一陳固圉安民之策，不果上。余見其副本，面歎曰："如公者，可使老死草萊耶？"歲丁未，中生員，見余而泣曰："亡父有命，不敢違也。"公時年七十三。將歸，請讀何書。余曰："公能視乎？"曰："未也。""能聽乎？"曰："未也。""然則奈何？"曰："吾目不能視，耳不能聽，惟吾一箇心不死耳。"余勸以《小學》，公起而拜曰："是吾終身所願行者，況重辱君子之教乎？"在座者目笑之，余曰："無爾爲也，老而好學，可敬也。"後七年癸丑，公子益恒等使門人李彭載來曰："吾父以去年十二月二十六日卒，今三月某日，穿吾母開城崔氏之墓，葬于同鄕草阜里矣。吾父臨死，猶慕德不窮。不得執事言，猶無葬也。"

余受其狀而讀之，公爲人慤實精詳，好善嫉惡，篤於爲學，至死不懈，嘗築書室于松浦，從學者衆。其事親以色養，報師以心喪，以禮敎先州里，以謙德訓子孫，無非得於《小學》者，若公，可謂善讀書者也。公又嘗自誦曰："士之所貴者志節，大則一國之元氣，小則一邑之元氣。"余以爲名言。

公家世出新羅王族，移貫豐川，至幾代祖軍器少監原，始遷于北，又數世自德源徙定平，又徙于永興。曾祖璡佑參奉，祖應祥，父克鐥大耋嘉善，交河趙氏其配也。崔氏擧十男，益恒其長，益憲正郎、益忱典籍皆文科，益熹、益懋、益恕、益勳皆夭，餘三子未名而死。益惇、益愼、益恬及爲金萬載妻者，側出。公嘗爲和、淑二寢郎云。銘曰：

吾聞《小學》，做人樣子。
公惟篤信，以之終始。
我銘其幽，以告北士。

處士李公墓誌

余僻居寡聞見，而喜採訪四方之賢士，隨聞輒錄，於龍仁得李處士一人。後禍故流離，寓於墓下，去處士所居一舍而近，蓋知爲好古篤行君子人，方信前聞之不虛也。

公諱汝松，字喬年，全義人。其先高麗太師棹，入我朝，有諱丘直參贊議政府事，其後多圭組。高祖諱忠可郡守。曾祖諱言恬宣敎郎，光海將廢母后，公參洪茂績疏，自放于龍仁之野，子孫仍家焉。祖諱廷選承仕郎，少與延陽李公時白同閈相善，癸亥李公以反正事來諷公，公辭謝不與焉。考諱志仁，妣平山申氏，尙顏女。

公生甫四歲，母夫人嘗呵公，公對有不遜，父撻而戒之，公涕泣自悔，不貳其過。六歲而孤，哀毁如成人。稍長受業於老峰閔相國鼎重，老峰授以牛溪先生所輯《爲學之方》，公敬而讀之，專用力於爲己。及老峰卒，爲之服心喪朞年，老峰子姪連爲卿相，而公一不干候。其事母夫人也，終夕愉婉於其側，未嘗少離，荒歲無食，公則餌松葉，而於甘旨之養無闕也。及居憂，公年已老，猶不脫衰絰，素食以終三年。日必晨謁祠堂，退坐一室，靜對經傳。於《朱子大全》、《二程全書》用工最多，凡所見解，不資講討，而多會之於心。

居常不近燕市之貨，大而書冊，小而冠帽，皆無所接，且命身後勿用絹段。每歲曆日，私用皇朝年號，正月改稱初月曰："王正之義，何取於今日乎？"朝廷嘗乞糴虜米，米至遍及遠近，公不肯受曰："寧死，義不食也。"其慷慨如此。圃隱先生墓，舊無大碑，公伯父志儒請文於尤翁，未克刻而遭世禍中輟，至甲戌，公以院任卒成之。嘗揭《白鹿洞規》於先生書院，申明其大義，仍習鄉飮酒禮。又與洞中長老行呂氏鄉約，使小民知有五倫，公雖身在草野，化亦稍行於鄉井矣。尤嚴於賢邪之分，洞辨是非，不少回避，危言屢發於口，幾嬰大禍，而莫之顧也。公白首窮餓，而不見戚戚之色，顏如渥丹。辛亥五月二十二日，終享年七十八。

公資性質慤，氣貌剛潔，宅心制事，一以白直，常曰："人非聖，不可語權。"爲學潛究實踐，貴在自得，杜門息交，如畏人知，雖樂於遯世，而未忍忘君民之志。論治道則曰："得人爲要。" 恨兵農之失制曰："古道，其不可復行耶？"丙、丁以後，歲月寖久，人情狃安，士大夫冒恥奔走於金繒珠玉之間，而獨能以"含寃忍痛"四字，揭于額上，時俗之見怪固也。而使尤翁見之，其所嘉歎，爲如何哉？余故表而揚之，以勵衰俗。

公葬于縣東雲住山先壟負艮之原。配平陽趙氏，後公

八年而歿而祔。 有五男璡、琦、埱、瑋、瑗。 孫曰敬天、敬聖、敬行、敬賢。銘曰:

古所謂一鄉之善士，是公儔耶!
天下之高士，子其流耶!
且以俟夫後世之知者，姑識諸幽。

進士尹公墓誌

余友養直歿已三十有四年矣，每念之潸然。蓋余季母尹夫人於養直爲姊，余從幼識養直，養直時已冠，及長而與游，養直常弟畜之。又從養直習科程文字，養直下筆立就，若未有思者，每竊歎以爲不可及。養直文辭贍菀，尤長於詞賦及儷，年二十五中司馬第三名，人以爲晚，咸謂朝夕且第，不幸二十八而死，母夫人方在堂，聞者益傷之。

養直考觀察公卒於忠州牧任所，時養直才十四，容色之戚，禮節之嚴，無異成人。遂菴權公來護喪，見之稱歎。母夫人嘗戒其過飮，終身不執盃酌。隣有宰牛者，偶見其觳觫，惻然傷之，不復食其肉。與群從兄弟同閈而居，親愛甚篤，期功之戚，必宿外食素，一依禮制，親黨有窮而遇喪者，匍匐而竭其力焉。性喜交遊，皆一時勝流，座中常滿，又或步屧過從，談論亹亹，終夕不倦。見一善，中心喜之，稱揚如不及，見不善，正言折之。故人皆愛而憚之，及死，哭之盡哀。余閱世差久，求其眞實無僞篤於友道者，未見有如養直，此所以每念濟然者也。

養直諱志浩，漆原人。上祖始榮，新羅太師。我朝直提學碩輔坐直言謫卒，選淸白吏。五傳至郡守諱有吉，是生掌令諱遇丁，是生觀察公諱嘉績，以淸德著于世。母夫人白川趙氏，都事錫命之女。養直娶靑松沈氏，其父府使瀓。有一女適生員任迥，以弟志溟子敬祖爲後，亦蚤死無后。嗚呼！天不可知也。養直葬於衿川牛坡，甲寅移窆于沔川監司公墓左。志溟泣謂余曰："吾兄之墓，不可無子言。"遂不辭而爲之銘曰：

孰賦爾才，而促其年？嗚呼養直，奈何乎天？

進士申公墓誌

余少從士友聞農巖門下有二申者，恨不得一識其面。近日始得所謂《隱坡詩稿》而讀之，悼其人之不幸，又嘗辱公枉問，相見便驩然如舊。

公隱坡之弟，初名始旭，改命觀，字用賓，隱坡之名曰命鼎。始公氣豪不羈，稍長能折節爲學。農翁之門，盛一時才俊，公兄弟游其間，以文行見推，每辨晰義理，先生多許之。又遍謁當世大人君子，以資其博識，其進蓋未已也。未幾農翁卒，後幾年伯又歿，公自是離群索居，悒悒無意於世間，就公車而非其好也。家甚貧，能爲母力致甘旨，性又好古，以禮冠其二子。時以匹馬走國中名山水，往輒忘歸。晚築室於東湖之上，愛其地勢淸幽，種樹栽花，日哦詩其中，敝袍糲食，人不見其憂色。余見公時，公年垂六十，神貌秀朗，又溫然可親，出言忼慨，絶無塵俗意。余喜其少時志氣尙在，而且悼其不遇也。公二子先從余遊，及公見余，又有移宅結隣之願。余亦心許之，昨歲卜得華陰一區，而公則不相待矣。嗚呼！其可悲也已。

公平山人，高麗壯節公崇謙之後。曾祖諱垍禮曹佐郎，祖諱尙伋、考諱緪皆不仕。妣南原尹氏，生員以進之女。肅廟戊子進士，卒於丙辰十二月二十一日，年六十三，葬于楊州之豐壤，從先兆也。

公之爲學，蓋以實踐爲貴，又留心世務，非如拘儒曲士者比。嘗言："今之學者，能說心說性，又能說天下國家，及其莅民，則却無一政可觀，平居講學，將焉用之？"又以均田興學爲經世之大者，作《小益策》若干條，要之可行於今，此亦足以見公所存云。

公室延日鄭氏，其考世賓以孝稱。男光壁、光斗卽從余遊者，一女適韓邦佐。光壁將納誌壙中，纍然而來，涕泣乞文，遂作銘以哀之曰：

天地之間，游氣絪緼。
得淸得醇，蓋難其人。
而醇者不能專爲學問，淸者乃或發之詩文。
而不能全其所予之美，而又胡使之窮餓以終其身？
嗚呼！吾欲詰之造物者而不可聞。

學生朴公墓誌

綷幼從朴公士賓遊，公長余二歲。公之考南平公，於先君子爲內舅，余故呼公以叔，而公則友之也。南平公卒于官，公時弱冠，扶櫬北歸，毁極而疾，泣下如血。綷迎拜於果川，行路嘖嘖曰："孝子哉！是人。"

公白而長身，眉目秀朗，蚤留心學問，端莊自持，步趨有度，望之若不可狎，而卽之則溫然可親也。胸次夷曠，脫落塵累，其視天下事，無不可爲者。所與游多名士，頡頏馳騁，言議奇偉，每論古今人得失、國家治亂，語纚纚不窮，若將擧而措之一世，其志氣可謂盛矣。旣而濩落，無所成名，乃喜爲詩，凡有無聊不平，一發之於吟哦。遍遊東南山水，往往忘其歸，又或與博徒、酒人淋灕酣嬉而不嫌也。其樂善好義，出於中心，故人無賢愚，皆盡其歡，家無甔石，而窮者歸之。嘗得官糶幾十斛於南漢城，臨歸有親舊告飢者，輒盡以與之。或曰："不已過乎？"公笑而不言，好施與如此。故其取諸人也無難意，人亦不厭其求焉。

晩與三淵金公昌翕爲知己。嘗訪於雪嶽山中，余聞其還，叩之則輒欣然出示詩卷，間自誦其一二傑句曰："此淵翁所賞也。"音節慷慨，風流溢發，余悲其窮而又喜其志氣不衰也。後復過余而言曰："吾病且倦矣，方葺屋於三淸白蓮峰下，偃仰嘯咏，以終吾餘年，可乎？"余曰："公少時自待如何，今則一詩人而已耶？"公愀然曰："吾亦悔之也。"未幾赴者至，嗚呼！可哀也已。

公生於肅廟戊午，卒於己亥二月九日，得年四十有二，士大夫莫不嗟傷，其親者哭之尤悲。墓于楊州板谷向戌之原。公居家恩義甚篤，待婦子如賓，事邱嫂如母，又撫孤姪如己出，昏嫁不失其時。庶母死於癘，躬自斂殯，庶母之子又得奇疾，至誠救藥，卒復爲人。以至僕隷之賤，懷其德意，飢不能去。三淵嘗評公曰：“人病其虛，我貴其虛。”人以爲名言，而若公實行之美，世或不能盡知也。公所爲詩，三淵編之，命曰《凝齋稿》，友人李一源秉淵捐俸鋟木，以行于世。

公潘南人，諱泰觀，士賓字也。南平公諱世標，僉樞、贈吏曹判書諱濠之子，觀察使南郭諱東說之孫。其配咸平李氏。公凡再娶，全州李氏，參奉讓錫之女，有子弼胤。寧越辛氏，縣監泰東之女，一女爲士人趙重傑妻。余素悲公者，遂爲之銘曰：

胡然而生？胡然而歸？吾徒爲子悲。
斂此奇氣，戢之一邱，噫其勿夷之。

學生鄭公墓誌

鄭君彦衡年四十八，乙巳四月一日死。其翁直長道東葬之于清州木瓜洞，後幾年，乞銘於三州李縡曰：“我先出東萊，府尹慶業、贈承旨橚、僉樞·贈參判台耉，我三世。驪興閔就重，我婦翁也。兒生而秀朗，三歲解倣韓濩書，六歲綴小詩。自學語，已知敬長，客至能拜跪迎送，觀者異之。長而多病，不能肆力爲學，而持己雅潔，不苟取，不妄交遊。吾闊於生事，使兒幹蠱，兒服田力穡以食我。出而得一味，則忘其口以供我，往往爲嬰兒戲以娛我，吾夫婦老且窮，而不知有憂。兄弟之子吾所愛者，尤愛之，吾之女早寡，館于側而贍之食，其實行如此。”又泣曰：“吾夫婦每朔朝，坐堂上受諸子、諸婦拜，兒頎然爲首，肅恭拜庭而退。自兒之死，吾不忍復爲此事矣。”縡面歎曰：“善哉，公家法之正也！處今世而行古道，公固賢矣，不有賢子弟，又惡能成之？”余素知公性直，類非愛而辟者，宜乎人不間於其言也。

君配安東權氏，慈之女。五男垕、增、埜、堅、基，增、埜出後人。君字聖任云。銘曰：

行在己命在天，君如彼何？

謂君後必昌大，其信然耶！

進士金公墓誌

歸來亭爲幸之甲區，金君彝叔就其傍葺屋而居之，與吾仲父歸樂公別墅相望。余自幼少時，數往來湖上，以是與彝叔熟。壬寅禍作，彝叔屢造余廬，語時事輒忼憤失涕。余携家入東峽，彝叔病不能來別，及歸彝叔先一歲死矣。

彝叔諱時叙，其先安東人。近世參判尚寯、參贊光煜仍父子貴顯，歸來亭卽參贊公所築。參贊之弟曰光煒縣令，縣令兩子，義州府尹壽翼、敦寧都正壽一，參贊取其季子之。以都正公仲子爲府尹公後者，縣監諱盛大，於君爲考。妣坡平尹氏，軍資監正愜女。

君少遊族父農巖先生之門，三淵翁講《易》於雪嶽山中，君又往從之。金氏皆業詩，君晚治詞賦，四十一始中進士第五名。是冬，太學生以直言戮死，君歎曰：“尙可以應擧乎哉？”杜門斷人事，琴詠自適。君篤於內行，七歲尹淑人卒，哭擗如成人，奉繼母無違志。少弟數破産，衣食與共之，又善事姊，姊曰：“我子亦不過也。”姊嘗寓湖鄕，不見一年，亟往馳省。君素病肥，子弟諫則曰：“姊老矣，吾豈畏疾不往？”比還疾遂劇。生於辛酉三月廿八日，歿於甲辰正月五日，葬楊州瓦孔里坐丁之原，先兆也。

室恩津宋氏，父曰縣監彝錫。男顯行、勉行、謹行、善行，女爲李東馝、安杓妻，季幼。

君與人無畦畛，遇事或盛氣與辯，而中實樂易。有窮急，愍見于色，必匍匐救之，一家有吉凶，多倚君以辦。君周知事物，尤長於通變，知君者皆以幹局許之，卒不能一施，惜哉！余自喪仲父，不忍過湖亭，爲哭彝叔僅一至焉。余年未半百，而死生悲樂之代乎前者若此，久不死而觀此世者，當何如也？嗚呼！可哀也已。勉行來乞銘，銘曰：

質而敏，孰予其有？
窮而夭，又將誰咎？
嗟嗟彝叔，尙壽厥後。

姑夫吳公墓誌

公諱履周，字季直。考曰陽谷忠貞公諱斗寅，妣曰貞敬夫人尙州黃氏。其配孺人李氏，吾祖考右議政諱翻之季女。崇禎後甲子歲，爲忠貞公周甲，公以降，最少又酷肖，忠貞公愛之甚。儕友咸作詩志喜，議政公亦與焉。居六歲，忠貞公受禍，公已能知哀慕，終身不衣綵，不與人讌集，每諱日號慟如始喪。

孺人少公三歲，亦以議政公周甲之翼年生，翼年議政公卒，及長擇對歸于公。始余七八歲，忠貞公爲其季女，與吾祖考約婚，兩家禍故之後，始委禽焉。及見公，童年英發，在黃夫人側，怡愉如也，事諸兄極敬謹。退聽於親黨，皆曰："吳氏有人。"洎公入吾門，而公姊已先逝矣。黃夫人見吾姑，則泣曰："一何婉順似吾女？"又嘗撫公及孺人而謂余曰："此吾佳兒、佳婦，未亡人亡亦何恨？"甲申黃夫人卒，公過毁吐血，往往而劇，竟以己丑三月二十二日不起，後十年孺人又卒，嗚呼！可哀也已。

公文藝夙成，十六發解，以違格黜于會圍。端重溫雅，持身若處子，所交多知名士，孺人亦爲之供具無倦色。公群居不狎笑，誠意潛孚，性又子諒，不喜言人過失，以故死而親友皆哭之哀。孺人之卒，則以七月一日，穿公墓而祔陽城天德之麓，去忠貞公墓近。

二女長適士人李養重，季，公卒乃生，未及嫁。四兄晉周明仲以其幼子範大嗣，方幾歲。公嘗待余以兄，余呼公爲叔，情則莫逆也。仲氏都尉公屬以壙誌，余悲甚不能文。今都尉墓木已拱，昨年明仲又死矣。自始至今未四十年，而人事變嬗無窮，獨余在而余亦衰甚，于人世何如也？遂收涕而爲之叙如此。其氏出、世德，具在忠貞公大碑，不復詳云。

通德郎金公墓誌

重汝於余爲通家子，自童丱已識面，比余流落泉谷，去重汝所居僅十數里。余嘗賢素隱翁眞實爲己，不求人知，每見重汝，勸以力紹家學，不幸重汝舍余而先矣。今於幽堂之誌，余何忍辭？

公諱碇，重汝其字。慶州之金，咸祖敬順王。本朝有雞林君稛佐太祖開國，官贊成，謚齊肅。高祖諱元立在昏朝以章甫抗言，明母子義，後由文科進，通政、府使。曾祖諱敏斅工曹正郎。祖諱載顯都承旨，以淸白聞。考諱性豪隱居求志，拜敦寧參奉不就，用大臣薦，擬世子諮議，卽所謂素隱翁者也。妣淸州韓氏，僉正志遠女。

公貌豐而氣揚，質厚而志潔。幼時儼如老成，知申公奇愛之。性聰穎，看書一經眼，終身不忘。晩愈嗜學，焚膏繼晷，手不釋卷，以至經史百家，靡不該貫。其爲文，多積博發，下筆立數百言，滔滔若不能窮也。長於詞賦，往往有幽玄餘韻，不諧時好，屢發解而終不利。爲人忼慨，好抵掌談時事，於陰陽淑慝之分，截如也。事兩親無違志，家本淸貧，而力農以爲養。韓恭人病風痺，就醫漢師，生事益旁落，而公日夜經紀，滫瀡無闕，或在他所遇一旨甘，輒袖而供之。尤盡誠於爲先之事，先墓在帶方，後孫有壓葬者，公貰馬往省，告官而掘去之，他皆類此。以宗族淪替不振，慨然以成就自任，築室於葛川舊址，扁以潛齋，聚徒其中，隨才授業，嚴立課程。常曰："天若假我以年，吾宗後生其庶乎!"余又忝叨忠烈、深谷山長，勸起鄉秀，逐月講學，亦倚公爲重。戊午正月十五日卒于書齋，臨絶精神不亂，徧召諸少年，勉以毋廢講事，麾婦人使出，澡潔正席而逝，年四十八，葬于龍仁甫羅山坐坤之原。

公凡四娶，俱無子，取從祖兄礦之子樂善爲後。一女適吳瓚，烏川鄭氏出。完山之李亦有一女未字。重汝嘗屬余以素隱翁狀德之文，今又爲重汝作誌，眞韓愈氏所謂觀久不死而居此世者何如也。系之以銘，銘曰：

有泌葛川，碩人之薖。人去川空，鄉里興嗟。
有子不忝，其賢如何？嗜書成癖，浸淫百家。
博洽之藝，人未或過。存心樂育，至死靡他。
布衣憂世，慷慨悲歌。使其見用，風節匪夸。
斂之一邱，命也其那？故人作銘，永世不磨。

學生洪君墓誌

洪君啓祿斯百，行大司諫諱禹傳之子。大諫公二兄諱禹天有隱德，其配懷川黃氏，同中樞世楨之女，無子，取君子之。君時七歲已能愛，長而又能敬，二父皆曰孝哉。乙未黃夫人卒，戊戌考又卒。君侍疾致憂，居喪致哀，窮鄉無親黨，躬執絞衾，一一中禮，人以爲難。日必晨謁，享祀必以誠。壬寅士禍，大諫公大歸全州之龜灣，君爲治屋宇，雜植花竹，條理井井，不以勞大諫公也。明年大諫公竄定州，君觸冰雪走數千里，以左右之，雖流離顚沛，不弛其洞屬。又明年南遷詩山，詩山去龜灣近，君往來其間，卒遘疾，五月十一日死於龜灣，去其生乙亥三十。

室豐川任氏，士元女，擧三男皆夭。孺人善事舅姑，疾且死，強起端拱，若拜訣狀，聞者傷之。繼配全義李，宇熺女，有一女。

君溫雅慈詳，與人樂易，每群從兄弟會，君不在則不樂也。才又敏果，通達事務，詞翰亦精緻，而意不屑也。嘗讀石潭翁《擊蒙要訣》曰："是做人樣子，不識此書，幾枉了一生。"自是奮發有進。於書恥口讀，欲以身體驗，常擧似呂東萊變化法，取四書循環熟讀，見弟看老、莊，戒之曰："毋好雜書，以分精力。"其知識如此。使天假以年，其成就詎可量也？嗚呼！可惜也已。

君，吾叔祖打愚先生諱翃之外孫，大諫公又視余以忘年，余是以愛君深。啓禧將改葬君於高山之鐥峙，視行錄一通，且泣曰："吾兄重兄文，得尺牘必藏弆，不得兄一言，猶不葬。"余悲之，遂爲之叙。余旣銘君兩世矣，氏貫、世德不復詳云。銘曰：

而行謹而才敏，而年之不引。嗟乎斯百，嗟乎斯百。

姨弟申君墓誌

君諱墍，字元固，平山人。嘉平郡守諱錫華之子，禮曹判書汾崖諱最之孫。妣閔氏，其考驪陽府院君諱維重，其外祖同春文正先生也。汾崖公有弟曰暹，冰庫別檢，有至行早歿。凡三子，其次子處華，平壤庶尹，出後其叔父諱晸，而又無子，取君子之。君以肅廟庚辰四月十一日生，卒于今上乙巳八月十八日，年僅二十六，嗚呼！何其短也？

君爲人清明豪爽，肌膚玉雪，眉目疎朗。天分甚高，才調又絶人，而賦命險釁，七歲喪閔夫人，十五歲喪郡守公，三年內，庶尹公又卒。君自幼誠孝篤至，其在初喪，哀動傍人，毁極而猶不滅。及長慨然讀書，必欲大有成就，以昌厥門，人之見者莫不以遠大期之。而不幸爲家私俗務所澒汩，不能一意爲學，撫念身世，常自嗟惋。始庶尹公移宅近郡守公之第曰："欲令汝兄弟相依也。"未幾兩家俱貧甚，不能保其舊居。君自是要依婦家，然必擇本宗室堂靜處，以奉家廟。會辛壬士禍起，善類殆盡殲，君深懷寃憤，不樂在京，君之婦翁金公相元卜居原州，君盡室以從之。君自省事來，諸父無在者，以舅氏趾齋兄弟德業名世，愛慕深至，事之如父。及趾齋公歿，其子翼洙士衛、遇洙士元寓驪州，驪與原接壤，君往來源源，不知行役之爲勞。以余深入麟峽，每欲來從，而竟未能也。

君性好書，以古道爲必可行，又甚愛古禮，以其家禮節之從先者，多疎謬，一一釐正。生子必告祠堂，出入亦必告，四時不廢正祭，又必夫婦親之，雖流離顚沛之中，而未嘗或闕焉。居數年，朝廷更化，仲舅丹巖公拜相，金公亦拜松都留守。君就醫入城，蓋君喪威憂患，積有所傷。又其狷潔，故少含容；果決，故無濡忍，病源實在於是。余嘗贈君一“寬”字，君亦云對證之藥，而已不可爲矣。病中嘗獨吟曰：“斯人也而有斯疾，命矣夫！”如是者屢，聞者悲之。君二十五歲，鑷白髮四十二莖，越一年死。

君有子女各二人，君歿後皆夭，一何酷哉？金孺人寢疾七年竟不起，本生兄埜以其第二子景岳爲後。君葬于驪州孝地庶尹公墓側。士元爲君狀其行，余採其言爲文，以納于幽。余與士元，君所好者，或可以慰君地下之悲否！銘曰：吁嗟乎元固，有志有才而獨無祿，吁嗟乎元固。

學生鄭君墓誌

水曹鄭公，於余爲母外弟，嘗屬余曰：“吾四子，季也最秀，且能敬信長者言，可教，願子之終幸之。”余敬諾，未幾遭罹禍故，走伏雪岳下。一日公馳書以告曰：“吾兒年二十一，以癸卯正月廿七日死矣。子旣不及敎之，能使之不朽否？吾老且死，其亟圖之。”余爲之一慟。

按狀，君名復河，聖再其字。幼而嶷然不戲弄，及長事親孝，又友于兄，貨財無私蓄，與人遊，簡默自持，中實謙恭，言議不詭隨。少多病，晚乃就學，日孜孜，詞翰驟進。水曹公卜築堤峽，君喜其靜僻，杜門讀書。嘗攻擧子業，及三兄益河擢第，則喜曰："此足以持門矣，我有我家學" 蓋松江文淸相公與栗、牛二賢善， 是君五世祖。 曾祖進善諱瀁、處士諱普衍以節行氣槩， 師友尤菴先生。 君蓋將益奮勵，以克紹厥聲，而不幸蚤夭，豈所謂氣淸而數局者耶？嗚呼惜哉！

水曹公名滸，延日人。其配沈氏，靑陽君義謙之後。君之婦，市南兪公棨之曾孫，有一女。水曹公葬君於堤之月林，去進善、處士公墓近。又虛其上曰："我死且葬此。"

余嘗見君童年秀穎，心固已奇之，及得水曹公命，益往來于心不忘矣。其行美志篤如此，使之追遊於窮寂之濱，講論諸老先生之書，得以相長，則庶孟子所謂一樂者，而天不我遺，豈亦余之窮歟！ 余不文，不足以重君，姑敘此以自悲，且以塞水曹公之悲云。

學生崔君墓誌

同知中樞崔公邦彥，尤門高弟，余少時及見之，蓋淸明愷悌人也。其從子曰戶曹正郞守迪，君其子也。諱普樸，字士兢，完山人，煙村德之之後。性質慤無華，聰明不能過人，而勤篤則至。於書讀《尙書》，看宋朝《名臣言行錄》，十數年不曾釋手，故精熟無比於他書，不喜泛博而專心致知如此。及從余遊，始受《小學》、《大學》諸書，以爲己立志，方循序而上，其進未可量也。不幸遘癘，以癸丑六月二十四日卒，年三十一。

方君病時，兄普悅先死，君與君之子同時臥痛，子又死，妻金氏抱屍椎胸，氣盡而死，君之母夫人李氏自寓所得病還入，又不起，四喪相續。父勸令乍避，則曰："親殯在此，我將焉適？"抵死不聽，終守柩側，作書囑父毋遽入。翌曉如厠昏仆，移時乃甦，自知必死，指揮僮僕，區處家事，急貿板材，以至斂具如幎、握之屬，亦親檢裁縫。顧謂其姪女曰："俟我入木，始可通訃於父所。"蓋慮其父之入救也，翌日乃逝。人家喪禍，未有如君之慘酷者，而乃能於哀遑之中、死生之際，處事從容，無一錯亂，其精力固有大過人者。誠愛惻怛之情，有足以感鬼神動天地，而卒不見祐於天，夭閼至此，此何理也？嗚呼悲夫！以其年八月，同金氏葬於高陽滿月山北麓坐艮原。有一女，適士人朴某。正郎公在時，屬余爲文，不忍負逝者，且哀君之不幸，以誌納諸幽。銘曰：

孝悌忠信，維神所勞。降福斯禍，胡舛其報？
篤實之學，類古專門。使永厥年，成就可言？
氣淸數局，終古伊然。我作斯銘，用壽其傳。

學生趙君墓誌

君平壤人，初名呂重，及從余遊，余改之曰弘重，字伯勝。考諱光遠、祖諱炫、曾祖諱壽益皆不仕。承政院都承旨諱廷芝，其五世祖也。妣坡平尹氏，司憲府監察徵女。

君以肅宗丙戌生，幼而倜儻有大志，稍長喜讀《六韜》諸書，語及壬辰、丙子之亂，未嘗不慷慨扼腕，每遇可設陣處，輒歎世無良將，常以雪恥爲心。中年遘危疾，就醫門治療無功，自求軒、岐諸書讀之，製藥服之乃瘳。其於天文、地理、律呂、星曆之法，靡不涉獵，多有自得之妙，已而取《小學》讀之，歎曰："幾乎枉了一生！聖人門路，本自平正，外此皆雜技耳。"

君以早孤爲至痛，恒曰："願得賢師，事之如父，得良友，事之如兄。"及從余學，余素拙，於他事都不通曉，知君識博才高，而未曾一叩其所蘊，遂成幽明之恨。嗚呼痛哉！君嘗從容請益，余手書程子語"知性善，以忠信爲本，此先立其大者"十四字贈之曰："此知行之大者。"君銘佩不失。癸丑五月遇癘疾，纔退熱，正襟危坐而誦之，是夕卒，時二十五日也，年僅二十八。

君內行甚篤，其事祖母，甘旨之奉，必先於母，祖母問其由，泣而對曰："此亡父之志也。"母亦歎曰"吾賢子也"。敬事其姊，每事必咨決。孝友之行如此，餘可略也。余奇君之才，哀君之志，遂採於鄉隣之言以爲誌，系以銘曰：

天生英才，埋沒草萊。使不得少展其志行，而又年之不永。

嗚呼伯勝!

學生鄭君墓誌

鄭君鍓字義仲，圃隱先生十二代孫。有雋才，不幸蚤死，余哭之甚悲。記余嘗寓黃驪之峽，義仲與其宗人士賓觀濟來請業，棲于南菴，菴去寓舍十里，晨夕往來無倦色，余心嘉之。時義仲年十九，頎然而長，爲人沈慤寡言笑。既而余遇禍故，歸葬龍仁之寒泉，龍仁，義仲鄉也。自是義仲來往益數，輒與士賓俱讀《小學》、《大學》諸書，講討亹亹，窮晝夜不厭。士賓精敏，義仲勤篤，方進而未已也，嘗論朋友朴實頭做工夫者，輒擧義仲。未幾士賓丁憂，義仲又貧不能自力，間習擧子文，未能如向來游從之盛。嗚呼義仲！何遽死也？君死而士賓亦病，不能數相見，見則如見君焉。吾輩從遊未十年，而死生盛衰之不可常，已如是耶？甚可悲也。

君居家有至行。父甚愛之，既冠猶抱弄，君愈益恭。父嘗病暑，君自沐取凉，以親其膚。自幼至長，身體無一點毁傷。及死，父哭之曰："吾作事，每自思得無累我賢子，今則已矣。"余聞而益悲之，其賢可知也。君死於甲寅正月三日，年僅二十五，三月某日葬于圃翁墓西南某坐之原。

君父名纘楷，外祖安東權重載。君娶密陽朴昌震女，有一男，生未周歲云。士賓以義仲父命請銘。銘曰：
無念爾祖？余嘗勉汝。胡不大爾門，而從于九原？

兪婿伯翼墓誌

兪相國拓基有四丈夫子，君其長也，諱彦欽，字伯翼。年十五而冠，黎湖朴公弼周升賓階而祝之。仍以是冬委禽于吾門，蓋君幼少時，閔君翼洙一見於咸悅公宅，言"其動止有常，可知爲有心人"，余雅信其言，遂許以昏。君持己退遜，被服寒素，遇之者不知爲卿相家兒。嘗從余讀書，同學諸生多遠方來者，君於其間善爲應接，無一毫驕矜色。故無賢愚老幼，咸得其歡心。

尤篤於內行，事父母有深愛，平居戰兢自持，惟恐一言一事之失，或貽親憂，見人之傷損肌膚者，則必爲之大慽。愛諸弟甚，自在孩提得一味，未忍獨食，隨事警砭，出於至誠。相國素敦睦，其在藩府，遠近窮族歸之如家，各滿其望而還，無不稱誦，以爲子弟亦善遇之云。咸悅公於君爲從叔父，君愍其老而失子，其侍疾，衣不解帶，朝夕嘗藥以進。咸悅公感其誠懇，稱歎不已。

君本少科宦情，及中辛酉生員，決意廢擧，自是欲專心爲學。翼年除宣陵參奉，君爲黽勉祿仕計，及就職，潔於享祀，嚴於禁伐，旣勤且廉，不以官微而少忽。非理聚斂，一切革罷，村民相戒，不敢入山取柴，陵卒頌其惠。余聞而嘉之曰："一命之士，存心愛物，吾於此君見之。"一日過余，余語之曰："昔沙溪先生有昌陵去思碑，無徒學此事也。此翁法門甚好，外若混俗，內實自修，遂成宗儒。古之濂翁亦一揆矣。"君笑而不辭。蓋君恬雅謹飭，其中確而有守，姿質固已近道，余嘗許之以善信之中。若假之以年，使其奮迅直前，猛下工夫，成就豈可量哉？且其處事，周詳縝密，盛水不漏，其在相國之側，內而箱篋，外而樞筦，晨昏之助居多。設令浮沈於吏事，利澤所及，必不止於一州一郡而已，有志有才，都不克少究其業，乃以癸亥十月八日卒，得年僅三十一。

吾女生一男，名雷雄，未育，遂無子。及君卒，毁不成喪，小祥後一月，亦從而死焉，同葬于鐵原芝蕙洞贈議政公墓下，從君意也。始君之疾，友生勉以安心養病，君曰："雖當死生之際，豈至動心乎？"及疾革，家人環泣於左右，而言笑自如，少無怛化意，果如其言，顧語諄諄，亦無不當理。嗚呼！是可以知君平日之所存矣。孟子所謂三樂者，君幸有其一，而不能全其二，尤可惜也。

君杞溪人，清州牧使贈領議政諱命岳、大司憲贈左贊成諱檄，相國以上兩世也。相國夫人平山申氏，判官贈執義思遠之女，其祖曰左參贊忠景公諱銋。是爲誌，系之以銘。銘曰：

嗚呼伯翼！何志之長，何命之短？
數有通局，理無盈滿。
惟歸骨於山之足，佼孝心兮不永歎。

學生徐君墓誌

徐參贊汝思有才子，名命顯字士純者，年二十而夭死。汝思於余，雅有累世同閈之好，一日過余，涕泣言曰："兒幼而頭角嶄然，稍長白皙美風儀，姿性沈凝，儼若老成。在親側，言色和婉，叱咤不及婢使。終日恂恂，如未有能言，而若對會心人，揚扢古今，上下言議，娓娓不知倦。余年來久居要劇，賓客盈門，而兒獨塊處一室，不窺戶外地，吏胥亦有不識其面者。被服寒素，出門無驪馬，絶無綺紈習氣。世之聲色貨利，一切不入於心，獨嗜圖籍、法書、金石、鐫刻，頗有歐九集古遺意。尤好篆籒，深探妙奥，間有吟咏，風韻甚高。又設小帿肄射曰：'士亦不可不知此。'其多藝如此，而顧亦不屑也。人有勸之以功令之文者，輒笑曰：'士子先務，只此而已耶？'志氣傑然，高出流俗，蓋將以古人自期，而惜乎其不假以年，使不得究其志業，嗚呼可哀也已。"余爲之面歎曰："才不才，各言其子，況其若彼乎？"天生英才，若不偶然，而遽又奪之，余實爲天下惜才，豈獨君一家之不幸也？汝思又刻君遺墨，余偶得以寓目焉，筆勢遒麗，殆逼古之名家，卽此而可見君絶人之一端也。

君以甲辰十一月二十九日生于參贊公古今島謫舍，死於癸亥十月二十日，葬于燕歧新院里甲坐之原。參贊公名宗伋，汝思其字。達城尉景霱之曾孫，直長贈參判諱晉履之孫，主簿贈判書文澤之第六子。其配新昌孟氏，大司諫萬澤女。君委禽於兪相國拓基之門，相國每稱以遠大器，及君死，哭之曰："吾不敢復相人矣。"生一女不育。

相國之子彦欽伯翼，吾壻也。每爲余道君才氣出群，謂將早晩從學，不幸與伯翼先後死矣。余雖未及一見君，而哀其志，旣爲伯翼銘其墓，又作君銘，不惟哀君，且以塞參贊公之悲也。銘曰：

煌煌靈芝，一年三秀。余獨胡爲，有志未就？
君所喜誦，中散之詩。由今以觀，似若自悲。
以此銘君，重以哀之。

文成而未及納幽，參贊公遣其族弟宗海來曰："亡子之婦兪氏年二十四，不幸又以某月某日死矣。婦入吾門八年，未嘗一違吾夫婦之意，凡所謂女功者，無一不能。兒旣亡，婦以吾之故，日日强食，而實則鹽醬不入口，期以身下從，而舅姑則不知也。願追記其大略，同時幡藏。"余聞而益悲之。吾女隨伯翼而死，吾嘗誌伯翼而悲甚未忍幷爲之文。今孺人之死，不得不少識于下，非徒悲孺人，所以悲吾女也。噫！

學生李君墓誌

完山李君英源從余遊，一日涕泣言曰："吾弟名英秀字君實，以乙未四月八日生，年十七娶清州韓德驥之女，未匝期，以壬子六月十五日卒于西湖甥館，得年僅十八。自幼孝友出天，其侍母疾，能色憂，暫時不離側，又竟夜不寐。外祖守約齋金公碩勛異之曰：'安有四歲兒如此者？' 嘗於祖母申淑人歸寧時隨往，得佳果不食，問之則曰：'將歸遺父母。' 淑人之弟命謙令其子姪起拜曰：'汝輩宜學此兒。' 十一歲受學于守約公，通貫經史，文辭大進，出語輒驚人，未及一赴擧，而人以早達期之。嘗往拜宗丈屛山相公，公大奇之曰：'吾宗有人矣。' 疾革，父兄往見之，則强起問母氏安否。時旱甚，歎曰：'民將盡劉矣。' 因不復言。死而無子女，取英源第二子爲後，葬于驪州活臺先塋側。是其生卒言行之大略也。李氏出世宗別子密城君琛，至七世祖諱克綱始離宗籍，文科僉正，以其孫白江相國敬輿推恩贈贊成。曾祖諱世澤翊衛司司禦，祖諱聖彦工曹佐郎，父通德郎道祥，是其世系也。"

英源又泣曰："弟婦韓，聰敏識事理，性孝順，以父母無他子，不得歸夫家，以未亡自處，毁極而猶不滅，後其夫十一年癸亥終，年僅三十。孺人臨絶，謂其父曰：'夫子久欲遊於寒泉之門，而不能如其志，死必不瞑矣。若得先生一言，庶可慰長逝者心，而此又不能，無以藉手而歸見耳。'" 余老病久廢筆研，於此文，蓋久諾而未能也。傷死者之志，遂書此以歸之。

金秀才墓誌

金君顯雄謁余於寒泉之上曰："吾父使顯雄有請也。顯雄之弟彦雄者，生二十有六年而死，鄕黨咸曰：‘惜哉，是子也!’蓋其資質甚美，溫厚慈恕，不失言不妄動，自幼時已然。心中少雜念，作事有條理，性又孝，以父善病，每侍寢潛候喉息，以占其安否，憫其母勤勞，或代爲井臼之役。辛亥闔門遘癘，晝夜扶持，一如庚袞故事，而於季父奇疾，尤盡誠焉。讀書務究極其旨，而尤好觀禮書，恥爲擧子業。是蓋不欲爲貴人而欲爲好人者，而有志未就，不幸短命死矣。嗚呼！父之於子，慈愛出於天，豈有才不才之可言？而其才也，故望之愈深；望之深，故慟之尤至。況凡人之情，孰不願爲之有室？而亦不能如其願，非敢從古也，爲貧也，此又爲父者之恨也。 苟得當世大人君子之一言， 使後世知渠之有生有死也，則或可以少塞吾悲者，敢以請。”余哀其言，爲之敍次以歸之，俾識于壙。

君生於辛卯二月二十日， 死於丙辰四月二十八日。 其先出新羅王子興光，曾祖諱華俊持平，祖諱冑萬僉樞，以孝贈承旨。父名澍，余不曾識面，而蓋以行誼聞云。君葬于古阜濱洞巽向之原，去其家若干步。銘曰：

苗而不秀，命也如之何？泉老作詩，其不朽也耶!

沈殤童墓誌

沈進士重夏，世號爲通儒，且有至行，不幸蚤死，士友咸悼惜之。 其子鳳慶， 君死時纔五歲， 稍長通《小》·《大學》、

《詩傳》、《論》、《孟》諸書，尤長於史學，宿儒莫能難，人謂沈君不死。又不幸年十七未冠而死，時辛亥十二月七日也。其季父重周季文舊從余遊，泣示其所作行錄一通，余受而讀之。

童子名大欽，鳳慶其小字。性仁孝，幼而出遊，得梨、棗，輒懷歸供之祖母及母而後入口。見人寒，思解衣衣之，聞哭者，必怛然改容，以至草木蟲雀之微，亦不忍傷害之。同隊有衣服華鮮者，並立而不恥。凡世俗一切利欲，無足以累其心者，蓋將發憤力學，而遽已死矣。臨死曰："吾生不記先君面貌，今可得歸侍矣。"母在傍而泣，顧謂曰："善事吾祖母也。兒誠不孝，願母無念。"又謂季文曰："人生天地間，不欲與草木同腐，孰謂虛度十七歲光陰，無聞而死耶？是可悲也。"

余竊詳童子有志有行，天之生之，若不偶然，而又奪之速，何也？昔邢居實弱冠而死，其藉手泉下者，惟《秋風三疊》爾。然是特一小技耳，設令童子能之，何足貴也？夫仁者，天地生物之心，而人得以生者，童子能不失焉。孝者，百行之本，而童子又有之。今之所謂成人，蓋未必然。況以童子而已能知無聞之爲可愧，彼老而不死者，當如何也？童子雖不及成人，而其言行如此，以孔子所以處汪踦者處之，則其欲勿殤也宜哉！季文起謝曰："得君子一言，可以不朽，此死者之願也。"遂錄而納諸幽。

童子之祖曰益熙，曾祖曰梯參奉，以學行名，高祖曰之漢承旨，沔川朴載泰其外祖云。

孺人南陽洪氏墓誌

崇禎丁丑之難，虜陷江都，舟村申公曼妻孺人洪氏與其姑韓端人同時立慬。時孺人之舅濠梁公諱翊隆以翊衛司官，扈嬪宮入江都。孺人以嬪宮命入行宮西樓，呂參判爾徵夫人以端人親屬與焉。孺人以正月二十五日自決，俄而賊焚西樓。灰燼之中，形骸不辨孺人與呂公夫人，僅成襲斂，各殯于島之山麓。亂定後，二家就質于金文敬諸賢，遂遷奉于楊根郡北水青里向巳原，而同塋異穴，子孫幷展兩墓，俱不敢祔左，蓋變禮之大者也。然虛葬，君子以爲非禮，而猶或爲之，況此則又有別焉，固不可不謂之葬。葬而誌，禮也，又其兩墓相似之間，尤惡得無誌？此舟村曾孫大來所以屬綷爲文者也。

謹按，南陽之洪，出自高麗太師殷悅。我成宗朝有佐理功臣、左議政應，於孺人爲八世祖。曾祖諱德壽郡守，祖諱思斅判決事，考諱履一牧使，外祖具希參。

孺人以萬曆庚申生，天姿溫柔，至行過人。順於父母，友於兄弟，尤愼於禮敎，平居寡言笑，雖於臧獲，亦不以拂言戾色加焉。年十七歸于舟村，實壯節公崇謙之後，濠梁公之兄翊亮號象峰，世世尙氣節。至于舟村公，尤菴先生嘗以“大明天地崇禎日月”八字書贈之，苟非孺人身不汙腥羶，隨烈焰而騰空，則烏足以配其義哉？士君子平日讀書談道義，所期非不遠且大，而一朝臨死生不能決，以至苟免而失身者，視孺人能不愧乎？嗚呼烈哉！銘曰：

曰有奇士，舟村卽是。靑邱一隅，蹈海之地。
尤老手墨，煌煌八字。不有烈婦，舍命取義。
刑家之化，於何可識？我銘厥行，百世仰止。

淑人驪興閔氏墓誌

淑人姓閔，系出驪興，江原道觀察使、贈議政府領議政諱光勳之季女。三兄大司憲蓍重、老峰文忠公鼎重、屯村文貞公維重皆爲名人。淑人年十六，歸于豐山洪萬衡叔平，實永安尉諱柱元、穆陵王女貞明公主之第二子也。洪公早捷高科，官至弘文校理。老峰每歎叔平眞是神仙中人，雖其生長綺紈，而淸高絶俗，被服器用，一如寒士。淑人克體其志，常慕古人荊釵布裙之義。公恒加敬重焉，淑人一味洞屬，罔或弛惰。公淸羸抱痾，最苦咳嗽。淑人當嚴冱，坐於寢房之外，竊識其劇歇，通宵不交一睫。及以未亡人自處，手自績綿，以供祭祀，雖至親之間，絶不示窘乏之色。仁顯聖后於諸姪中早失所恃，淑人鞠養之勤，逮至正位中壼，所以承奉之道，無異本第。后亦待之如生我，書札絡續，賜予便蕃。肅廟御製聖后行狀中養於洪氏姑者，指淑人也。

吾先妣於淑人，實爲叔姪間知己。晩而有身，臨娩依淑人以爲歸，縡之生也，淑人親視乳哺，至于百日，推燥居[1]

1 居 : 底本에는 “去”. 《孝經援神契》에 근거하여 수정.

濕，不以委人。吾先妣常語此事曰：“汝之始生，非我姑母，何以鞠育？”淑人於親黨，曲盡恩愛，多類此。卒于丙戌十二月二日，享年七十四，葬于坡州泉峴巽向之原。

淑人擧二男，長重模進士、郡守，次重楷進士、牧使。郡守無嗣，取重楷次男允輔爲子。重楷男良輔贈吏曹參判，允輔進士，今爲密陽府使。良輔男昌漢文科，方任全羅道觀察使，章漢有文行。允輔男紀漢、維漢進士、紳漢。

淑人肅哲端貞，少而事舅姑盡其道，日必早起理家事，井井有度。以校理公宅兆欠吉，年逾七耋而爲營遷窆，躬至山下，事役大小，罔不親自經紀，人以爲難。淑人識見過人，憂牧使公孤而失學，使之從學于老峰，老峰時居忠州，割慈遠送，勉其業而不以飮食居處爲念。老年爲門戶慮，使曾孫昌漢學於縡，以至成立。論其達識，雖讀書男子，莫能及。縡以先妣命，每月必一拜，淑人言笑琅然，情愛款洽。于今四十年間，人事之變，殆不可勝言。今昌漢將納幽誌，屬余爲文，略爲叙次如右，系以銘。銘曰：

昔拜夫人，氣貌溫恭。
精爽之緊，類吾外翁。
周南盛際，有歌肅雝。
鳳凰鳴矣，于彼梧桐。
何沁園之繁華，若飄忽於夢中？
維庚申吾以降，寔夫人之帲幪。
惟恩斯而勤斯，與顧復而同功。
昔婉孌之曾孫，今湖臬之觀風。

屬小子以銘幽，昭厥美于無窮。

岑城府夫人李氏墓誌

達城府院君徐公宗悌卒既九年，遷其墓於利川之標橋。岑城府夫人李氏後公二十年卒，用陰陽拘忌，葬于別崗，越二年庚申五月十七日，又改卜長湍龍頭里艮坐之原，夫人始從公而祔。其孫仁修等請綍爲誌以納于壙。

其文曰：岑城，古牛峰之號，高麗侍中公靖肇見于譜。我朝參判淳錄淸白，緝執義。執義生世銘洗馬，己卯名賢。歷二世有諱騫縣令，贈判書，是生通德郎諱師昌，夫人之考也。妣義城金氏，將仕郎圭女，思齋正國之後。

夫人資性柔婉，年十四，遭金夫人憂，能幹當家事，饋奠之節，滫瀡之養，靡不盡誠，宗黨稱其孝。十七歸徐氏，事舅姑如事父母，非有故，未嘗適私寢，一念洞屬，夙夜匪懈。於娣姒妯娌之間，情愛款洽，而育孤姪如己子，雖婢僕之賤，未嘗加以聲色。今上在潛邸，中宮殿下膺德選，將入宮，夫人送之曰："婦人之道，溫順恭儉而已。"及上卽位，公贈府院君，夫人亦錫號岑城府夫人。

徐氏本淸素，夫人手自紡績以爲生，往往不免艱窘，而終無戚戚意。及是祿位高身亦老，而益自兢懼，常戒子孫以驕侈。以親家陵替，爲祖先助其祭具，終身不衰。夫人每以儲位久曠爲憂，及聞東宮誕降，歡欣頌祝，若忘其沈痾，私自語曰:“國有磐石之安，夫復何憂?”寤寐唫囈，皆此語也。卒於戊午十二月八日，壽七十九。上下敎傷悼，恩庀特優，愍其貧也。

始夫人之孫德修罹誣獄而死，闔門幾不保，夫人泣血茹痛，十數年如一日。及夫人卒，上爲之悲憐其意，特伸德修之寃，是蓋中宮殿下至誠純孝，有以感格天心，而我聖上德意隆厚，洽於死生，夫人之目，於是乎瞑矣。府院君世系及子孫，已載于原誌，玆不復詳云。

仲舅母貞敬夫人坡平尹氏墓誌

貞敬夫人坡平尹氏，議政府左議政諱趾善之女，原任左議政閔公鎭遠之配，驪陽府院君、贈領議政文貞公諱維重之婦也。祖吏曹判書諱絳。外祖府使、贈參判諱恕，直提學南陽洪宗祿之子。

夫人以崇禎壬寅生，十七歸議政公，受封自淑夫人至貞敬，辛亥四月三十日卒于子亨洙利川縣衙。凡六男一女，昌洙生員、教官，亨洙文科、正言，通洙生員壯元、參奉，三男夭，女適正言李周鎭。百順及女爲李興重妻者，昌洙出;百祥、百興、百增、百甲，亨洙出;百善，通洙出。長房季女、二房三女、三房四女俱未笄。李婿三男一女亦幼。夫人以某月某甲葬于原州蛇浦坐艮之原，去文貞公墓隔江十里而近。

昌洙請誌於其外兄李繂曰："吾母素不喜婦人狀誄文字曰：'閨內事，人誰信者？'此遺志也。然惟《家禮》圖式不敢闕。"繂遂叙次如右，旣而曰："繂從幼事夫人久，夫人之德之美，蓋不可勝書矣。自外人觀之，其安富尊榮，可謂極矣，而夫人欿然不自有。行年七十，奉尊姑若幼婦，下至飮食紡績之事，靡不自親莅之。恭而儉，敏而勤，此婦德之大者，其終不可書耶？"

昌洙泣而言曰："昌洙不肖，亦非敢昧此也。吾母嘗語不肖等曰：'吾先妣洪夫人實有懿德，吾外氏不幸絶嗣，先妣尸其祀，而凡厥臧獲田土，一任群姊妹取用，外裔往往割賣，而亦不問也。吾季父判書公早失怙恃，先妣至誠撫育，及其長而有子，又鞠其子如子。吾家素淸儉，朝夕稱貸，而口不道貧字，婢使雖有過，不以惡言罵詈，其德性如此。而吾兄弟皆蚤死，諸姪又稚弱，將泯泯而無傳，此吾所大傷者。吾誠萬萬不及先妣，而以汝曹之故，死後或有過實文字，則是吾未能乎母而得之乎子，吾敢自安乎？'昌洙用是兢兢焉不敢失墜也。"

繂歎曰："賢矣哉，夫人！繂嘗謂近世福履之盛，未有若夫人者，而夫人溫惠之德，有以致之，於夫人而見天道也，今而後又知夫人之德有自來也。若夫人，亦可謂孝不衰於父母者矣。"於是幷錄其語，以納諸幽，而洪夫人言行，則繁而不殺，欲以慰夫人孝思於泉下，於夫人略而不敢盡者，亦恐傷夫人之謙德，皆所以體孝子之心云爾。

贈貞夫人潘南朴氏墓誌

觀察使李公夫人潘南朴氏，以肅宗丙寅十一月一日，卒於其父世樟寧越官次，年二十二，無育。己亥觀察公拜廣州府尹，夫人從贈貞夫人。葬於公州豬洞巳向之原，去觀察公墓十餘里。觀察公嗣子牧使秀輔，將納誌於壙中，請余爲文，泣而言曰："不肖六歲失母，七歲以夫人爲母。夫人拊育篤至，觀者殆不知爲異顔也，十歲夫人又見背。顧稚昧甚，不能識夫人德美之萬一，惟性度端惠，所聞於先子者如此。"其言甚悲，而夫人之賢自見矣。

寧越公歷官司憲府掌令，其父、祖曰通德郎瀏、吉州牧使東望。其配曰慶州金氏，冲菴先生淨之後，縣令震賢之女。觀察公韓山人，諱萬稷，平安道觀察使泰淵之子也。秀輔母曰東萊鄭氏。其季秀得參奉，後夫人光州金氏出也。銘曰：

維端與惠，婦道之貞。
曰吾有受，用表厥塋。
有子若此，何必自生？

貞夫人光山金氏墓誌

貞夫人光山金氏者，觀察使李公萬稷之配也。考曰益炑繕工監奉事，其曾祖僉知殷輝，於沙溪先生爲仲父。舅曰平安道觀察使泰淵，牧隱先生之後。

觀察公連喪二夫人，自夫人入門，始成家計，供祭祀接賓客，咸得其宜。子秀輔元配出，時甫十餘歲，夫人拊愛如己出。觀察公有蓄妾，憚公嚴，有欲言而不敢言者，夫人曲爲之導達。與諸姪同居數十年，一無間言，周恤必先及於窮困，罵詈未嘗加於婢僕。觀察公晚年所歷，皆雄州大府，而儉約自持，不以私累官者，實夫人內助之力多焉。夫人常謂子孫曰："前人皆當夫子貧約之日，又不幸早世，吾忍獨享其榮耶?"二夫人亡日，每食素致齊，其慈仁如此。夫人素有鑑識，往往先事而中，觀察公有疑事，或問而決之。見子孫論人長短，輒不喜曰："過譽人者，未必不過毁人，爾曹愼之。"壬寅，觀察公自南漢罷歸，時士禍大起，夫人蹙然曰："國事可知，願速死，使夫子葬我也。"旣而如其言。

夫人生於乙巳正月十日，歿於癸卯三月十八日，後五年觀察公卒，其葬去夫人墓僅十武。夫人男秀得參奉，二女壻府使洪晉猷、士人愼必遇。秀輔二男思重、思弘。思重參奉，思弘爲秀得後。秀輔方爲尙州牧使，秀得來乞幽堂之銘。銘曰：

嗟嗟觀察，治績卓殊。非惟身率，閫助是須。
方舟泳游，言念厥初。履榮若驚，儉德不孤。
賢達之言，莫曰非夫。我秉彤筆，式賁幽墟。

貞夫人完山李氏墓誌

貞夫人完山李氏者，兵馬節度使鄭公德徵之室也。系出世宗別子臨瀛大君璆，考厚根以孝蚤死，妣原州元氏。夫之考縣監周翰，圃隱先生九世孫也。夫人姿性婉嫕，年二十二歸節度公，公時未顯，家素貧。夫人夙夜作女工，以備衣服，手鋤蔬菜，躬調羹湯，以奉舅姑。夫之庶母無子，其疾也，夫人左右救護，久而無怠色。性不妒，事無專制，節度公甚敬之。仁愛惻怛，急於賙恤，見人飢寒甚者，輒爲之泣下，客至供餉豐潔，以是宗黨歸之如家。嘗鄕居歲凶，賊徒方夜突入，夫人陽呼曰："窓外流矢聲從何來?"賊卽駭散，倉卒應變，人以爲智。節度公旣貴，子纘述亦專閫，夫人猶手執紡績如少時，又不喜時樣，被服儉素。己酉閏七月十二日卒，年七十四。時節度公在嶺營，及解歸，便歸臥故里，老年風致可觀，而夫人不及知矣。

二男二女，纘述其長，訓鍊都正，出后其伯父，次纘志，尹燦、李益謙其婿。纘述無嗣，取族子鍵子之，女適李益和、李吉儒。纘志男曰鑄，婿曰宋煓。尹燦子在慶、在度、在厚，壻趙挺淳。李益謙子基鼎，壻申琈、洪藎國。鍵男女皆幼，冠者翼濟云。銘曰：

少而親井臼，老而光棨戟兮。
既恭且慈，宜天之餉爾福兮。
我銘厥美，以著梱則兮。

孺人水原崔氏墓誌

孺人姓崔氏，自新羅敬順王子永奎始籍水原。有諱世雄文科、參判，於孺人爲高祖。曾祖諱渫監察，祖諱愼卿，考諱弘耋。

孺人以甲申生，幼而有孝行。戊申歸于參奉鄭纘憲，實圃隱先生之幾世孫也。孺人善女紅，一夜裁成一襲衣。生長富厚，而舅家貧甚，或至屢空，孺人處之晏如。親家資送之財，不以私蓄，奉養大姑及舅姑，務盡誠敬。又嚴敕婢使，切勿以夫家事言人，以是兩家絶無煩言。父母年高鍾愛未忍離，舅家亦任其往來省覲。居無何，丁父憂，哀毁踰節，疾隨而劇，癸亥四月八日卒，年僅四十。始權葬本家先山後，壬申移卜龍仁器谷負癸之原。生一男一女，男鎭，女適士人尹光台。鎭男觀濟、興濟、謙濟、健濟、順濟，尹婿子垕、睦、塾、垛。

孺人卒時鎭甫六歲，及長參奉公詔之曰："汝母事我十年，一未見拂我意者。"孺人之得此於君子，可知其賢也。今其嗣續之蕃衍如此，亦豈非孺人餘慶之所發也？鎭使觀濟來請幽堂之誌，撮其狀中語以歸之。

陶菴集

卷四十五

墓誌

墓誌

孺人驪興閔氏墓誌

孺人驪興閔氏者，節度使墡之女，訓鍊都正仁佶之孫，監察全州李師曾之外孫，年十八，歸于密陽朴公玄胄。公吏曹判書、人提學忠元之玄孫，考承任承議郎，祖安禮牧使。孺人幼而失怙，哀戚如成人，其事母夫人，能盡飮食忠養之節，旣嫁而猶不衰，往往歸寧，如不欲去。夫人有六女，而於孺人意安之，常曰："汝手所供，雖死，其饗之。"

孺人奉舅姑甚孝，居四歲舅歿，姑李夫人亦老。家素貧，歲又荐饑，而孺人能盡力以供饋奠。又能善養李夫人，甘旨或有不給，則輒自責曰："爲人婦，乃不能養其母耶?"承議公有女九人，孺人待之，咸得其歡，妹子之鞠於家者，衣之先於己子，孺人或有疾，諸婦女相對涕泣。李夫人年八十餘，久患泄痢，孺人取而嘗之，以驗其差劇，及喪，月歲之制畢具。孺人性勤苦，未嘗頃刻少懈，至老猶然。家中吉凶百須，皆出其手功，得一果，藏之以備祭用。追念母氏遺意，忌日具饌而祭之，其誠孝如此。

孺人中身而寡，又數歲長子死，孺人自慟曰："吾未亡人宜死久矣，所以不死者有以也。"每撫其遺稚泣謂曰："汝門零替至此，所望惟汝曹耳。”晝夜肄業，不令知其寒餓，聞有可師者，不問遠近，必資送之曰：“使汝可以爲人，雖割吾肌，何惜也？”及孫聖源擢高第，孺人曰：“寒門得此足矣，不願爲美官也。”聖源又以直道廢錮幾十年，孺人無戚戚意。或恨其榮養之遲，則曰：“毋以我爲念也。”往往語及時事，輒歔唏曰：“上下征利，國焉有不亡者乎？”

嗚呼！婦人之職，莫過於善酒漿織紝，以養其父母舅姑而已。婦人而能此，亦足爲賢矣。顧孺人不以是自足，惟汲汲乎門戶久遠之圖，固已識得大體矣。至於富貴貧賤取舍之際，雖平日讀書談道義者，亦或難之。況如孺人者，終身食貧，宜若有所歆動，而卒無幾微見色，又能惓惓以宗國爲憂，非見識之卓然，何以及此？若孺人者，可謂女中丈夫矣。孺人嘗曰：“吾久於世何樂？惟平生所爲，庶幾無愧於心爾。”戊午，孺人年九十，視聽不衰，日必晨興盥櫛，子孫諫之，則曰：“性所安也。”是年十月二十一日，無疾而卒，以十二月十九日，祔於楊州大谷。

孺人二男四女，震錫蚤卒、乃錫。士人權聖徵、李瑜、進士黃宗烈、典籍洪河瑞婿也。震錫男最源、聖源今爲咸鏡都事、泰源。女適令金應祉。乃錫取泰源爲後，女適郡守鄭鐩、士人李聖百。將葬，聖源來請余文以納諸幽，遂爲之敍如此云。

淑人恩津宋氏墓誌

宋出恩津，自二先生以後，世方之於河南之程。淑人，同春文正公之曾孫也。考諱炳翼尙州牧使，祖諱光栻正郎，贈承旨。年十九，歸于安東權定性敬仲。敬仲之祖曰寒水文純公，府使諱煜其考也。淑人生長禮法之門，而所歸又與之配美，如此者古今豈易多得哉？然大賢脚下難爲子孫，非有德行之美不忝祖先，則其爲羞辱，又有倍於凡人，此可懼也。

淑人爲人，聰慧精敏，自幼端重有儀，長益謹飭，動遵規繩，又能觀《內訓》、《列女傳》諸書，略涉大義。其事父母，洞洞屬屬，未嘗恃嬌而少懈。牧使公中年哭其室趙氏，淑人時在室，爲之幹蠱，上以奉祭奠，下以撫諸弟，咸盡其情禮。其事舅姑，誠孝篤至，舅姑甚愛之，然淑人愈自畏愼。及析爨而居，去黃江數里，時文純公獨在世，淑人每晨走伻而候之，未或一日廢。文純公居常稱之曰："此婦善事我。"一家尊屬戒其婦女曰："汝輩宜爲則。"與敬仲和敬兩至，飮食衣服，儉而潔，家之有無，不一令敬仲知也。

其處夫黨，誠愛藹然，禮防甚嚴，人皆敬憚。文純公之庶母無子女者，來依於家，淑人尊敬之，得一味，未敢先嘗曰："舅姑下世之後，尊屬惟此而已。"及喪，又祭之如禮。庶族之無依者，敬仲又多取養而婚嫁之，則淑人輒承其意，皆善遇之曰："祖先骨肉，不可以貴賤異視也。"御家井井有法，味爽盥櫛，婢僕各授其業，不敢怠。晚嬰痼疾，猶自力治事曰:“中饋，女子之職，一日未死，豈可爲便身圖乎?”

其訓子女，必以義方，每戒震應曰:“立揚，豈非父母之願? 而今之時義，正合退藏，收拾遺緖，能爲法門佳子弟，則死亦何恨? 若齪齪常塗，營營聲利，則雖日有三牲之養，吾不喜也。”敬仲蔭仕方爲廣興倉守，其爲比安縣也，淑人隨焉。以丁巳五月十一日卒于官舍，年六十二，以其年七月二十日葬于忠州東杏花洞。一男五女，震應其男，婿李東馥大提學、吳瑗縣監、閔百亨、金聖休、金亮行，內外孫男女皆幼。震應方篤志向學，有聲士友間，果能成就其德，爲文純公肖孫，以副淑人之望，則豈不賢哉? 銘曰:

女士之稱，舊聞於《詩》。婉娩之聽，室家其宜。

不有君子，斯焉取斯? 我銘厥美，後昆是貽。

淑人昌寧成氏墓誌

淑人姓成氏，其先昌寧人，自高麗中允、仁輔始見于譜。入本朝，靖平公石因、文安公任以藝學位宰相，爲時名臣。其後浸衰，曾祖逨、祖昌一不仕，考鏶擢武科蚤卒。成氏舊家，古稱多賢人君子，淑人生有異稟，年十八歸李氏，爲刑曹佐郎諱世雲繼配。旣入門，舅縣令公一見而賢之，授以家政，淑人持家有法。未幾縣令公卒，姑尹氏老而寢疾，淑人奉藥餌不離側者五載，且以其間爲時月之制，畢至無憾。姑將終取視之歎曰:“家貧何以得如此? 吾無以報新婦恩也。”

三年之中，親井臼奉饎羞，寒時手足至皸瘃見血，夜則不解衣而寢，其勤勞如此。

公之群從子弟孤窮無依者，歸之如其家，淑人至誠撫愛，冠娶以時，則莫不心誠悅服，事之如母。親戚有喪而不能自辦者，家自爲具以濟之。春秋暇日，賓客盈堂，輒隨而供應之，不以有無累公也。公疎宕有氣節，重信義喜施與，淑人之助爲多，以是淑人之賢，士大夫莫不聞之。及公疾革，淑人沐浴露立，禱于先廟，願以身代。公旣歿，淑人持門戶謹家法，每日未明而起，拜家廟坐正堂，以理庶務。歲時祭祀，先期埽滌，僕隷之與事者，亦令新衣而齊宿，躬視酒漿，要在潔精曰："享先在誠，不在物也。"遠祖墓有田，而宗人不能祀，淑人諭令割其田，更置主者，歲收其入以供祭。

其教子孫也，雖甚愛而不曾假以色辭，有過則使之下庭受責，常詔諸子曰："爾曹努力學問，家人細瑣不足知也。汝父嘗公退而歎曰：'今之士大夫多庸鄙近利者，世其衰矣。'汝等志之。"又曰："吾性不喜名利，思與汝曹築室山水間，讀書耕稼，無求於世，爲士者但當飭躬砥行，得稱爲君子人，亦可爲父母榮。何必富貴利達而後可也?"或出至書室，見有編帙几研散亂不收者，則必手自齊整曰："爾曹惰性若此，何能辦事?"

其居家日用之間，立法示敎，常在孝悌倫義，雖於微細，亦不苟也。每喜言正大二字曰："君子當如是。"又嘗論文公《小學》而曰："此生人之所必自爲耳，何至筆之於書以曉之耶?"每遇國家大喪，必下堂哭泣流涕，以爲"君臣之義，不以婦人而可廢也”，其明於義理如此。淑人幼孤，執喪如成人，哭泣幾失明。母夫人衰老甚，淑人終身致養，及喪而殯葬饋食，咸如其禮。祖先祭祀，必具蔬果魚肉，無間於疏昵，若淑人可謂孝不衰於父母者矣。

淑人素多疾，及居喪致毁，食素十餘年，危殆者數，而往往有神佑焉。佐郎公旣卒，淑人守制於墓下，委身藁薦，晝夜不脫絰帶，涕淚著地，經年不滅。屋不塗墍，暑月溽濕，蟲蚤滿室，終夜不寢，而不一爬搔，戒侍者毋得妄殺一蚤“我未亡人，其敢求逸”，旣而群蟻日夜相銜，負出戶外，蚤遂絶。其疾甚，未嘗服藥，煩悶引水飮且數年，忽夢公遺以藥漿卽已，人謂精誠之感。然竟沈淹積歲，乃以今上壬子閏五月四日卒于衿川江上。臨歿，從容然無他語，命取酒與二子訣，享年五十三。淑人嘗謂宜夏曰：“汝先妣之喪，治喪旣儉，我死亦如之。”至是遵遺志不敢違云。淑人擧二男一女，男宜哲，進士，教官。宜大有志行早死。女未字而夭。宜夏，元配延安金氏出，其男曰普昌、普行、普聖。宜哲男普翰、普衡，普衡爲宜大後。

淑人，吾宗叔宣務郎晩熙之外孫，吾宗族五世同居，淑人嘗養於外氏，余幼少時，得親見焉。二子又從余游學，故知淑人德美之詳，蓋莫如余也。淑人聰明强記，動止有度，識高而慮遠，志勤而事治。凡其言行之懿，雖讀書談道義者，鮮或過之，然最而言之，其他可及也，至如高明特達之性，誠愛惻怛之心，自然有以孚諸室家，親戚之間，無所往而不得焉。夫豈聲色號令之所可能者哉？斯淑人之所以爲賢也歟！淑人以卒之年八月晦，從葬抱川雙谷里李氏先兆，越三年甲寅，自衿川遷公墓與元配來合葬，淑人祔于左。銘曰：

嗟淑人之御家兮，若忠臣之遭囏危。
室漂搖其風雨，予羽譙兮鳴聲悲。
匪材誠之兩備，孰能興復之若斯？
惟績學而種德，旣身有而後貽。
苟有彤史者作，尙或取乎婦德之碑。

季舅母淑人韓山李氏墓誌

正郎閔公鎭永之婦淑人韓山李氏者，牧隱之後，吏曹判書謚忠貞諱顯英之玄孫，坡州牧使諱徽祚之曾孫，同知中樞府事諱昌齡之孫，白川郡守諱明升之女。正郎公之三世曰，驪陽府院君文貞公諱維重、江原道觀察使諱光勳、慶州府尹諱機。公之伯氏忠文公以北評事過咸興，張公世南時爲判官，於淑人外祖也，爲淑人約婚。年十五，歸于閔氏，以庚寅十二月四日歿，去其生癸亥爲二十八。淑人歿後，公仕爲工曹正郎。淑人始葬驪州蟾樂里文貞公墓越崗，甲辰，正郎公歿，穿其穴而合葬。辛酉九月，又移卜于豐昌府夫人墓左麓負艮之原，龍仁地也。

淑人容儀雅潔，動止安詳，坐必整齊，目不散視，色笑怡悅，語言簡當，大抵出於自然，而非作意爲之也。新婚資裝，世俗例以華靡相尙，而夫人則於豐約侈儉之間，漠然不以爲意。一門同爨甚衆，婢僕互生唇舌，聽者不堪其苦，而淑人處之逌然若無聞也。其寢疾於父母之側也，旣革而囑傍人願歸死於尊姑之所，其平日孝心可見也。正郎公嘗曰："淑人雖在宴私之中，穆然自將，未嘗見惰容，終始如一日。"其善事夫子又如此。忠文公夫人李氏有鑑識，尠許可，獨稱淑人以爲潔淨無瑕，與諸婦女處，韻味自別。又嘗見其舊日侍婢耘草於淑人祠堂之前而泣涕漣如，指而歎曰："此亦仁惠所及，沒世而不忘者也。"

淑人弟夏龜讀書人，與淑人實爲同氣間知己。淑人之歿也，爲文而哭曰："志度豁然不苟，自與齷齪婦女有不同者。發言行事，務爲直截，恥作回互婞嫛之態。"正郎公從子翼洙嘗記公事實，而於淑人則曰："無一點塵俗氣，識大義有女士風。"以此言槩之，則可以知淑人德美之出常矣。淑人又善於女紅，持刀尺裁縫，手勢如飛，一夜之間，能成兩件衣，觀者至今稱奇云。子男二人，樂洙縣監，覺洙方志於學，諸孫男女皆幼，惟覺洙之壻曰徐退修。銘曰：

譬如寒冰貯玉壺，美質淸瑩不可忘。
惟有令譽滿身後，小子作詩示無疆。

淑人昌原黃氏墓誌

《詩序》贊二《南》婦人之德，有曰："已嫁而孝不衰於父母。"夫已嫁而猶孝於父母，況未嫁乎！其嫁而事舅姑者，又可知也。余銘近世賢婦人多矣，其如《詩序》所稱，則未有若黃淑人者。淑人系出昌原，高麗侍中忠俊其始祖也。入本朝有諱瑋，藝文奉教，兄弟父子十人，同時以科宦顯，於淑人爲五世。曾祖諱瀣，贈吏曹判書。祖諱藎耉，敦寧府都正，贈左贊成，凡擧七丈夫子，季諱鑏，唐津縣監，兩世推恩，以唐津之兄判敦寧欽貴也。唐津公以八耋陞通政，實淑人之考，配文化柳氏，正郎軸女。

淑人生而仁惠淑哲，動有規度，性又聰敏，善於服勤。甫十歲，往侍贊成公歲餘，母氏欲率還，贊成公留之曰："孫兒非不多，而老人之養多賴是兒，不可捨去。"癸未，歸于安東金時敏士修。時敏，戶曹正郎盛後之子，敦寧都正壽一之孫。參判號休菴尙寯，參贊號竹所光煜，卽都正以上兩世也。姑趙淑人壼範甚嚴，而淑人務適其意，宿疾遇冬輒劇，盡誠扶護，未嘗少離，以至寒曉佇立於寢窓之外，姑有呼聲，淑人必應之。姑嘗曰："余之依此婦，如襁褓兒之賴母乳。"

癸巳，正郎公之喪，姑又病出僦舍，淑人猝當內政，一邊治祭奠，一邊奉藥饍，左右供給，無少窘錯。又或入廚供具，手背凍龜而血流，不自知苦，夫黨見之嗟嘆曰："誠孝精力，俱非世俗婦女所可及。"家以長房，遞奉兩世先祀，淑人蠲潔致虔，雖甚病不令人代。唐津公寓在木川，去京爲五六舍，伻信難續，而淑人至誠探候，每月必屢得老人安否，溫煖甘旨之供，不以路遠而或闕。唐津公每歎曰："如吾老且貧者，非金氏女，何以支過？"余亦親聞其語，鄉人至今稱其孝。及其旅宦在洛，服食亦躬自辦給，不煩鄕家。判敦寧公見而嘉之曰："不獨是事爲難，貧家女類皆告急父母，求乞不止，獨吾姪必憂其父母，一不及自己事，吾已知其爲孝女矣。"

士修闊略，家事無所營爲，惟淸坐哦詩而已。淑人理家雖艱甚，而不令士修知。有時客至咄嗟，盤饍輒具，親友咸曰："非賢運判，何能乃爾?"士修蹇窮無所成名，淑人安命不嗟怨。晚筮仕監狼川縣，淸淨爲治，一境誦之，淑人之助爲多。淑人有達識，巫卜不入於門，寢疾多年，亦不近醫藥。己未二月五日卒，年五十七，越一月葬于楊州陶穴里先兆。淑人未有產育，姪子勉行自幼取而育之以爲嗣，愛踰己出，敎之必以義方。勉行從余游，爲淑人乞銘，久而益勤。余感其孝，力疾而爲之敍，系之以銘曰:

宜家之德，可配二《南》。然且有大，女而當男。
孝衰妻子，能不懷慙？我最厥美，以風來今。

贈貞夫人靑松沈氏墓誌

凡人之於子，孰不欲擇師而敎之，以求其顯榮也哉？惟乍違目前，便生別離之思，而又憂其飮食居處不如在家，拘於姑息之愛，終成酖毒之安。其割慈母愛，通達大體，以盡義方之敎者，余獨於沈夫人見之矣。夫人靑松大家，麗朝衛尉寺丞洪孚之後。入國朝，自靑松伯德符以來，連爲大官。靑陵府院君鋼之曾孫光世，議政府舍人，生檍進士，生若溟縣監，生滌通德郎，於夫人爲考。工曹佐郎海平尹世揆外祖也。

夫人生而明慧有異質，父兄咸奇之曰："恨不使汝爲男子子，以昌大吾門也。"通德公夙抱奇疾，繼母李竦於理家。夫人時方幼少，而日夜手線，以辨瀹瀡，才藝敏妙，人莫能及，時閔淑人甚愛孫良輔，爲求賢配。鄭正郎洊卽淑人之姨子，而於夫人爲姑夫，稔知夫人姿性之出常，勸以結婚。夫人年十三，行親迎之禮。良輔字康伯，忠州牧使洪公諱重楷之子，弘文館校理諱萬衡之孫，永安尉諱柱元其曾祖。夫人之醮也，容儀秀出，禮度嫺習，內外族黨，嘖嘖稱歎。閔淑人貞介絶俗，少許可，而獨稱夫人爲賢婦，事事必咨而後行。夫人事之，盡其誠孝，罔敢恃愛而或怠。愍通德公廢疾窮居，有時奉迎家中，極其供養，異居之時，日必數伻以候，得一美味，必送進焉，古所稱已嫁而孝不衰者，夫人有焉。

夫人年十六而子昌漢生，以君子早廢學，門戶衰替，必欲勸學成就，甫十歲，使來學於余。昌漢初離家，不敢思歸，往往逃還，夫人諄諄誨戒而還送之。余之赴北幕，夫人又使就學於趾齋閔公。及余退居花田，復令來留，其阻久而乍覲也，兒輒抱膝吮乳，不忍離去，則夫人或和顔而誘之，或嚴辭而責之，日雖昃必送之。見時又未嘗不愀然曰："所望於汝者，常在長者側，觀感善變。每歸伎倆猶舊，何不體父母之心乎？"吾先妣爲之嘉歎曰："賢哉是母，天必感其至誠，使子顯揚無疑也。"不幸以丙申七月二十九日卒，年僅三十四。

夫人歿後戊申，昌漢始擢文科，歷翰苑、王堂，今爲全羅道觀察使，而夫人不及見矣。於是贈康伯吏曹參判，夫人從贈如例。夫人在時謂昌漢曰："待汝決科，携往父母墳山，省埽而還，庶無憾矣。"嗚呼，亦何及哉？歐陽子曰："爲善無不報，而遲速有時。"信哉是言也！次男章漢亦學於余，有聲士友間。夫人葬于坡州當作洞巽向之原，與參判公同崗而異墳。余素賢夫人，今於幽堂之文，義不忍辭。銘曰：

夫人十三，上堂拜舅。禮度嫺雅，德性夙就。
尊姑女士，曰吾佳婦。宜家之行，疇非可取？
擇師教子，於古罕偶。割慈以義，賢哉是母。
人事謬悠，慶在身後。恩誥煌煌，兒拜稽首。
爲善之報，遲速則有。我銘其大，可以不朽。

孺人完山李氏墓誌

嗚呼，自古忠臣、義士遭時危棘，單心竭力，支國勢於一髮千匀之際者，曠世而一有之，而死易立孤難，自嬰、臼以來已有定論。今得之於閨閤之內，若此者，視古烈丈夫，豈不尤難乎哉？余於孺人李氏見之矣。李氏者，我世宗大王別子密城君琛之後，白江相國諱敬輿之曾孫，大司憲竹西諱敏迪之孫。考曰判書諱師命，有勳勞於王室，肅廟己巳，爲奸凶構誣，終罹慘禍。妣安定羅氏，牧使星斗之女。

孺人以丁巳生，生七日而羅夫人卒，祖母黃夫人取而養之，故以黃夫人爲母。稍長，始知爲羅夫人出，追慕涕泣如成人。黃夫人雖甚愛之，而訓誨有方，一言一行，必循軌則。年十九，歸于光山金龍澤，牧使諱鎭華之子，西浦諱萬重之孫，沙溪文元公諱長生之五世孫也。

始己巳之禍，西浦公出獄之謫，語家人曰："李某之寃，吾甚憐之，聞其有幼女，長孫可娶之。"臨婚，判書公之寃未白，人多以爲禍家子不可娶。牧使公毅然曰："先人之志，不可改也。"孺人既歸金氏，婦德咸宜，六親皆賀。夫子好詩文，不以家事嬰心，以孺人代勞也。

庚子，盡室下扶餘，旋移居連山。壬寅春，凶黨大起誣獄，夫子首及焉。孺人託幼稚於同里夫黨，而身入京，每夜沐浴拜天，以祈紓禍，禍色益急，夫子竟以四月十一日死於獄中。群凶恐獄不成，過數日，僞以承款書出朝紙。孺人偵得其實狀，使忌辰不失正日，其視皇明劉侍講、繆詹事不知死日者，不可同日語矣。況夫子誣服一段，可由此而昭洗者乎？

孺人將自決以殉之，夜夢夫子從獄中以破壁紙大書以寄曰："必須生存，以保子息。"孺人遂斷以大義，矢心不死。群凶將用收司之律，發緹騎圍孺人所居，索長子急。孺人擧止安詳，不失常度。群凶既殺長子，遂分配孺人及長子婦於泗川、河東地。孺人哭謂婦李曰："吾與汝同日決死，豈不爲快？而以汝舅之忠孝，抱至寃極痛，父子滅身，而吾又死，則幼稚必不能保全。吾雖欲生，而汝死，則吾不可獨生，是汝重絶其後嗣也。其可忍耶?”婦李乃許以不死，則又慟哭曰:“吾、汝之生，比死尤可哀也。然限以十年，若復見天日，長成兒輩，庶報舅家恩德之萬一。”

孺人之叔父議政公賜死， 孺人之弟喜之及議政之子器之皆拷死， 孺人之繼妣趙氏與孺人之女兄金監司普澤夫人與喜之之妻鄭皆自決，一門慘禍，古未有也。將赴謫，宋氏女乞來別，不許曰:“徒亂我心。”率二子一女赴謫所，語婦李曰:“吾與汝雖生，若郡將暴惡，則當卽死耳。”設几筵於謫舍，朝夕泣血號天，隣里爲之感泣。

時仲子年十四， 國法無待年從坐之文， 而群凶恣行胸臆，或云年滿將收之。孺人憂懼不知所爲，乃以仲子變服爲女奴，送于宋氏，使匿之他所，聲言仲子遘癘死，詣縣告而設機制變，得免檢驗，人無知者。孺人以一女子，獨與婢僕行此至難至危之事， 而恩義素孚， 任使得人， 故皆盡其死力， 雖變故危急之時， 終無反心焉。 每以竹籤分書吉凶二字，卜於靈座前而決之，未嘗少錯，精誠之感如此。

今上乙巳，盡放諸坐謫者，孺人以仲子首實蒙宥。禍變時兩喪皆葬淺土，葬禮多闕，孺人獨自經紀，丙午始克改葬。翌年時事又變，率諸子歸懷德。戊申避亂，又徙于連，語諸子曰:“玆土也，宗黨所居，文學所在，今而後始定居矣。”孺人蓋當未立孤之前，雖窮阨萬端，而未嘗言死事。及諸子旣長，還以不得下從爲至恨，茹荼攻蓼，十年如一日。己未十月二十六日， 感疾而終， 享年六十三。 臨歿戒諸子曰:“惻念父寃，毋負母志，兄弟和協，俾保門戶。我死之後，事汝嫂如事我也。”以十二月九日權厝於石城立石村負乾之原，實趙夫人墓側也。

孺人性明達識大體，於《小學》、《語》、《孟》，略通其義。常曰：“男女之間，大防存焉，必嚴必謹，家道乃立。”年高之後，亦不使年少姪輩坐處稍近。謫舍，嘗夜失火，季女頓足而哭曰：“孃速出。”孺人徐步而出，季女自前牽之，孺人曰：“何若是急迫也？”辛丑建儲後，人皆以爲無憂，而孺人獨憂之深，其卓識多類此。姪子貧不能行判書公墓祀，孺人爲之替行，忌日必助祭，以終其身。喜之只有一女坐謫，孺人憐其孤弱，冒禁率來，養之如己女，擇婿而嫁之。諸子之衣服飲食，務令菲薄曰：“汝輩豈好衣好食之人哉？”

又命終身素帶，以志至痛，常泣語諸子姪曰：“己巳禍初，祖母中夜執父親手而問曰：‘汝今死生未定，或有不是事耶？汝豈欺我哉？’父親愀然曰：‘此心只爲國耳，上天俯臨，焉敢欺母？’余時年幼，雖未知禍變本末，而父親之至寃，刻骨而悲之矣。汝父每於酒後，呼父母而泣曰：‘我今父母不在，忠君之外，更何所事？我世臣也，已以死許國，若有貪慕富貴之心，天必厭之。’此蓋忠孝之心，出於天而然也。”

乙巳之後，世道雖乍明，而群枉猶未盡伸。孺人嘗以夫子心事之未白、死日之見誣，欲擊鼓訟寃，而人或止之。孺人歿之明年而禍又作，仲子被逮，以孺人之所欲陳者，陳之於廷問之下。上爲之惻然，命貸死流海島。嗚呼，昔王元美之傳湯節婦曰：“是所謂嬰百罹出萬死，而卒以其孤濟者也。”

且比之文信公而以節婦之有成爲勝之，況孺人之所成，尤有難於節婦者耶？孺人嘗擧諸葛武侯“鞠躬盡瘁，死而後已”之語曰“吾於金氏，素志亦如此”云。

孺人擧四男四女，一男二女夭，男長大材卽壬寅被收者，次遠材方自濟州出陸，次晦材。女長適宋載福，次適朴宗衡。方遠材之被逮也，晦材自意兄弟俱不得全，懼孺人之事行因而湮沒不傳，奔走涕泣，乞銘於余。余憐其志而許之，銘曰：

鴟鴞鴟鴞兮，取我子兮毁我室。

羽譙譙兮尾翛翛，風雨漂搖兮音嘵嘵。

嗚呼孺人勤苦勞悴之意，其尙類乎斯詩。

我用作銘，銘以哀之。

孺人驪興閔氏墓誌

孺人姓閔氏諱某，我伯舅議政府左參贊趾齋府君諱鎭厚之女。府君才誠兼至，爲國盡瘁，實我肅廟名臣。母夫人延安李氏，明達有女士之風。孺人生有美質，又樂有賢父母，食息擩染，不離訓典之內，和婉謙愼，自幼少時已然。年十六，歸于光山金光澤德耀。德耀之父曰鎭華，進士壯元，忠州牧使。祖曰萬重號西浦，官禮曹判書、大提學。孺人入門，親黨咸曰佳婦。

辛丑，德耀中進士，余往賀於三淸洞之居，是德耀所卜地，而孺人拮据而成者。環屋長川白石，而松臺在後，幽深清絶，有邱壑之趣。德耀安坐哦詩，孺人手紡績，深得詩人《雞鳴》遺意。余前後凡三過焉，蓋觀孺人不出聲氣，而家事自理，服用酒食，皆儉而潔。

是冬，士禍大作，翌年，虎龍上變，德耀之兄龍澤首被逮，甚至於剹死。德耀隕心喪魄，若無生，然尋以收坐謫長鬐縣。妻子隨往，路過驪州，時李夫人盡室歸先墓之下，而趾齋府君祥事間一旬，且孺人有身臨月。家人咸欲其少留，獨李夫人謂曰："雖夫家尋常憂阨，宜不敢爲便身之圖，況此何等時耶？一身死生不足恤，祥祭何可論？"促令隨去，臨別無幾微見色，孺人亦體其意，不敢出涕，抵謫始解身。海堧羈孤，艱苦百段，而孺人能逌然自遣。李夫人又貽書孺人曰："吾見禍家子弟自知不用於世，全無勤勵爲學之意，遂致其家不振矣。汝勿以隕穫之色示兒輩，使之怠廢也。"孺人佩服不敢失，二幼子亦能力學。

今上乙巳，始脫謫籍，而無可往者。孺人弟翼洙士衛、遇洙士元奉李夫人在驪鄉，德耀攜孺人而依焉，屢遷而得牛灣江村，其後余屢過之。德耀性坦率，平居不自矜持，雖數起，而孺人未嘗不爲之起。孺人在德耀之側，洞洞屬屬，若嚴君然，未見有惰慢之容。余甚賢之，歸則語家人而嗟嘆焉。家貧疏糲不繼，而孺人不戚戚，亦不令德耀知也。癸丑，李夫人卒，孺人煢然益無所依。後十年壬戌十月三日，偶感疾歿于蟾樂寓舍，年五十六。德耀長於孺人二歲，孺人歿後二日亦卒。金氏墳山俱遠，不能以柩歸，以某月某日，合葬于牛灣屋後。孺人三男，敏材、簡材、獻材。

嗚呼，傳曰："素患難，行乎患難，無入而不自得。"是惟君子能之，夫以婦人性偏而可論於此乎？若孺人者，寒士之妻，固不可謂不窮，而中年以後所經歷險阻艱難，實今古所罕有，人不堪其苦者。而孺人處之如樂地，未嘗一出嗟怨之言，人或勞之，則曰命也。噫，吾先妣平生見人富貴，無歎羨之意，嘗曰："凡人百病，皆從忮求上出來。"孺人德性，蓋亦有肖似者，故其驗於患難之際者如此。設令孺人處乎富貴，吾知其必不淫矣，豈不賢哉？

嗚呼，《詩》不云乎？"溫溫恭人，惟德之基。"夫溫者，仁之發；恭者，順之著。此於婦人之德，可謂至矣。尙記吾先妣語及孺人而歎曰："吾觀一家婦人多矣，資稟溫恭，未有如是女者。有如是之德，而命之窮厄，乃至於此，此何天也？"小子對曰："常者理也，反常者氣也。從古變多常少，然而不有窮厄，恐無以見吾妹如是之德，是亦未必非天也。"余亦嘗語此於孺人矣，及孺人訃至，追念斯語，益爲之愴涕。成服之翌日，爲孺人草成誌文，其不待孝子之狀，而但以身所聞見撰次之者，非惟揚孺人之善，欲令爲善者少知勸焉，系以銘。銘曰：

終溫且惠，淑愼其身。我賦斯詩，以銘孺人。

孺人慶州金氏墓誌

孺人姓金氏，籍慶州，本朝開國功臣梱之十三代孫。曾祖鍾城府使諱元立，祖贈左承旨諱敏格，考學生諱載漢。妣全州李氏，學生重耆女，祖曰副提學惟弘。孺人之夫曰延日鄭鎭重叔，參奉纘憲之子，圃隱先生之幾世孫也。孺人生於丁巳二月二十四日，卒於庚辰六月二十二日。金生彦豪卽余同鄕親友，而於孺人弟也，其爲孺人狀，讀之可以知孺人之賢。

蓋言孺人五歲失母，善事繼母，母教以女紅，每稱奇才。遇母諱辰，繼母見孺人哭泣之戚，抱彦豪而教之曰："爲子誠孝當如是，願汝之類汝姊。"及笄，繼母又捐世，孺人哀戚出於至誠，見者嗟歎。彦豪年七八歲，頑愚無識，家大人長在親側，家稍左，未暇檢束。孺人涕泣而語之曰："慈氏愛汝，使不出外，勸之以讀書。今汝罔念慈訓，狂恣日甚，慈氏有知，以爲如何也？"彦豪泣謝曰："自今惟姊言是承。"是後家大人之出，輒挾冊以進，孺人欣然開卷於鍼箱之上，執筭課讀，頻問文義。且使端坐座右，警其過失，亹亹訓誨，無非愛親敬長、讀書敕躬之方，雖古賢父兄之教，何以加兹？

孺人天資敏慧，識慮明達，友于之性，懇惻之誠，積於中而見於外。故如彦豪之蒙騃而自知畏敬，不敢慢戲於其傍，惟其言之聽。今則雖老而無成，猶不至於陷大戾而辱門戶者，實孺人救拔之力也。孺人在夫家，舅姑稱其孝順，婢僕懷其慈惠，其賢益可知也。孺人葬於圃隱先生墓右麓乙坐之原。重叔後娶有子觀濟，是從余游者，將爲孺人納誌於幽，就金生所爲狀，取其要而叙之云。

孺人宜寧南氏墓誌

孺人南氏，烏川鄭鎭重叔之妻也。南出宜寧，國初有領議政忠景公在，其後察訪挺蕤、縣監澈父子以忠孝聞。縣監之曾孫天擧僉知中樞府事，於孺人爲父。其配彦陽金氏，慶趾之女。重叔，圃隱先生幾代孫，參奉纘憲其考也。孺人年十九歸鄭氏，爲人慈惠潔靜，事舅姑以禮，處諸姑無間言。姑之子無怙恃，育之如己子。家貧能節用，又能養蠶治圃，以供飮食衣服，臨祀必斤斤致虔。父以大耋錫爵，孺人往賀焉，將歸歎曰："女子有行，父母老而不能養，其若之何？"未幾遘癘甚危，重叔入視之，孺人作氣曰："願君子自愼。"言訖而卒，庚戌五月十四日也，年四十六。重叔葬之龍仁古梅谷坤坐之原，去圃隱墓十里。擧五男三女，男觀濟、興濟、謙濟，餘幼，女皆夭。

觀濟常從余游，孺人送之曰："夙夜戒謹，無忝所事。"及歸，又問所學何事。余因觀濟聞孺人言行蓋熟矣，孺人性喜書，夜則令子誦而聽之，至忠臣孝子之事，嗟賞不已。每戒諸子曰："有子不令，不如無也。"又曰："人多爲婦女所移者，汝曹當愼之。"嗚呼，世之人鮮不以姑息爲愛，而孺人獨不然。觀濟飭躬砥行，非余能教，實孺人敎之也，豈不賢哉？觀濟泣請銘。銘曰：

勤以理家，義以敎子。婦人之行，如斯而已矣。

淑人安東金氏墓誌

淑人安東金氏者，安岳郡守諱昌說之女，領議政文翼公退憂堂諱壽興之孫。母吳氏，陽谷忠貞公諱斗寅女也。吾仲母歸樂堂夫人，於淑人爲姑母，淑人又呼吾婦爲姨，余以是聞淑人幼時事頗詳。蓋淑人在兩家爲初學孫，奇愛之甚，顧無一毫驕惰之氣，動合儀則。纔學語，已能知愛親敬長之道，祖母尹夫人女士常稱之曰："使汝爲男子子者，必使金氏之門復昌。"及擇對，爲僉正李公成朝季子梅臣婦。吾婦早世，吾仲母繼逝，自是不復聞淑人事矣，時因吳家子弟問之，則淑人賢而無子，又未嘗不嗟惜也。

後數十餘年，李氏子惠輔來請淑人幽堂之文曰："此吾父遺命也，銘吾母者，非先生其誰？"余惟淑人資性淸明端一，幼時事行，實如吾所嘗聞者。其在夫家，以事父母者事姑，其得乎姑夫人之心可知也。其治梱也，家徒四壁，貧苦殆不可堪，而凡係細瑣，不使夫子知曰："丈夫之汨於營産，是婦人恥，吾豈以此累之？"蠶桑織紝，夙夜不少懈，以至園圃墻屋之事，躬自勤勞，而聲音不出於戶外。平居庭宇必汛埽，器物必整飭，上下各執其事，閨門之內穆然也。雅好澹泊，不歆羡富貴，聞鹿車故事，輒欣然慕之。當兄弟析居也，淑人曰：“宗家貧，無以奉祭，何用分財？”一物不以自私。余於斯狀，益聞其所不聞。

惠輔又泣而言曰：“吾父嘗詔不肖曰：‘汝母貞而不滯，慧而不流，旣和且敬，婦德備矣。終身慕父母，汝母殆庶幾乎！’”其見知於夫子者如此，尤何間焉？淑人以庚午八月十五日生，卒於乙卯正月二十七日，年四十六。余旣銘禮安公，又別爲淑人作誌，蓋不忍傷孝子之心也。銘曰：

在室爲淑女，居貧爲良妻。姨夫作詩，衆美具兮。

孺人恩津宋氏墓誌

孺人宋氏，同春文正先生之曾孫，考牧使諱炳翼，母完山李氏。牧使公男女十人，孺人最幼，最愛其端淑。年十六，歸韓山李思勖，思勖，經歷秀衡之子，而出后縣監秀文者，曾祖參贊弘淵。孺人未廟見，本生姑卒，哭泣饘粥，一如禮。牧使公歎曰：“兒乃能移孝若此。”旣見舅，舅曰：“眞法家子也。”久而益愛之曰：“是善事我。”

戊戌，牧使公卒。庚子，縣監公卒。姑鄭夫人久疾，孺人賣裙買牛，親飼以進乳，窮日夜扶救，一不告勞，亦不令母姊知也。年二十二癸卯六月四日死，墓在淸州治西水落洞面巽之原。死後三歲，李君始成進士，李夫人哭孺人曰：“未亡人宜死久矣，吾不食，汝亦不食，强食以至于今矣，吾生而汝乃死耶?”又曰:“豈無他子，自汝于歸，吾身若無依然。”李君常嘆曰:“孺人於我，有爭友之益矣，今安可復得?”孺人之姪明欽爲孺人狀德，具道是語。且言其考錦山公亦嘗稱之曰:“吾妹柔恭慈愛人也。”

余惟女子之行，莫善於婉順，孺人之得父母舅姑之心如此，又錦山公，余所敬重，豈辟於愛者?夫以孺人之賢，宜降之福，而卒蚤死無育何哉?而況弱齡㑄仃，備嘗百罹，尤可悲也。然不如是，孺人之至性，何從而見?余於是益信先生之教之遠，孺人之賢，豈非丹穴之一羽也?余亦先生外出，遂爲銘以塞生者之悲。銘曰:

婉兮孌兮，有齊季女。胡然而來?胡然而去?
氣之淸而數之局兮，終古如許。

孺人南陽洪氏墓誌

孺人南陽洪氏者，明陵參奉禹肇之女，祖受容司憲府監察，曾祖處大知中樞府事。妣驪興閔氏，府院君文貞公諱維重之女。余與孺人同外祖，而孺人之外祖母曰豐昌府夫人趙氏。趙夫人大耋在堂，孺人年十一失父，十六母又亡。趙夫人取孺人兄弟而鞠於家，以故余時過外氏，未嘗不與孺人相見。天資莊靜高潔，自幼少時已知非尋常婦女矣。

十八，歸于完山李夏祥子華。子華，縣監顯之之子，而出爲其伯父進士重之之後，光州牧使益命其祖，而曾祖則大司憲敏迪也。孺人既入門，祖姑宋夫人素簡嚴，不苟譽，而於孺人獨稱其賢，且憐其煢孑，撫愛備至，孺人事之如母。其侍夫人疾也，奉藥餌巾帨，晝夜不離側，如是者數旬，而一心不懈。既終喪，每當諱日，涕泣曰："祖姑之恩，我不報也。"及生子，又泣曰："我生子而祖姑不及見也。"孺人孝友篤至，及嫁見一新衣一厚味，輒歎曰："吾祖母與二弟飢且寒矣，吾忍自安耶？"

及遘癘將死也，舅欲入視，孺人不肯曰："死固吾所惡也，我亦知入而救則生，不入而救則死。然所惡有甚於死，則終不可爲也。"嗚呼，疾痛而呼父母，人之情也。而若孺人者，不欲以身累親，當死生之際而不易其心，斯可謂孝，而其言亦可悲也。孺人生於戊子二月三十日，死於壬子閏五月十日，以其年八月十五日，葬于永同馬里谷負丙之原。

孺人於凡百器玩，別無嗜好，衣服惟取澣濯潔淨，而絶不近華靡。其往來夫家也，服飾尤簡儉，且去膏沐。趙夫人問之，則曰："婦女在道，不當爲容飾也。"在外家，賓客多達人，軒騶至門，衆婦女或窺觀，而孺人獨俛而執女工若無聞也。與二弟居，恐其衣服相近，必藏而別之，蓋其天性然也。孺人嘗語子華曰："婦女之情，孰不欲君子之榮達？而我則不然。君若讀書修身，超然爲高蹈之士，則於我榮矣。安得與君共挽鹿車而歸山耶？" 蓋孺人情致，瀟灑有林下風，故其言如此。子華爲人淸脩，且善文辭，有聲士友間。孺人死後幾年，又死而別葬于楊根先兆。余於子華在時，嘗許以孺人誌，未忍孤其言，遂爲之銘。銘曰：

《詩》稱女士，我見孺人。使充其操，其庶乎少君、德耀之倫。

從妹孺人李氏墓誌

孺人牛峰李氏者，吏曹判書歸樂堂府君諱晩成之女，正郎贈執義綵之妹也。府君元配安東金氏生執義君及其姊。孺人之母曰金夫人，奉事灦女，延興府院君悌男之玄孫。府君老而執義君未有嗣，孺人之生也，府君以巡撫使在湖西聞之，大違所望。及還見孺人而喜之曰："兒頗類我。"稍長有至行，府君奇愛之。

孺人天性婉順，自幼無一言一事違咈長者之意。府君常命之曰："衣之有紋者勿服也。"金夫人偶以縠文衣之，孺人泣曰："父有教不敢也。"仍請利刀欲去其紋而不能得，遂不復服。金夫人有疾，孺人不食而色憂，長者雖命出遊，亦不肯，間與群兒嬉戲，未見有忿色。執義君之事金夫人，慈孝無間，而孺人猶若有和巽調娛之意發於辭色。吾先妣素有鑑識，見孺人每歎賞不已。孺人六七歲遘奇疾，金夫人至誠保護，不教以女工，而自然無所不能，其多才又如此。

府君不幸痰歿於壬寅士禍，今上乙巳雪寃復爵。執義君奉金夫人奔竄周流於春川、永平深峽之間，孺人輒從焉。性勤敏，甚喜養蠶種樹，雖顚沛之際，而未嘗廢。執義君積毁成疾，將死，手書囑於余曰："病妹深可念，爲慈親益復於邑，幸如弟在時存恤而成就也。"時余在花田故里，奉金夫人而還，爲孺人擇對。丁未秋，歸於全州柳得養仲長，仲長大父泰明承旨，父愈縣令，以孝友世其家。孺人入柳氏之門，事舅姑盡禮，生長富貴，而無一毫驕惰之容。與妯娌在側，和氣融融。舅姑曰："汝能事吾如父母，吾何憂乎無女也？" 金夫人於孺人，未忍一日離膝下，乍違必涕泣思之。孺人每數袛告歸，辭懇而容婉，舅姑感而許之。

仲長旣得君爲內助，仍從余遊。孺人嘗勸之學，隨事規正，又非一二。余孤露以來，移寓龍仁之寒泉，寒泉卽先壟而歸樂府君之墓亦在。歲癸丑，金夫人携孺人而來依焉。孺人手紡績，仲長讀書，深得《雞鳴》詩之遺意。每晨夕，講誦之聲盈堂，孺人聞而樂之，殆忘日月之逝。居一年，金夫人薄入洛下，孺人隨之，偶感疾死於城西寓舍，是甲寅十月四日也，得年僅二十四。

孺人常善病，病則自危而歎曰："吾則死，吾母疇依？" 及臨絶，其言益悲切。嗚呼，若孺人者，可謂已嫁而孝不衰於父母者矣。仲長又言"孺人疾革無他語，但問尊舅之行，何日戾止。時舅在慶山縣，而科期非遠，蓋以不得面訣爲恨也。舅姑尋常書札，必貯之箱篋，無一紙之失壞，其愛敬如此"云。孺人與余別，約以數月，而遂不復歸。金夫人亦不忍重見舊居，惟仲長時時過余，相對悲咤而已。孺人以是歲十一月三十日，葬於交河月籠山之南麓，與承旨公墓相望。

嗚呼，女子之身至眇少也，而器量則大人也。胸懷宏豁，見識明達，雖不讀書，而往往有理到之言。如孺人者，豈可復得耶？使孺人幸以爲男，必善述我仲父志業，以益大吾門, 而旣不能焉, 又不幸一墮胎而卒無後。譬如一箇好果樹, 不得下種子, 益可哀也。孺人手書《小學》及《三綱行實》, 常自省覽, 欲請余題其書面而未及云。爲孺人狀其行者仲長也, 作文而垂諸後者, 其從兄綷也。孺人死後十年甲子月日, 仲長始克燔誌而納于幽, 銘曰:

嗚呼以余觀於婦人, 德容功三者之兼備, 孰若吾妹之賢?

乃有斯疾, 而又無年, 奈何乎天?

陶菴集

卷四十六

墓誌

墓誌

九代祖觀察使府君墓誌

李公吉培葬在廣之龜川，失幾百年，其村人以告。乙未八月，後孫晚成、晚堅及其姪子縡亟走謁，墓有短石，其文剝缺，惟爵名姓宛然可讀，夫人密陽朴氏異墳而祔。是月壬辰，同諸宗改築而崇之，置守戶，歲祀爲常。且將竪大碑，伐石置之廣津之干，未及就，二父歿。縡泣曰："嗚呼！此吾責也，然且待之。"遂刻誌著其世及宦蹟、後承，以識其葬。

其世曰：高麗侍中三州伯公靖，三州，今之牛峰。由侍中歷平章事子儀、考功郎延宗、國子典酒蒔、判軍資監事希聃、典客判書得丘、判宗簿寺事周，至公凡七世。夫人之考，縣監義林也。

宦蹟曰：公早登第，實我太宗辛卯權克中榜，丁科二十人。宣德戊申，拜善山都護府使，政淸訟簡，又勤於勸學，校儒多中第者，世廟嘉之，特加二資。庚申，授黃海道觀察使，十二月六日，巡至安岳病卒。《輿地勝覽·牛峰縣·人物》、《善山府·名宦》載之詳。

後承曰：監察圻、大司諫垤其子，大司成承寧、判書承健、奉教承張子之子，司議諶、編修官塘，觀察使之行、副提學之信、三友堂之忠、承文博士應元孫之子若孫。來孫，贈贊成劼，至參議、贈領議政有謙，正郎翂、都正翮、贈持平翓、大司憲翔、右議政翻、吏曹判書翊，贈參判晩昌、兵曹判書晩成、大司諫晩堅，正郎·贈執義絿，凡五代，多不能盡載。

公葬後，後孫莅茲土者四，之信牧使、翻·翊留守、晩堅府尹。留守及尹後先訪求，尹遽歸未數月得之。是雖至誠所感，其晦而顯者天也。蓋公積仁于躬，用燾厥後，宜食報於無窮，而獨家乘散佚，之德之行，無由考徵，是亦或有時而顯，俾克卒我二父志歟！縡之所待，固於是乎在。

八代祖監察府君墓誌

公諱圻，姓李氏，牛峰人。上祖高麗侍中公靖，曾祖諱得丘典客判書，祖諱周宗簿寺正，考諱吉培黃海道觀察使。妣密陽朴氏，縣監義林之女。歷司憲府監察、通禮院引儀，出莅恩津、咸悅、江東三縣，皆有治績，贈議政府左參贊、兼知義禁府事，此公之官世大略也。

墓在高陽香洞某坐之原，夫人柳氏祔焉。柳氏，文化大姓，父安靖公江。生二男一女，男承寧成均館大司成，承健禮曹判書，女適郡守柳仁洪。後孫顯者，觀察使之行·之信·三友堂之忠、參議有謙、大司憲翔·右議政翻·判書翊、判書晩成·觀察使晩堅。年代旣邈，公之生卒月日亦不能詳，而蓋聞公器度嚴毅，治家以法，子弟有過不少饒。以是兩子賢而達，後承皆以孝友仁厚業其家，觀乎此，可以想見公矩度矣。是爲誌。

七代祖判書府君墓誌後記

吾先祖判書府君，成宗朝史官，嘗書佔畢金公宗直事曰："南人師讐弟子，弟子讐師。"後十八年戊午，群凶構史禍，得公筆雀躍曰："此直史也。"蓋公與佔畢素友善，所書偶據一時意見，非有私好惡，其爲凶黨藉重之資，豈公所能逆睹者哉？況當時士禍之作，直以先朝事爲口實，非由公筆，而特以衆情悲傷，公議憤激，於公亦不原恕，往往有詬詆之言。嗚呼！此豈公本心也哉？

燕山在上林手射豕，豕奔突入玉堂，血流滿地。公時爲副提學，與同僚洪瀚、成重淹等上箚切諫，燕山怒不省。公卒後三歲甲子，追論前箚，以公首倡，有泉壤之禍。中廟改紀，隱恤有加。公雖不幸受謗，而卒與士類同其禍福，以自白其本心，世雖尠知公，而知公者天也。

公男諶掌隷院司議、詢生員。司議男之文參奉、之行觀察使、之信副提學，參判鄭惟善、別坐趙褘其壻。生員男之忠參奉，世稱大儒。副學之孫有謙參議，以儒術政事名世。是生都正翮、贈持平翧，皆旌孝，翊遺逸大司憲，翻右議政，翃判書。議政之男判書晩成、大司諫晩堅。此其最著者，餘不盡載。李相國荇嘗誌公墓，事多闕漏，略補其大者，仍記後承，以納諸幽云。

六代祖司議府君墓誌

公諱諶，字君諒，禮曹判書諱承健之嗣子也。牛峰之李，始自高麗侍中公靖，代有簪組。入本朝都觀察使諱吉培以循良著。是生諱圻，司憲府監察、贈議政府左參贊，於公爲祖。妣安東金氏，生員汴女。

燕山甲子，判書公被泉壤禍，公坐謫鏡城，丙寅改玉，復判書公爵，公遂放歸。以太夫人命赴舉，中翼年生員第二名。公少負公輔望，自以禍家子，不復就公車，朝廷惜其才，特拜義禁府都事，陞宗簿寺主簿。歷原州判官、江西縣令，仁愛藹然，所至有治績。入爲戶曹佐郎，改掌隷院司議，聽訟如流。嘉靖己亥正月三日卒，去其生弘治丙申六十三。後以子貴，贈吏曹參判。夫人善山金氏，吏曹佐郎叔嚮之女，合葬全義縣西坐酉之原。

公器識高邁，慨然以希賢慕古爲己任，黽勉祿仕，而非其志也。酷嗜書，潛心玩繹，老而不倦。家法嚴，子弟雖盛暑，巾襪惟謹。弟之子之忠蚤孤，教育甚至，常撫其背曰："此兒有高識，必能闡道義。"後果爲名儒。又喜誘掖後生，一時賢俊，多出門下，其尤者李相國鐸、兪尚書絳云。

公三男，長之文參奉，次之行觀察使，季之信副提學，女適參判鄭惟善、別坐趙褘。參奉無嗣，觀察側室二男，副學男劭參奉、劼贈贊成。參奉生有憑、有恒，贊成生有容、有敬、有光、有誠、有謙參議以學行名世。參議之後最顯，都正翮、贈持平翃俱以孝聞，大司憲翙、右議政翻、吏曹判書翊、兵曹判書晩成、觀察使晩堅其子若孫也，餘不能盡載。

噫！今去公百有餘年，家乘散佚，言行莫徵。然有善於己然後可以及人，公之能作人如此，有諸己者可知。宜其畜德積仁，以遺我後人休，豈不偉哉？略記其大者，以信來玆。

五代祖妣貞夫人晉州柳氏墓誌

全義縣西數里，有牛峰李氏族葬地，貞夫人晉州柳氏位焉。上而幾步，禮曹判書諱承健爲舅之父，岡之右司議諱諶其舅。司議公季子諱之信弘文館副提學，別葬高陽香洞。夫人，副學公繼配也。夫人考參奉寅仝，靖平公珣之後。妣義城金氏，參奉漣之女，慕齋先生安國之妹。生于某年某月某日，卒於某年二月四日。

擧二男一女，男劭參奉，次劼贈贊成，女孫億以詩名。參奉男有恒、有恒之子正郎玢、玢之子縣監晩亨俱有至行。贊成五男，季有謙參議，學行名世。其男都正翮、贈持平翃、大司憲翙、右議政翻、判書翊。議政之男晩昌贈參判，於緈先君，晩成判書，晩堅觀察使。我李至是益大顯，豈非夫人積慶懿訓之所自也。是爲誌。

參奉府君墓誌

我牛峰之李，自麗侍中公靖始，本朝觀察使吉培、判書承健最著。判書生掌隷院司議諶，司議三子，公其長而諱之文，弟曰之行觀察使、之信副提學。

公少負文望，蹭蹬不第，晩筮仕中部參奉，卒之日正月十六也。墓在高陽香洞，監察諱圻墓之左，監察於公爲曾祖。孺人完山李氏，雞林正坦之女，讓寧大君之後。別葬全義䢘項判書公墓側。公無子，取副學公季子劼養爲子，劼贈左贊成。贊成子若孫、曾之顯者，參議有謙、大司憲翊、右議政翻、判書翊、判書晩成、觀察使晩堅，而志公墓者，贊成公玄孫弘文館副提學縡也。

孺人全州李氏墓誌

參奉牛峰李公之文之配曰孺人全州李氏。公墓在高陽香洞，而公之考司議諱諶、祖禮曹判書諱承健葬於全義縣西。孺人實從其兆，鄕人至今稱爲小主墳。

蓋孺人讓寧大君之玄孫，其考雞林正坦云。孺人之生，不可詳其年月，卒則先公以某年正月廿七日。無育，參奉公取弟副提學之信之子劼子之，劼贈議政府左贊成。參議有謙、大司憲翙、右議政翻、判書翊、判書晩成、觀察使晩堅，其子若孫、曾之顯者，餘不盡載。贊成公玄孫某官某謹誌。

高祖考贈贊成府君墓誌

公諱劼，字勤夫，觀察使諱之信之季子。妣晉州柳氏，參奉寅仝女，以嘉靖庚戌十一月廿四日生公。五歲解作字，九歲通簡札。性孝友，伯兄嘗墜傷躬，自扶護三旬不離側，觀察公之疾也，涕泣祈于天，尋瘳，觀察公嘉之曰："此汝誠所感也。"及喪哀毁幾滅性。伯父參奉公無嗣，取公養于家，事之一如觀察公。參奉公有婢妾，畜其弟女，嫁時厚資之，皆取參奉公家者，公不少介意，其處貨利蓋類此。

爲學博問强記，而不閑科臼，晩以母命赴科擧，輒見屈。與鳴谷李公山甫爲忘年交，李公常盛稱公才局。壬辰之亂，公聚鄕兵謀擊賊，賊猝至，公殿後，中流丸卒，時五月八日也。配韓山李氏，公潞女，牧隱之後。生五男，有容、有敬出爲人後、有光、有誠無後、有謙。

公天姿粹美，去華務實，絶無綺紈習氣。雖不刻意於性理之學，至性馴行，暗合古人。奉先祀以誠，接賓友以和，撫僮僕以慈，家內率化，閨門肅然。以公之德不得發揮事業，卒乃夭於非命，嗚呼痛哉！孤有謙謹書。

右吾曾王考所撰家狀，縡敢約其文，用成幽堂之誌，而公卒後九十六年，贈左贊成，以孫翻貴。先系後承，別錄下方。李氏出牛峰，自麗侍中公靖七傳，至吉培本朝觀察使。觀察之孫諱承健判書，是生司議諱諶，司議男參奉之文居長，而觀察公季也。有謙參議，質行醇德，爲世名臣。有五男，翽都正、翃贈持平，皆以孝旌閭，翃出后有敬，翔大司憲，出后有誠，翻右議政，翊判書。側出男翬進士、習、翯進士。翔繼子晚慶。翻三男，晚昌進士，贈參判，卽縡先君，晚成判書，爲翃后，晚堅觀察使，爲翽后。翊庶子晚達。翬男晚徵別提、晚膺、晚增主簿。晚成男絿進士壯元、佐郎。晚堅男綬、維。晚慶男紳、縯奉事、絢監役。晚達男綰奉事。外出不盡記。我李蓋自參議公以后益大顯，豈非公積德餘庥之所自也？玄孫弘文館副提學縡謹誌。

從曾大父贈參判府君墓誌

公諱有敬，字而直，牛峰人。我李咸祖麗侍中公靖，本朝都觀察使吉培始著。觀察生監察圻，監察兩男承寧成均館大司成、承健禮曹判書。判書之孫曰副提學諱之信，是生諱劼，贈議政府左贊成，於公爲考。韓山李氏，牧隱孫公潞之女，其妣也。副學公從兄三友堂先生之忠之子悉出繼爲大司成後，早夭無嗣，取公子之。公娶居昌愼氏，佐郎在女，又無嗣。公兄弟五人，於序居二，而最季諱有謙參議，以儒學名世，命其仲子翊後公。

翊丙子之難，與其婦吳氏殉節江都，特贈司憲府持平，旌之曰孝子烈女之門。弟議政公翻以仲子晩成爲其後，文科壯元、判書，於是贈公吏曹參判，夫人從贈如例。公之後屢絶屢續，至判書公有一子絿，進士壯元、佐郞。公嘗僑居全義，後還高陽，崇禎庚午四月四日卒，夫人之卒，以丁丑三月五日。葬于高陽香洞坐丑之原，與夫人同塋異墳。判書公嘗欲誌幽而未及就，絿克紹先志屬縡，爲識如右云。

祖妣貞敬夫人慶州朴氏墓誌

貞敬夫人慶州朴氏，右議政牛峰李公諱翻之繼配[1]也。議政公三世曰弘文館副提學之信、贈議政府左贊成劼、戶曹參議·贈領議政有謙，外祖處士坡平尹公弘裕。夫人之考世英通德郞，祖大頥世子翊衛司洗馬，曾祖弘美承政院左承旨。妣全州李氏，司藝晩吉之女。夫人以崇禎乙巳七月廿七日生，丙寅歸于議政公。議政公時判兵曹，翌年入相，夫人由貞夫人進封貞敬夫人。戊辰，議政公卒，後三十歲丁酉夫人卒，卒之日五月十六，葬于龍仁泉谷議政公墓之右崗。

議政公元配[2]，羅州朴氏。凡三男，縡先君贈參判晩昌

1 配 : 底本에는 "妃". 일반적인 용례에 근거하여 수정.

蚤卒，次晚成，次晚堅。晚成丙子庭試壯元，晚堅己卯及第，又三歲縡擢第，夫人備有隆養二十餘年。卒時晚成吏曹判書，晚堅觀察使，縡副提學，一世榮之。夫人一婿士人吳履周夭死，夫人痛甚，夫人卒後一歲女又歿，嗚呼，何其酷也？

夫人淑哲莊惠，治梱井井有法度。始入門，議政公指吾母曰："吾婦女士，君可師之。"吾母至誠事夫人，夫人甚敬重，終身不衰，得一味輒先及吾母而後食。遇諸孫恩愛至，見者不知其異，於是人益信議政公之敎行于家，而夫人之德其享尊榮也固宜。吳孺人二女，歸李養重、權震應。縡一男濟遠。

從祖孝子贈持平府君墓誌

崇禎丁丑正月二十四日，吾叔祖諱翊、字和仲，與其夫人同福吳氏死於江都之難。朝廷表其門曰孝子曰烈婦，贈公司憲府持平。縡嘗讀公遺事，參議公命公曰："吾則死矣，兒書生不必死。"公跪對曰："父死於國，子死於親，婦死於夫，各其職耳，捨此何求？"又答傍人，有曰："天地鬼神，昭布森列，吾供吾職而已，外人知不知，又何問也？此正撑天地亘古今，不可滅底義理。"公時年二十三，嗚呼，何其烈也？

2 配：底本에는 "妃". 일반적인 용례에 근거하여 수정.

公與伯氏翮翼蔽尹夫人，伯死而生，尹夫人、參議公卒無恙。吾祖議政府君童年陷虜陣，公執手訣，手書譜系以與之，府君顚沛不失，終身執之以泣。其字畫精整如平日，又何其從容也？

公早通詩書，慷慨勵名節。嘗居所後考憂，婦病且死，不肯一見，死而始哭之。貌溫而志確，寡言語重信義，有重名士友間。公死後兄弟四人皆貴顯，人爲公益悼其不幸。然公死而脫父母於死，又能培植根基，張大門戶者，公之力也，又況其風聲義烈凜然百世猶生者耶？

吳氏，參判百齡之女也。公女子子曰淑貞，鞠於外氏，其祖沈正郞惕抗節死，女八歲亦罵虜赴火死。議政府君命仲子晩成爲公後，文科、吏曹判書，有忠直大節，死於壬寅士禍。其嗣絿進士壯元、正郞，亦以孝死，朝廷復表其門，若公可謂有子有孫矣。絿死而公嗣又絶，使公祀之，其賢於不肖而有者耶！抑天豈終使公不祀也？絿未死，屬縡誌公墓，今不忍負其言，而愼獨文敬先生旣爲公作碣文，玆不復詳，特致其感慨景仰之志如此云。

從祖打愚先生墓誌

先生諱翔，字雲擧，號打愚。我李出牛峰，其見於譜者，自高麗侍中公靖始，本朝觀察使諱吉培、判書諱承健、副提學諱之信最顯。副學府君生諱劼，贈左贊成，是生諱有誠，贈參判。其季諱有謙，起遺逸，卒官戶曹參議，贈領議政，質行醇德，矜式士林。配坡平尹氏，處士弘裕女，先生其第三子，而出爲參判公後。先生以萬曆庚申七月二十七日生，幼而岐嶷有器度，稍長擩染庭訓，已能留意經學，而旁通書史。文辭滂沛，詞苑鉅公稱以大手。牧使李公聖淵有藻識，見先生歎曰"偉人也"，以女歸之。

丁丑之難，先生仲兄贈持平翊及伯仲二嫂一時殉節，尹夫人自赴火僅甦，先生適在他所得免。自是以後，先生痛天地飜覆，無當世意。上書議政府君以爲爲士者不可復就公車，議政府君義而許之。

議政府君嘗師金文元先生，先生歿，其胤子文敬先生嗣爲道學正嫡，先生負笈從之，受性理群書，見解精深，操守敦固，文敬先生深期許之。旣又從遊於二宋先生，二先生以文元門人，仍師事文敬，故遇先生以同門友，而先生則執弟子禮益恭，終身嚮慕不衰。

先生世居高陽之花田里，中歲卜築全義縣北。先生謂學問不可全靠師友，靜居一室，極意探賾，而於《大學》用力尤至，以爲一生受用之基本。踐履旣篤，聲聞日播，遠近學者多從之者。先生素心謙冲，不以師道自居，而又未嘗不竭心以告也。

孝廟戊戌，二宋先生在朝，方搜羅賢俊，先生以世子侍講院諮議被徵，累辭不獲，翼年應命。時顯廟在東宮，先生至誠開導，其論經義大要，以身心體驗爲主。顯廟嘗以先生所陳白者，問于同春，同春對曰："諮議說俱是也。"仍出語人曰:“輔翼之任,可謂得其人矣。”

以女婚乞暇不許,陳章徑歸得遞。是歲五月孝廟賓天,先生赴哭,乞行文敬先生所定君臣服制,疏再上輒見格。時有投匭詆二先生者,先生亦不自安退歸,別諭敦召,秋赴方中。上聞其至,給食物,先生黽勉留京邸。上有疾,罕御經筵,先生疏請頻接儒臣,質問經史,且以一思慮、肅容氣、懲忿、窒慾之說獻焉。未幾上召見曰:“予每念前事,欲一見叙懷矣,勿復還歸,補予不逮。”先生拜謝,復申前疏之請,上曰:“若不思退,予當用爾言。”拜宗簿寺主簿,尋遷工曹佐郎。屢入筵席,啓益弘多,又上疏陳振紀綱之道,而以人主進學爲本,仍論諸宮家折受之弊,上批褒以藥石之言。

尹善道託禮論構誣二先生,上火其疏而投畀。權諰伸救,被劾出城,上欲別諭留諰,而怒承宣之不卽承命,將鞫之,三司請收還,又降嚴教。先生上疏論善道、諰之罪,仍言“殿下不能不動於其恐動熒惑之說,至欲鉗制政院、三司之口,使不敢言,是則殿下已墮於二人之術矣”,賜優批。以聾病辭侍講,上曰:“爾雖不聞予言,爾言,予則聞之,勿生遐心。”辛丑,拜司憲府持平,以親嫌免。是後屢除輒辭,間陳時事六條,上開納。

壬寅,爲扶餘縣監,首毀邑之淫祠,宿弊如洗,寬仁淸愼,闔境頌德。翼年丁議政府君憂,服除拜工曹正郎。上幸溫泉,知先生在近地,特命宣諭,先生感激赴召,面諭勤諄。三爲持平,皆不赴。因天災上疏,乞倣桑林故事,以十責責己,有勤懇切實之褒。戊申,拜進善。會上復幸溫泉,先生進謁，賜食物，且給馹使隨後，辭以疾。上以東宮疾患，欲疾驅而還，先生引袁盎語以諫。翼年又承命詣溫宮，陞掌令。應旨陳數千言，其目則明聖學、嚴宮禁、得人才、辨邪正、振紀綱、崇節儉、恤民隱。

壬子，陞執義，別諭敦召。時同春疏斥倖相積，援李泌言盧杞事，上斥之以伐異。先生亟草疏力諫，以爲“臣素知積之爲人，不過斗筲器耳。輕佻跳踉，本非吉士；機辯巧黠，自是憸人。若授以有司之任，不無一長可取，而假之以廊廟之權，豈其無菑害之幷至？既以積爲相，又欲宋時烈之同朝，是何異於雜薰蕕、冰炭於一器之中，欲其光潔而不汙也？積內交戚里、宦寺，外交朝士大夫，下交市井，上媚君上，故虛譽隆洽，以致許忠臣之說遍滿內外。殿下只聞其賢，不聞其惡，倚重如伊、呂、周、召者，良以此也。噫！昔在先朝，宋浚吉嘗主激揚之論，其時賊點之惡，猶未表著，靖社之勳，亦非積之比，而孝廟俯從公議。又嘗言於筵中曰‘予見浚吉，若對芝蘭’，可想其眷重之意矣。殿下禮遇之盛，亦終始不替，而何故因此斥一倿臣之事，反有伐異之疑耶？臣恐殿下之平日待儒臣，初非出於誠意也。”疏入，上震怒，命削奪先生職，兩司請反汗，至百餘啓。相臣金公壽恒亦言宜以明廟所以處曹植、先朝所以待安邦俊者爲法，而上意終不解。

肅宗乙卯，積黨以禮論網打士林，尤菴栫棘南荒，同春亦被追謫，而先生竄寧海。賊鐫少有盛名，先生嘗委訪焉，見其目視不端曰：“此不吉人也。”不復來往。鐫銜之，至是鏞得志而先生竄焉。

庚申，積子堅謀逆事覺誅，鏞亦伏法，善類彙征，於是先生宥還。上用張曲江故事，命祭同春墓，又特叙先生，别諭促召，以其先論積事也。尋拜濟用監正，自是召旨連降，皆辭。翼年上疏陳正君心正朝廷之說，而以天叙、天秩、天命、天討四者爲目。

又應旨進言曰："當今之事，何其與宋朝不幸而同也？頃年群小所謂誤禮者，同於指程、朱爲僞學；其欲網打士類者，又同於章、蔡、侂胄之所爲；趙絅之配廟庭，又同於安石之配文廟，而至如當路諸臣將欲收拾亂逆之餘徒，以爲調停之論者，其爲謬計有甚於范、呂諸賢兼收異趣之失。朝紳間自相攻擊，又豈不有似於川、朔諸賢之分朋相攻，而不悟元豐大臣之含怨伺隙者耶？朱子嘗言'雖擧朝皆君子，而但有一二小人襍於百執事之間，亦足爲害'，又以嘉祐、元豐之幷用爲非。臣以爲苟無明道力量，而欲與元豐大臣同事，則鮮不淪入於章、蔡之流，莫若遵守朱子規模之爲嚴明正大也。"上幷嘉納。

拜執義，别諭。十月爲參仁敬王后國祥，到城外再辭，許之，令安意出入筵席。拜成均館司業，承命入侍，上面諭曰："累煩徵召，莫回遐心，中夜以思，只切耿歎，今幸上來。年雖高而筋力不衰，毋懷長往之意。"先生起謝，仍陳戒願以實心行實政。上曰："斯言誠切至矣。"旋引疾歸。

壬戌，又别諭。無何特除刑曹參議，先生上疏請收資級，附陳修德弭災、安民節用之道，優批開納。時上招賢益勤，而以先生因職名不安，特許遞，以軍銜召。翼年春赴朝，命除肅謝，參講席，又命直宿，日賜對，有玉圈、貂帽、食物之賜。尋疏論民瘼，以立聖志恢公道爲要，且於筵中以篤志勤學、收拾人才之說進，皆蒙嘉奬。

拜兵曹參知，近臣有言宿衛劇地，非所以待賢者，移戶曹參議。已而先生因微事自引徑歸，且附存心養性之戒，上謂儒臣去就，關國家興替，遣史官使偕來，先生惶恐一入應命而退。七月擢漢城府右尹陞左尹。是冬上患痘，先生來問起居，將歸，以進聖學革舊習勉戒。明聖大妃之喪又赴哭，旋移疾累辭益懇，許之。

甲子，尤菴門人尹拯反其師，外存師生之禮，而潛與人書誣毁之。事發先生聞之，駭歎曰："此世道之變也。"卽移書告絶，就其書語而痛辨之曰："竊嘗謂劈畫義利，一劍兩段，函丈之外，未有其人。若誚以過重則似矣，謂之義利雙行，則何異於誣夷爲跖？至於制行處事，一遵朱門成法，若謂之王霸幷用，則晦翁當分其咎矣。嘗見函丈於士友間，稍涉機關權數，輒痛斥之。如使函丈少用機關，則曷嘗爲宵人之所誣而有嶺海之行哉？夫弟子之於師，旣有無犯之義，則以夫子爲迂者，亦不見其爲是。若使子路不質於夫子而言之於人，則豈非聖門之罪人哉？且師與父，固事之如一，而如有不共戴天之怨，則亦當於其間，權輕重而處之。左右則不知有何可怨之端耶？今雖以墓文之未盡爲憾，然究其所以，實三代以下相傳之直道。其不敢效流俗之阿好者如此，豈不增光於先丈平日自處之道，而乃反誣辱之至此耶？

一自此書之出，向之醜正者，莫不扼腕而生氣，孰謂左右乃爲衆邪之嚆矢也？”

尋又於論事疏中，微及其事曰：“朱子嘗論元祐事，以爲‘徒知異己者之非君子，而不知同己者之未必非小人，故患生於腹心之間，卒以助成仇敵之勢，其失在於分別之未精’。臣嘗以是語觀今之事，同己中之分黨，自能助仇敵之勢。通用邪正之論，又必至於邪類偏勝，此皆已往之覆轍也。若欲如朱子所謂分別之道，則必須於士類之中，分別其孰爲君子、孰爲小人，退小人而進君子，則國事其庶幾乎！噫！向來奸凶之禍，幾至不測，幸賴殿下神明，快睹廓清之慶，而今日臣子乃於其中，又復橫生異議，別立色目，自陷於偏邪之罪者，何哉？豈以陰陽二氣，大分雖判，而陽中之陰，自不能無耶！夫陰陽黑白，昭然易見，而陽中之陰，微眇難知，故君子中之小人，似是而非，似正而邪。此爲陰病裏證，尤足可畏，冥冥禍機，畢竟如何？苟非至明，無以察其幾；非至健，無以致其決。此臣所以以陰消陽長之道，望於殿下者也。前是群小之不悅於尤菴者，非一朝一夕，敢怒而不敢言，及拯之倒戈而攻之也，舉皆靡然應之，仍與積、鑴餘黨打成一片，氣勢日盛。”先生之書與疏出，而無不怒目切齒，人謂大禍立至，而先生則逌然不顧也。屢拜大司憲，上封事者二，極論朝論橫潰、民生倒懸之狀。

丙寅，因別諭復陳節省保民之策。翼年，又促召不赴，獻收心省身之戒。及羅良佐之醜辱尤菴也，先生又痛辨之。上批：“今觀卿疏，良佐誣罔之態，有難自掩也。”戊辰，下諭特召，拜吏曹參判，屢辭而免。莊懿王后之喪，先生奔哭而還，上遣近侍勉留而不能及。湖西有弑父烝母之變，人情同憤，而聽獄者皆緩治。先生以爲事關風教，於辭疏略及刑政解紐之失。拯黨常欲陰中，而未得其便。至是使其徒之爲道臣者密誘諸囚，恣意粧撰，悉翻舊案。而以烝母之獄，歸之於先生之證成，以快其禍心。先生陳疏竢罪，上優批慰諭。旣而朴泰萬以修撰投疏誣捏，指先生爲用意誣人，先生遂被譴罪，正言朴泰淳又從而下石。

己巳春，積、鑴餘孽復當國，構先生益急，遂至對吏。禍作，先生姪子晩成疾往省之，時夜過半，先生已起坐誦《中庸》，聞報無幾微見色。將登途，顧諸生曰："君輩無以吾爲戒而怠於學道也。"群小百計鍛錬，終不得可以罪先生者，而又不欲全釋，經歲遷就，竟以庚午正月十九日卒於獄中，壽七十一。先生旣歿，凶黨又鉤致先生二庶子、一門生、一奴，皆死於桁楊之下，噫嘻亦甚矣！

後乙亥，校理閔公鎭厚，於筵中爲先生白其寃，特命復官，宰臣朴泰尚又掇拾泰萬、泰淳餘論，而構陷之，成命旋格。十數年間，朝紳章甫多爲之訟寃，丁酉，上幸溫宮，全湖多士又上章請伸雪。上俯詢諸臣，左相金公昌集等畢暴先生被誣狀，上意始釋然，教曰："前後經席，屢見斯人，斯人而豈有是事？"命還其爵秩，特遣禮官致祭。及肅廟昇遐，士禍大起，先生又被追削。乙巳今上初元，復復官賜祭，公論至是而大定矣。

李夫人，韓山大姓，牧隱之後，慈仁溫順，牧使公嘗稱其無一點人慾。及歸先生，事舅姑盡道，奉祭祀盡誠，以至撫庶出待僕御，曲有恩意，親戚、鄕黨皆稱其賢。禍故之日，晝夜叫號，只願速死，乃以練之前一日終，人皆異之。先生始葬楊根，及夫人之喪，移卜故第之北而合封焉。

夫人有六女無男，先生歿後以族子晩慶爲後。女適縣監宋炳文、申徵華、都事吳遂大、主簿金恒壽、申鎭、參判洪禹傳。側出晩初、晩顯卽死於禍者，女爲洪鼎叙妻。晩慶三男一女，紳、縯奉事、絢直長，壻鄭觀周。宋繼子堯卿都正，申繼子魯校理，金男鐵根生員、璞根，申繼子思億，女柳淵，洪男啓祿、啓禧正言，女李淹。晩初男緻，晩顯繼子緯僉知，洪鼎叙子鏶。曾孫曰濟厚、濟弘、濟夏、濟明、濟寬、濟大。

先生沈深和厚，樸直果確，平居無疾言遽色，充養有道，德器渾成。緯嘗屢侍床下，每見其瞑目堅坐，終日如泥塑人。時先生年幾七十矣，雖於幼少時，亦知其爲儼然大人氣象也。其爲學，專務實地，不事口耳，講討則必以體行爲歸宿，持守則常以間斷爲深戒。自少至老，無寒暑晨夜，未嘗頃刻廢書，古人所謂眞實心地刻苦工夫者，先生蓋有焉。顧其平生講說文字，俱佚於禍故，無可以徵考。以得於其門人愼公後尹者，則先生嘗語學子曰："今之學者，動必曰求諸身心，而不免有差者，窮格之工未至也。苟窮格未至，則所認多謬，認是爲非，認非爲是，認善爲惡，認惡爲善，心何由得正？身何由得修？此聖賢所以貴於窮理也。然若必盡博天下之文，盡明天下之善，然後欲約禮誠身，則其將何時可行哉? 此又聖賢所以貴於知行並進也。然又或涵養不深而徒求之於文字, 則心地躁擾, 不得其定靜, 學識茫昧, 亦無由光明, 此學者之通患。故程子曰'涵養須用敬, 進學則在致知', 此可見涵養之常先於窮理也。夫敬所以成始成終, 不但用之於涵養而已。《大學》之三綱·八條、《中庸》之九經·三德, 能敬則行, 不敬則廢, 大哉, 敬之爲用也!" 於此可以見先生自修敎人之大致, 其門路之正蓋如此。

居家則孝友深至, 生事死祭, 咸盡其禮, 每以昆季離居爲恨, 會則一席湛樂, 和氣融洽。閨門之內, 斬斬有法, 肅若朝廷。事君則忠愛懃懇, 其聞君德、朝廷之闕失, 輒忼慨憂懣, 殆忘寢食。在朝不滿數歲, 而感激恩遇, 知無不言, 前後章奏, 必以勤聖學、正王道、正人心爲先務, 而於陰陽消長之幾, 尤致意焉。蓋先生嚴於嫉惡, 見有不義之人、非理之事, 必深惡而痛絶之, 鄕人善者說之, 不善者怨之。至當邪正之分、義理之辨, 則一刀割斷, 毅然有賁、育難奪之勇。是以遇事自信, 直道而行, 雖屢經危禍, 而九死靡悔, 其天性然也。

常篤信尤菴, 志氣相契, 言論一致, 世之故爲歧貳別立門戶者, 先生深非之。又自禮訟以來, 人知爲大禍根柢, 稍欲自踈, 獨先生不以死生禍福而貳其志, 以至一時進退去就, 靡不與同, 流俗往往譏誚, 而亦不之恤。及其變出門墻, 首先斥絶, 以盡鳴鼓之義, 衆怒如火, 勢甚燎原, 此先生受禍之由也。

先生末年所遭, 亦是嫉惡一事。彼誣辱之言, 言之汚口，非有識之所可道，而爲先生寃之者，亦或以先生爲不當言而言。噫！天下之惡一也，人人皆得以誅之，況身被禮遇，職當正俗，本無不可言之義。且使方伯、守宰無緩獄之失，先生亦何必言也？群小急於構陷先生，使天地所不容之惡，得以假息，而先生則瘐死，嗚呼！天下寧有是耶？又或咎先生以不量時勢，自速世禍，是亦有不然者。先生目下久已無禍福二字矣，時勢非所可論，秪是嫉惡之腸，欲以此爲扶倫之一端耳，畢竟群小之巧捏醜誣，豈先生之所可逆料也哉？先生既積忤鑴、拯之徒，又巧値龍蛇之運，雖無此一事，其必不免，而其坐此而危辱者，特命之窮矣。此又可傷，而議者猶欲就其間論得失，不亦傎乎？尤菴與人書論此事，以爲只出於嫉惡正俗，惟此一言，足爲斷案矣。

嗚呼！先生之一榮一辱一詘一信，而世道之變無窮，良可於邑，而先生斥積之疏、絶拯之書，忠義奮發，讀之令人膽激而髮竪，雖千百代之下，可見其爲磊磊落落君子人也。縡又讀先生封事，其再引元祐、紹聖間事以爲戒者，其言痛切，深中今日之病，使先生生於今，又將不免矣。是蓋考亭正法，尤翁與先生所共死守而不變者也，後之人又不可不知也。縡故於先生事行，不暇悉錄，而獨於其信道守正之義，特致詳焉，豈亦衰世之意歟！遂書此以納諸幽，且以諗諸來許云。

先考墓誌

府君諱晩昌，字士夏。我李出牛峰，始祖公靖，高麗侍中，入國朝觀察使吉培以循良聞。其孫禮曹判書承健用直道忤燕山君，禍及身後。是生司議諱諶，生副提學諱之信，生贈左贊成諱劼，生諱有謙戶曹參議、贈領議政號晩悔，仁祖癸亥，起布衣除縣宰，德行經術，矜式士林。有五丈夫子，第四諱翻議政府右議政，孝友忠直，爲國藎臣，府君其長男也。妣羅州朴氏，僉中樞、贈判書諱濠之女，觀察使南郭東說之孫。

議政府君少從婦家，寓居湖南之扶安，府君以我孝宗五年甲午九月己亥，生于柳川村舍。學語便識字，受學於晩悔公，未十歲盡通經史，晩悔公奇愛之曰："大吾門者，必是兒也。"及長出遊場屋，屢屈曹偶，文名藹蔚。乙卯司馬，詩卷居上頭，而凶黨方得志，屈置第二等。庚申以後議政府君兄弟連處權要，門戶隆爀，而府君退然自守，不喜交遊，以至韎韐、象胥之徒，鮮或識其面者。

府君聰明絶人，看書十行俱下，最好《朱子綱目》，擧口成誦，人有叩其事實，則輒指之曰："此在某編某板。"罔或差失。爲文沈鬱紆餘，而長於駢儷，操筆立就，所作多膾炙人口。素性勤篤，終日閉戶，非讀書則寫書，未嘗斯須少怠。人謂朝暮且一第，榜出每譁然稱屈。

廣州新置留守，議政府君首膺是命，府君隨往，偶感疾卒於府舍，時甲子七月十七日也，年僅三十一，無知不知，莫不嗟惜。葬於龍仁寒泉，晩悔公墓之右崗。議政府君陳章乞越疆觀葬，上許之。

夫人驪興閔氏，後府君四十五年卒而合祔，別有誌，一男綍。綍娶海州吳氏，判書忠貞公斗寅女，無育。繼娶南陽洪氏，僉正禹賢女，男錫百，有雋才，八歲而夭，次濟遠文科、弘文館校理，女適參奉兪彦欽。濟遠子曰木曰禾，其餘男女皆幼。

府君天姿仁孝，無一毫違拂親意，和色婉容，左右服勤。議政府君語及府君，輒曰"吾孝子孝子"，人不間於其言。平生不折一方長、殺一昆蟲，議政府君喜曰"是與吾性合者"，以是遠近親黨咸愛而親之，雖在覯志之時，而德意已周洽矣。綍生而無乳，得遠方婢飼之，令其夫將子以歸。府君終夕惻然曰："食己子而飢人之子，豈仁人所可忍耶？"府君於物，泊然無所嗜，惟喜酒，而亦能溫克。與人交，襟懷坦蕩，絶無表襮，人謂不失赤子之心。而內實沈毅有識度，雖身在布素，而常以世道、生民爲心，且嚴於淑慝之辨。議政府君倚重之，每事與議，遇刑獄疑處，或令草其判辭，晨昏之助，蓋多有焉。

府君之弟判書晩成、觀察使晩堅接武榮塗，每相語以爲"如吾兄才德而不幸短折，吾輩乃忝竊至此耶"。及綍再擢高科，猥主文柄，人曰："非子之才，乃不食之報也。"肅廟己亥，贈府君吏曹參判，今上己未，加贈判書，以綍推恩也。綍五歲而府君見背，猶能記氣貌溫厚，而至如平昔可見之行，僅得於家庭遺聞，略加採摭，以納幽壙，昊天罔極。

先妣墓誌

我先妣驪興閔氏，驪陽府院君文貞公諱維重之女，妣曰恩城府夫人宋氏。文貞公德望才猷，爲世名臣，宋夫人和婉莊靜，婦德咸宜。夫人胚胎前光，生有異質，甫五歲，外翁同春先生作詩嘉之曰："父母敎訓早，聰明爾性然。"我祖考議政府君與文貞公爲金石交，約與爲昏，夫人十五而歸我門，有德有容，六親稱慶。尤菴先生之臨弔宋夫人喪也，見夫人動止有度，嘉歎不已，歸語其家人。

夫人久而無育，議政府君遲之曰："以吾婦之賢，幸而有男，豈非吾門之福也？"歲庚申不肖縡生，甲子先君子棄世，親黨以夫人剛決，或爲之過憂。文貞公曰："吾兒必不然也。"已而夫人自解曰："我有一稚孤，養育成就，俾奉先祀，是吾責耳，豈可爲過毁滅死之計哉？"於是饋奠之具，喪葬之需，無不躬[3]執。上奉下鞠，極其孝慈，內外宗族皆大悅。

及繼姑朴夫人入門，議政府君指夫人而言曰："吾婦女士也，君可師之。"越二歲議政府君卒，己巳之禍，仁顯王后遜于私第，夫人携家出寓於花田別業。縡幼而不勤學，夫人泣而謂曰："未亡人惟汝爲命，然有子不學，不如無子。"吾仲父歸樂公課讀甚嚴，雖痛加捶楚，而夫人一無嗟勞色。仲父嘗語此事曰："此婦人常情之所甚難者，惟於吾邱嫂見

3 躬 : 底本에는 "窮". 일반적인 용례에 근거하여 수정.

之。”夫人勤於紡績，自少至老，未嘗頃刻自逸。嘗手理木綿花，而以花朶爲筭，終夜勸讀，以綷愚魯而能有成立，實夫人與吾仲父之力也。及壼位重正，夫人復還漢師。綷時延賓友，與之讀書作文，夫人親爲之供饋而不知勞。

壬午，綷擢第，夫人喜且泣曰：“此乃翁不食之報也。”又曰：“非不喜汝之榮達，而爲貴人易，爲好人難，此吾所深憂也。”綷見世路險巇，少仕宦情，夫人亦謂之曰：“汝不喜與俗俯仰，意欲當官盡職，恐其不能容於世也。”及綷以王事連年奔奏西北，夫人以爲戚曰：“使汝不仕，可以相守以終吾餘日耶!”遂還寓郊廬。庚寅，綷以玉堂官上章陳情，乞依陳茂烈故事，上批“爾之情理，予甚矜憐，而終養之請，有難許副。將母上來，毋曠定省。”自後有除輒辭。雖召之以往役，亦不赴，間遭威譴而未嘗離膝下。

己亥，綷陞嘉善，先君子贈吏曹參判，夫人從授貞夫人。庚子，肅廟賓天，歸樂公罹壬寅士禍瘐歿，葬訖，綷奉夫人走入麟蹄。麟荒僻不堪居，而山水淸奇，前有飛鳳一岫縹緲。夫人每朝起，顧而喜之曰：“雲氣佳哉!”嘗雜蒔當歸、紫芝之屬，秋日手摘茄子，綷輒携筐而隨之，夫人以爲樂，雖菽水不給，而怡怡如也。

常以宗國爲憂，念念不忘。今上卽阼，有儒士疏論辛、壬事被撲死，夫人聞之，歎曰：“吾輩尙覬其復見天日，今則國事可知也。”未幾朝著乍淸，綷復蒙收召，陳辭不獲，居數月奉還郊廬。夫人臨歸，笑曰：“以汝出處言之，不必出峽，而老人來日無幾，但欲得見親戚耳。”綷以大提學屢勤敦迫，卒至黜削。或謂夫人曰："未可少勸其出耶?"夫人曰："吾豈薄富貴而不爲哉? 時勢旣無可爲，惟從渠所守耳。"丁未，朝象又大變，翼年逆亂作，縡奔問而歸。尋遭凶言，又入城胥命，夫人愀然曰："使汝名不盛位不高，豈有是耶?"於是縡益有退藏之意。

夫人之父母邱墓在驪州，夫人弟左議政鎭遠時謫原州，驪與原又接壤，遂奉而遷居於驪。夫人不怡曰："汝雖欲順適吾意，家廟隨我而來此地，吾甚不自安也。"命趣裝將復入麟峽，無何遘疾，卒於大居里寓舍。時戊申九月十九日也，享年七十三。靷還于寒泉先壟，以十一月十日，穿先君子墓而合封焉。

夫人肅哲仁惠，望之儼而卽之溫。篤於孝敬，其侍姑朴夫人疾，大小必親，誠意懇至。朴夫人素簡嚴，而病革顧謂夫人曰："吾且死矣，恨無以報吾婦恩也。"繼姑朴夫人亦敬重之，每事必咨，終身慈愛無間。繼姑有一女蚤寡，姑歿後女又歿，夫人取其二女育于家，以至成長，殆不知其無母也。其奉祭祀也，粢盛器皿，致其蠲潔，勿勿乎其或饗之，旣祭慨然如不及。每雞鳴起而盥櫛，理事井井，外內婢僕各從其事。遇之曲有恩意，時其飢寒，當食不一喚起。其或託疾，則曰："人之難强者病，吾寧受欺也。"通達事理，明晰是非，一家子女有過，必至誠開曉，聞者莫不感動。雖於歸寧之日亦然，諸婦女聞夫人來，輒相戒不敢放心。喜與親黨相會，每會情意藹然，下至疎遠，咸盡其愛，惟見其不是者，雖有饋亦不受。且有鑑識，其言善惡脩短，往往有中，以是親黨生子，皆願一經夫人品題焉。見人窮急，周恤如渴，隣居多貧族，常若食不下咽。至於賓客饋食之節，罔不盡心，而猶曰“得無不足否”。

資用常患匱乏，而平生不以一錢取息於人。身聯宮掖，而無一毫干求，仁顯王后嘗曰：“吾兄高士也。”中年患風疾，后遣女醫診視，遺防風通聖散數十貼曰：“於兄心，猶有所不安耶！”有賜衣一襲，夫人遺命附棺曰：“此亦於分過矣。”縡之婦吳氏蚤死無子，其兄海昌駙馬以其幼少所玩好珠貝之屬歸之曰：“留此以待其尸祀者也。”夫人謝遣之曰：“是皆出自宮禁，非匹庶家所宜有，況此物未必與福相隨，不敢留待未生之子孫也。”

縡嘗見趙子昂眞帖，愛而欲市之，夫人聞子昂本末，責之曰：“筆翰特一小技，何足爲寶？”縡惶恐卽還之。縡屛居以來，年少儒生多從遊者，夫人謂曰：“此吾少時見於外翁者，不謂於汝身見之。德薄而位尊，力小而任重，此古人之所懼也。”每晨夕喜聽講誦之聲，而又未嘗不蹴然以憂也。平居喜說分字曰：“人各思其本分，無或踰越，其庶幾也。”

縡事夫人五十年，竊覸夫人德懿純備，凡所訓戒，罔非森然法度之言。雖不肖無狀，未能奉承萬一，然其不至貪冒榮利辱先喪己者，惟夫人之敎是資爾。誠恐浸遠浸微，終於泯沒，以重其不孝之罪，姑錄其一二，以納諸幽。若我李世系及子孫，已具先君子誌中，玆不贅。

仲父判書歸樂堂府君墓誌

公諱晩成，字士秋，號歸樂堂。我李出牛峰，高麗侍中公靖之後。考諱翻議政府右議政，妣羅州朴氏，僉樞、贈判書濠之女，以崇禎己亥二月三十日生。議政公仲氏諱翊與繼室同福吳氏殉節江都，公出爲其後。

壬戌，進士。甲戌，除翼陵參奉，不就。丙子，庭試第一。成均館典籍、兵·吏曹郎、知製敎、司憲府持平·執義、司諫院正言·司諫、弘文館副校理·校理·應敎、侍講院文學·兼文學·輔德·兼輔德、濟用監正。甲申，承政院同副承旨，陞左副，兵、戶、吏、工參議，屢爲大司成。丙戌，同知義禁。自後遍貳諸曹，而爲亞銓最多，漢城府左尹、大司憲、行大司諫、都承旨、副提學、都摠府副摠管。庚寅，巡撫湖西。甲午，嘉義。丙申，由京畿觀察使擢刑曹判書，移判吏、禮曹，知樞、工書、判尹，再長兵曹，常兼經筵、春秋、同知成均、世子賓客等職。庚子，肅廟賓天，翼年公竄扶安，壬寅夏被逮，竟以八月十五日瘐卒。

公器度宏遠，神采燁然，孝友出天，敦睦婣恤孤窮。立朝毅然有不可奪之節，一以匡主德、張士論爲主。身有世道之責，而意未嘗不思退，顧以時勢危虞，畢義盡瘁，望重而禍隨，名全而身辱，公其如命何？惟不害吾剛大之氣，以順受其正而已。然以公仁厚忠信，卒嬰世患，天道何徵焉？嗚呼痛哉！

夫人安東金氏，領議政壽興之女，先公二十年歿。男絿進士壯元、正郎，女進士金星澤。後夫人延安金氏，奉事淵之女，有一女幼。庶壻尹勸。以十月八日葬于水原雙阜壬坐之原，元配祔焉。

小子於公，實有父師之恩，欲報罔極。今玆誌幽之文，不惟不忍書，亦不敢盡言，姑書大致，以徵來後云。

仲母贈貞敬夫人安東金氏墓誌

吾仲父吏曹判書諱晩成元配安東金氏，領議政忠翼公諱壽興之女，左議政淸陰文正先生諱尙憲之曾孫，府使南原尹衡覺之外孫。判書公之考曰右議政諱翻，妣曰羅州朴氏，僉樞、贈判書濠之女。議政府君仲兄贈持平諱翊與其夫人同福吳氏同日殉節江都，判書公以議政府君命爲其後。

夫人性聰慧，忠翼公甚愛之，年十五擇對歸于判書公。婉順得婦道，宗黨僕隷咸誦其慈。夫人少嬰疾，歲益沈痼，判書公晩卜姓，或有爲夫人慰者，則夫人正色曰："吾病不能理梱，夫子此擧亦晩矣。"待其人有恩。聞者曰："此恒情所難，而夫人獨能之哉!"妣尹夫人女中士，夫人幼而擩染，略通書史，叔從兄農巖公昌協、百淵子昌翕常稱賞之，故其見識若此。夫人生於崇禎己亥正月三日，卒以癸未五月九日。

判書公丙子壯元及第，夫人卒時官弘文應教，明歲擢承政院承旨，夫人贈淑夫人，又二載陞亞卿，從贈如例。壬寅士禍，判書公瘐逝，乙巳雪寃，贈左贊成，夫人亦加贈貞敬。

一男一女，女適進士金星澤，男絿進士壯元、正郎，有四女未字。壻之婿士人沈鳳仁、進士李命采。絿自罹禍故，走入窮山，卒抱痛以死，朝廷愍其孝，特贈執義，旌其門。我李世襲忠孝，而絿也能無忝，於夫人亦有光矣。然以我仲父厚德與夫人之慈而卒無嗣，此何天也？夫人始葬水原雙阜，判書公之喪，穿其左而祔之。戊申，移窆龍仁泉洞，實議政府君墓左，用絿遺言也。

小子自幼事夫人，夫人視之如絿。絿今死矣，夫人之德之美，微小子誰知者？泣涕而爲之叙，以納諸幽。嗚呼可哀也已！

季父觀察使府君墓誌

公諱晩堅，字士冬。我李自麗侍中公靖七傳爲都觀察使吉培，始入本朝，其孫承健判書，判書之孫之信副提學，副學生諱劼贈贊成，於公爲曾祖。祖參議諱有謙、考右議政諱翻兩世以學行德業，大顯于世。妣羅州朴氏，僉樞贈判書濠之女。伯父都正諱翮取公爲嗣。

公生而秀穎，於序最少，父母鍾愛之。及長發憤力學，肅廟戊寅，賜柑泮宮，公魁多士，直赴翼年殿試，被史薦，因同薦人見枳遂已。由侍講院說書轉禮、兵郎，屢爲司諫院正言。有臺官論人而辱人父者，駁罷之，以正風習。市井子爲守宰數人悉汰之，官方稍肅。癸未，爲養監果川縣，以弘文館修撰召， 尋入吏曹爲佐郎、正郎， 歷副校理、校理、副應敎、應敎。 講院則兼司書、兼文學、輔德、兼輔德，諫院則獻納、司諫，司憲府執義，議政府舍人，軍資監正，常帶三字銜。爲獻納也，廷臣方議尊號，上執謙不許，公言"漢光武初却封禪之請，後不免勉從，願愼終如初"。爲校理也，有用情考試獲罪名義者，歲久復圖進用，公引義嚴斥，上始不納，而其人不果用。

癸巳， 因御容都監都廳勞陞通政， 掌隷院判決事，忠淸道觀察使，未赴而褫拜廣州府尹，入爲承政院同副承旨。丙申，以大諫抗疏痛辨斯文是非，請正李眞儒誣賢之罪，仍以喜怒失中陳戒，不省，及引避，語益切直。奸黨抉摘公疏語，構罪請罷，上不從。秋以承旨出按江原道，踰歲，因本生繼母病革，陳懇疾歸。爲戶曹參議，尋丁憂。始公弱年，洊罹巨創，羸毁幾不全，及是不勝喪以卒，實丁酉六月十四日，去其生丙午五十二。

公慈良簡素，恭謹精詳，所後妣李夫人享大耋，公左右養，務適其意。奉先祀蠲潔致慤，寢苫之日，涕泣謂子弟曰："吾曠省家廟，汝須數灑埽也。"聞上疾日臻，又涕泣曰："恐吾不復覲天顔也。"其忠孝之根於天如此。友愛篤至，吾先君早世，語及輒嗚咽，嫠姊貧而無告，至誠存卹，諸甥歸之如其家。推而及於宗黨，下至僕隷，曲有恩意。與人交，一以誠悃，終身無甘壞。長於史學，手不釋《綱目》一部，喜論古今治亂得失，見識通透，往往有前人未發處。言議峻正，尤嚴於陰陽淑慝之別，前後所論，一以匡主德扶士林爲事。

難進易退，官位低回，人爲公遲之，而公則夷然也。有政事才，敏以莅之，明以斷之，論者謂爲隸院近世無及。未嘗以私怒刑一人，民之疾苦，人之情僞，洞悉無遺，以是吏服而民愛。果、廣之政，仁化藹然，至或樹碑追思。在原營時，幕裨請以商稅板爲大夫人具壽器，公不肯曰："此官物也。"都觀察墓久失其處，公之守廣，竭誠詢訪，褫歸後始得之。公有異夢，常曰："我死必葬此地。"卒如其言。

公娶漆原尹氏，觀察使嘉績之女。有二男四女，男綬、維，女適士人尹汲、元景厚，二未行。

始仲氏判書諱晚成暨不肖縡後先公登朝，一時幷列淸顯。公與判書公每存挹退，在野日多，課農治圃以爲樂。又或杖屨徜徉於湖海山澤之間，不肖輒隨其後，其樂可謂盛矣。公歿後五年，世道大變，判書公在謫，字公而歎曰："某不及見今日，吾始悲其亡，而今則羨也。"未幾竟遘禍，使公在者，亦不免矣。不肖伶仃於世，獨見家國非常之變，方將卷入窮山，而深恐公平日美行，日就泯沒，遂敢略抒一二，以爲幽堂之文，而於盛衰存沒之際，重爲之欷歔涕洟云爾。

公墓以戊申二月，移卜于竹山加里山下某坐之原，尹夫人始葬龍仁先兆，至是遷而祔焉。公之職秩，合有神道大碑，而事力不逮。誌文作後二十有二年，始克燔成以納諸幽。綬蔭縣令，維有文行蚤死，尹婿文科重試、大司成，元壻生員，二季女適士人洪梓、柳慤。尹夫人別有誌。

季母貞夫人漆原尹氏墓誌

貞夫人漆原尹氏者，吾季父觀察使諱晩堅之配也。父曰觀察使嘉績，祖曰司憲府掌令遇丁，外祖曰義禁府都事白川趙錫命，舅曰敦寧府都正翮，本生舅曰議政府右議政翻。

夫人以戊申五月十八日生，年十五歸于觀察公，婉順慈惠，舅姑甚愛之。自以介婦，於吾先妣，不敢敵耦，一如內則。及奔本生姑朴夫人喪，至誠號慟，觀者感其孝。吾先妣尸祀事，夫人爲之代勞，時當酷沍，手背皸裂。吾先妣常語此事曰："雖古所稱孝婦，何以加玆?"觀察公官達而家甚貧，所後姑李夫人年八十餘，躬執滫瀡，克致其養。李夫人四女每歸省，夫人坦懷待之，情意周洽，雖夕廚告乏，而亦不令知之。觀察公喜之曰："使吾諸姊妹歡然忘歸者，夫人之力也。"觀察公歷典州縣，而夫人未嘗以毫髮累其清德。

及觀察公卒，又値壬寅禍變，縡盡室入雪嶽山下，夫人孤居益窮約，書至多悲惻語。乙巳四月，縡自峽歸，則夫人已感疾，以是月十九日卒于花田郊舍。吾先妣未及還，以不復相見爲終身恨。

我李譜系及夫人子姓，已具觀察公誌中，玆不贅。夫人季子維嘗欲爲夫人別具誌，不及而死。余哀其志，且懼夫人德懿之湮沒，略叙其一二，以納諸幽云。

亡室贈貞夫人海州吳氏墓誌

三州李縡熙卿有室曰海州吳氏，判書、贈領議政忠貞公諱斗寅，貞敬夫人尙州黃氏，其考府使埏，夫人其季女也。舅曰贈吏曹參判諱晩昌，舅之考曰右議政諱翻，姑之考曰驪陽府院君文貞閔公諱維重。

夫人幼而明淑柔惠，忠貞公於諸子中鍾愛。余早孤，七歲議政府君與忠貞公約婚，越二年議政府君卒，又一年忠貞公受禍，夫人年十五始歸于余，語及先故，輒相對流涕。夫人生富貴，絶無驕惰意，奉我王母及母，愉色婉容，左右承適，不命退，不之私室，手操女工，未或自逸。吾家世崇儉，夫人又自以禍家子，被服淡泊。黃夫人嘗戲謂余曰："我女以王女爲兄，自幼擩染皆珍玩，而一未見有欲色，常怪其拙，宜其與君作對也。"夫人屢墮胎，一生女卽死，疾仍以欲，一日絶而甦，聞余至，作氣言曰："姑側無侍者，君子疾歸無留。"若夫人可謂死不忘孝者矣。

夫人之生崇禎己未九月八日，而卒於庚辰四月十九日，葬於參判府君墓下若而步。夫人卒後二歲，余始擢謁聖科，又五歲擢重試，癸巳爲成均館大司成，夫人從贈淑夫人，己亥由弘文館副提學進階嘉善大夫，加贈貞夫人。余繼娶南陽洪氏，有一男一女，男濟遠，女適士人兪彦欽。

余自哭夫人幾三十年，久而益悲，不獨爲夫人悲也。記昔己卯余連敗大小會圍，有不怡色，已而科獄發，夫人從容警余曰："得失，細事耳。彼無所不至者，何嘗不由於戚戚一念?”余瞿然稱服。嗚呼，何處復聞斯語? 余又嘗指嫁時屏曰:“安得似此山水，與君結屋，老於其間耶?”夫人忻然曰:“此吾志也。”余中罹變故，棲遑山澤間，使夫人在者，必將從之而無難色，亦何可及也? 余久擬作誌，悲不能文，余亦衰矣，愴涕而爲之叙如此。銘曰:

生不能事北堂兮，歸而從先人于岡兮。

嗟夫人無自傷兮，吾且與子偕藏兮。

殤兒壙誌

嗚呼! 此寒泉翁殤兒之壙也。翁娶吳忠貞公斗寅女，無育，繼配南陽洪氏，考曰僉正禹賢。兒以肅宗三十一年乙酉臘月壬辰生，名之曰春悅，以翁在春坊直廬聞喜故也，後又改名錫百。生而骨緊神清，英彩照人，寒圃李公健命一見奇之曰“是酷肖閔文貞公者”，閔文貞，翁之外翁也。不幸以壬辰五月七日死，甫八歲。

時已通書史若干卷，作詩往往有警發語，又於聲音清濁高下，不學而曉，自合律呂，其聰敏如此。與其弟天麟同時遘疫，麟幾殊而生，兒則死矣。麟旣冠而名曰濟遠，早擢第登玉堂，翁每謂曰:“汝伯賢於汝遠甚，而福力不及汝。且吾分溢，難於兩全，其如命何?”兒葬於高陽香洞先壟。

翁悲不能文，旣三十有二年，濟遠泣請爲誌，力疾書此以埋之。翁名縡，今爲議政府參贊，寒泉其所寓也。我牛峰之李世系載于副學府君大碑，玆不復書。

從弟婦孺人安東金氏墓誌

吾從弟維大心室曰孺人安東金氏，其父正郎時發，仙源文忠公尙容之玄孫，母李氏故相國頤命之女也。我祖考議政府君諱翻季子曰司諫院大司諫諱晩堅，出後其伯父都正諱翮，貞夫人漆原尹氏觀察使嘉績之女，實爲夫之考妣。

孺人生於豪富，性不喜紛華，於貨利泊如也。以大心好書籍，捐財營辦無難色，薄榮貴重名節，多有激厲丈夫語。余嘗謂孺人曰："吾弟素疏曠，異時突不黔、座常滿，子能堪之乎？"孺人俛而笑。去年春大心在湖遇難將北歸，孺人臨別逌然曰："賊至惟有一死。古來人失身，何嘗不由於畏死？"是後大心奔走靡室，未嘗一日安，常欲入山水深處，力田讀書，孺人蓋將欣然從之，嗚呼！今其死矣。

我李與金氏重姻，孺人六七歲，已穎秀有名，及笄歸吾門，退巽若無能。蓋其聰明絶人，觀書過目成誦，尤喜讀《小學·立教篇》、《三綱行實錄》、杜甫詩若而首，人鮮能知者。其識婦道甚，嘗聞李夫人女中士，其教豈有自歟？吾先妣有鑑識，嘗稱孺人無塵俗氣，大心眼大言高，於人寡許可，又非屑屑於情私者，而孺人死哭之甚哀，其賢可知已。

然而孺人之行，尤有卓然者。往壬寅李相國受禍，正郎公亦連累，被縶凡四年，孺人親杵舂以供獄，夜則露立禱天。

一日凶黨奏當大辟，時孺人諸父皆坐謫，正郎公又無男，孺人獨涕泣號哭，徒步至闕下，上書請代死。道遇一獄官，又遮車呼曰："願活吾父。"一市人咸咨嗟出涕。書雖不得上，禍少弛，正郎公竟得生。後五年孺人死，君子曰："孝哉！今之緹縈也。"孺人婉德多可書，而余於此特表揚之，以爲世之爲人子者勸焉。孺人生於乙酉四月三十日，死於己酉五月六日。自洪州葛山啓窆，某月某日葬于某山某原。有二女俱幼。

曾祖考小室昌原黃氏墓誌

龍仁縣東寒泉之洞，參議、贈領議政李公諱有謙衣履之藏，又東北而五里有谷曰廉退，其小室黃氏葬焉。黃系出昌原府院君石奇之後，高祖判書衡世宗朝名將，父悅以守闕衛將，死於丙子難。當難時獨能入家廟，負七主而行，避兵獲免，參議公聞其賢卜焉。

小心奉巾櫛，不肯爲子孫立産業。參議公卒，吾祖考議政公事之敬謹，雖異室，日往見，得一味輒曰："吾小母。"議政公、仲、季三人俱貴顯，戊辰以後禍故稠疊，每泣曰："吾老而不死，不幸見此。"後十年議政公兩男判書、觀察公復相繼登朝，則又泣曰："幸吾不死而見此。"

余幼而及見之，黃髮鮐背，目光猶炯炯。喜談吾家故事，歷歷可聽，常曰："仁孝恭儉，是李氏家風，宜爾子孫織而昌。”蓋其通古今識事理，往往有男子不及處。見飢寒者，怛然若在己，天性然也。戊寅十二月十一日卒，去其生萬曆戊午八十一。三子翬、習、翯皆先亡，長、季進士，女適尹撥亦進士。翬三男晚徵進士、別提，晚膺司果，晚增主簿，晚膺出後習。尹壻子健教、厚教、心教。曾玄不盡載。參議公曾孫某官縡誌。

庶從大父進士墓誌

公諱翬，字士章，我曾王考參議贈領議政諱有謙之側室子也。母黃氏，世宗朝名將衡之後，其父悅以衛將，死丙子難。公崇禎己卯，生於參議公淳昌任所，嫡母尹夫人愛之甚，公事之盡誠，及其喪，哀動傍人，尹判樞絅歎曰：“吾生九十，始見此人。”

己酉，中進士，自後不復攻舉業。吾祖考議政府君暨仲季都憲、尚書公一時隆顯，公常以盛滿爲憂，無毫髮干求，杜門斂迹，靺鞈駔儈之徒，罕識其面。居不蔽風雨，疏糲不給，而處之逌然，獨曰：“古人親極滋味，而吾不能可恨也。”累擬部、獄官，太學士南公龍翼辟製述官，則曰：“壬、丙之禍，南北皆吾讎，雖卑微，忍以斗祿而忘其先？”卒不就。己巳禍作，禁諸子不赴舉。聞時事輒悲咤，鬚髮盡白，及疾革，誦杜甫“不及見淸時”之詩，又長慟曰：“吾非怛化，奈老母何？”取潔衣加身曰：“皐復，禮之大者。”婦人入訣，麾之使出遂卒，癸酉十一月十八日也，葬龍仁泉洞。母後公十年卒，墓于廉退谷，戊子，公亦移窆其下。

室咸平李氏祔，府使輝陽之女。三男三女，男晩徵進士、別提，晩膺司果，晩增主簿，女僉使金命錫、趙泰斗、柳絅。晩膺生綽、紘、縕，綽後晩徵，紘進士。晩增側出綵、綝。金命錫六子，柳絅三子。

公質厚而器偉，志確而才周，特爲國制所縛，有蘊莫宣，往往忼慨，若不能忘懷者，而於門內循分無違，雖幼少，必加禮，與人恭謹。以亦足名窩以自遣，又不自鄙夷，遠財利愼行檢，尤嚴於男女之別，見不正若浼。嘗陷淤泥，遇潮而出，舁入村家，猶危坐不懈，以涉險忘危爲終身戒。手書《孟子》一通，遺子孫，又作家訓，中多格言，此可以觀公大略矣。

嗚呼惜哉！余童時荷公知奬甚深，今邱木已拱而余亦髮皤然矣，愴涕而爲之識，以納諸幽。我李世系具在泉洞大碑云。

庶從大父宣教郎墓誌

吾曾王考參議、贈領議政府君，諱有謙號晩悔，公其側室第二子也，名習，士重其字。母黃氏，衛將悅之女。

公廣顙巨鼻，容貌玉雪，觀者咸屬目。每日定省如禮，必適其寒溫。婦翁柳郡守屹然武人，嘗以好馬遺之，戲曰：

“迂儒，焉能善飼?”公甕然曰:“甘旨亦不能躬親，安用養馬爲哉?”柳益敬重之。性且喜學，方駸駸向進，不幸年二十二庚戌九月廿一日卒。母哭曰:“安得誠孝如吾兒者乎?”葬于高陽花田某向之原。

婦柳氏有淑行，公卒後自分下從，水漿不入口。願家於墓側，以供祭祀，父母憐而許之，未終喪而歿，遂祔焉。一女歸金鎭寧，早死無育，以兄子晩膺爲後。晩膺三男，綽、紘進士、縕，綽出繼，女爲宋炳箕、金德謙、金仁謙妻。

庶從大父進士墓誌

吾曾王考參議、贈領議政諱有謙庶男三人，公最季，名翯，士皓字。母黃，衛將悅女。

公四歲孤，長而語及輒悲泣。十歲能詩文，二十四進士。酷嗜太史公書，讀之往往舞蹈，傍及韓、柳、歐、蘇，不一釋手。於財利泊如，言論慷慨，見不善若浼，隣有澘屠者，登盤却不食。性甚拙，嘗爲能麽郎涕泣，父兄强之，一束帶見官長便褫。常願結茅雲水間，左右圖書花草，終老其中，又將力追古作者軌轍，　不幸年二十七丙寅六月廿二日卒。母哭曰:“何奪吾孝子?”高陽香洞，我李世葬地，公亦從葬。

室羅州朴氏，先公一年生，後二十九年歿而祔，父縣令世葹。一女進士張世吉。余夙慕公志行之潔，且傷其無後，略書睹聞以納諸幽云。

庶從叔別提墓誌

余自幼從別提叔遊，情好甚至，若不能頃刻離者然，叔之歿忽已十有七禩，而人事之變，有不可勝言者矣。我曾王考晚悔府君有庶子曰進士翬，叔其長子，名晩徵，可久字。

辛酉，進士。嘗爲鷹師，尋棄去。晩得天文學教授，遷司畜署別提，司畜舊無廨，肅廟輪對，面陳狀，特賜城南一區，其能職如此。以崇禎己亥四月二十八日生，歿於丙戌九月十九日。

叔長身美鬚眉，目瑩朗，慈良樂易，與之處，久益可愛。咳唾談笑，才致溢發。少工駢儷，卒無成。凡有憂愁無聊，一寓於詩，率意口呼，輒有警發語。往往裸體露頂，人或駭矚，而內實謹恭。忽又拊掌高叫，以泄其志氣，豈中有不平者存歟！聰明絶人，淹穿諸家，如星象堪輿之屬，雖不屑爲，而自能透悟。一日從容謂余曰："壬寅之歲，子有明夷之厄。不知世道如何，我則不及見矣。"及余竄伏窮峽，默念前言，鑿鑿符合，嗚呼，一何神也！

叔再娶，青松沈氏，某之女；光山金氏，沙溪文元先生之庶孫，皆無育，取其仲晩贋子綽子之。綽二男一女幼。進士公墓在龍仁廉退洞，叔葬其下。

記叔又嘗語余曰："我死子必銘我。"余視爲戲言，豈亦前知之一端耶！略叙平昔知見，以塞宿言，而感念存沒，重爲之涕洟云。

庶從叔主簿墓誌

吾叔晩增子能，壬寅士禍棄官歸。余是冬携家入峽，乙巳始還郊，子能先一年死矣。君之考進士公臨歿，詠"不及見淸時"之詩，翼年爲甲戌，嗚呼，一何相似也？進士公諱翬，我曾王考參議贈領議政諱有謙之庶子，室府使咸平李輝陽女。

君氣貌英發，當事縝密，赤手致財産，不苟求不妄與。攻擧業不利，由能麽郎爲司畜署別提，一新敝廨，職事以辦，轉南部主簿棄去，治屋種樹以自娛。舊要在銓，足不跡其門，語時事忼憤悲咤。七月八日卒，年五十，始葬屋後，後三歲移卜香洞先壟，距花郊數里。室原州元氏祔，察訪萬東女，一女洪重業。繼娶同知兪欑女，側出男綵、綝。余向爲君作郊舍八詠，期以終老嬉遊，君歿而乃志其墓，可哀也已。

族兄學生公墓誌

我李五世同居，同祖副提學之信，宗兄弟十數人，公序居二。仲父尙書公每稱曰："栗甫介潔。"栗甫公字，縝其諱也。公蚤孤，事母孝，啜菽飮水，常盡其歡。與人樂易無表襮，尤睦於宗族。窮居志不苟，惟力穡自給，見不善若浼。有薦者，不應曰："吾守吾拙。"常戒諸子以孝友。年五十五乙酉正月廿七日不勝喪卒。

高祖劭敦寧參奉，曾祖有恒有孝行，祖挺，考晩熙，妣新昌趙氏，重呂女。公葬于高陽唐山，去所居花田若而里。室豐川任氏，其考生員碘，端淑有婦德，後公幾年祔。三男濟重僉使、濟博、濟普，女適趙益壽。濟重男檍、楅。

余少從公日陪二父遊，情愛藹然。公歿僅二十年餘，而父兄宗黨凋喪幾盡，鄕里索莫，無復向來氣象矣，嗚呼可悲也已！濟普以狀乞銘，是能酷類公者。銘曰：

窮則易濫，貧則必求。吁嗟今之人，孰與兄儔？

再從兄奉事公墓誌

公諱績，字偉卿，後改縯字子升，以初字行。李出牛峰，副提學諱之信世居高陽之花田，於公爲五世。考諱晩慶，出後大司憲打愚先生諱翔，妣慶氏，監察翔龍女。

公自幼攻文詞，困于公車，四十二進士，又以策中高等，竟不第。庚辰，除獻陵參奉，母憂去。庚寅，復得孝陵，序陞司圃署奉事。辛卯七月十七日卒，年五十四。

公貌寢而氣溫，孝于親友于兄弟，杜門忍飢，不色戚，無一毫營求。喜誘掖後生，讀書聲音洪暢，村秀子弟多圜聽忘歸。於人無怨惡，日與宗族會怡怡也。爲圃官有疾薑食，署人進之，却不食曰："此公物也。"兩陵人至今誦其潔白。公娶順興安氏，克聲之女。三男濟夏、濟明、濟寬，女士人奉明教。濟夏男栻。

余以少弱弟，蒙公知愛甚，公歿幾二十年，余亦衰矣，深懼其志行湮沒，略叙此用識厥墓。墓在唐山，去花田數里而近。銘曰：

冰玉其心，蓬藋而居。嗚呼我兄，君子人歟！

再從兄直長公墓誌

公諱絢，字太素，牛峰人，高麗侍中公靖之後。本朝副提學諱之信始家於高陽之花田，於余及公，同爲五世，高祖諱劭敦寧府參奉，曾祖諱有恒、祖諱挺、考諱晩慶皆不仕。吾從祖打愚先生罹禍，臨逝，遺書以族子晩慶爲後，先生歿後，家人請于朝，上許之。

公以癸丑生，形貌端秀。幼時不喜與群兒遊，父母問其由，則曰"無益也"。以伯兄遘危疾，奔遑無暇，廢學殆六七年。既勝冠，發憤取《通鑑》書，終日夜伏而讀之，父母憂其生病，隣里罕覯其面，文辭大進。尋丁父憂，哀毁逾禮，服闋赴擧屢屈，以公好古不屑時樣也。公婦家南素饒，晩有子而幼，翁託公而歿，公養而敎之，及長悉取其家貲而歸之，人以爲難。及伯氏往尸打愚祀，公亦自贅居而會焉。

己亥，除繕工監監役，恪勤奉公，不以官卑而懈。辛丑，士禍大作，歸樂公南竄，打愚先生復還丹書，公卽棄官歸鄕。乙巳更化，先生伸雪復官，公亦牽復，由翼陵奉事遷顯陵直長。丁未，時象一變，公又罷。戊申，逆難奔問，亂定復還。己酉八月二十七日終于德山寓舍，返葬于全義馬山枕癸之原，去打愚墓幾十步。一男二女，男濟大方志學而病聾自廢，士人金英行、趙東師其壻。

公少時天姿固執，自信己見，不苟循人情，以是鮮與人合，晚更和厚。接人傾心倒情，不設表襮，下至傔隷之賤，無不得其歡心。自登仕籍以來，交遊甚廣，相遇款洽，獨於臭味不同者，去之若浼，其處鄉黨亦然。故公死之日，識公者皆曰："善人亡矣。"公勤苦爲文，亦足以成名，而竟失於公車。至於仕路通塞，時運所係，而天又不永其年，或者不食之報在於後承否歟？余自幼從公遊，相與長大，離合死生之恨，有不可勝言者。今於幽堂之文，攬涕而爲之叙，系以銘。銘曰：

嗚呼我兄！可謂善士。勤而無成，窮命攸使。
栖栖斗祿，亦坐運否。身後業家，厥有賢子。
仁厚之報，倘徵厥理。少弟作詩，用詔无止。

陶菴集

卷四十七

諡狀
行狀

諡狀

左議政北溪李公諡狀

公諱世白，字仲庚，號雩沙，又號北溪。李氏出龍仁，上祖吉卷，麗祖功臣，位太師。其後有曰中仁，駒城府院君，其子上渭開城留後，孫伯持資憲、觀察使，錄淸白吏，俱著于國初。節度使行儉、僕正績，繼以文武才顯。自僕正五傳至司諫院大司諫士慶，是生後淵，贈左贊成。贊成無嗣，以伯兄參議後天子挺岳爲後。挺岳，坡州牧使，贈領議政，孝友忠實，世趾厥美。夫人安東金氏，同中樞光燦女，以崇禎乙亥八月三日生公。

公幼而岐嶷，與群兒嬉，動止凝定。參議公常曰："是必大吾門。"議政公避虜亂于東南，公九歲始隨還京師，從季舅文谷金公壽恒學，又請業於童土尹公舜擧，咸期以國器。稍長文辭日進，丁酉進士。同春宋文正公時造朝，與諸公講學于太學，公挾冊問難，士望益重。

丙午，除義禁府都事。用洪公重普薦，陞義盈庫主簿，移戶曹佐郎。朝廷將設倉泰安，以便漕運，使公往視，所區畫一一中窾。出爲牙山縣監，議政公嘗爲是邑，公簡潔爲治，一循先矩。歲饑賙賑，民蒙其惠，瓜褫。乙卯，監洪川縣，是冬擢文科，時肅廟卽位之元年也。始公在泮中，與同志抗疏，斥嶺人之誣賢者。至是凶黨穢學宮，追削疏儒名，已仕者獲免，公恥之，卽日棄官歸，縣人立碑思之。

丁巳，除文兼宣傳官不就。是冬丁內艱，明年議政公又卒。辛酉，服闋，拜兵曹佐郎，移司憲府持平。時朝象更新，士類論議多乖張，公惡訐以爲直，不爲過激，然嚴於淑慝之別。右相李尙眞因疏決請釋閔熙，公執不可。趙持謙營護吳始壽，公劾褫之。復自兵郎遷司諫院正言，上憫旱詢訪諸臣，公陳恢公道革民弊數事。又言睦來善、金德遠罪重不宜收叙，退而論啓不已。褫拜兵曹正郎，還正言，以都廳郎參改修顯廟實錄。朝講入對，陳內奴婢怨苦狀，乞嚴飭內司，以絶侵擾，又請關東進供勿拘定限，隨時封進，以紓民弊，皆從之。遞拜持平，入玉堂爲修撰、副校理，還持平者三。移副修撰，論李袤、權大載減等量移之失，遷副校理，辟摠戎從事官。夏，上命禁近諸臣賦喜雨詩，公爲首，錫豹皮。太學士李公敏叙白褫公職，專任史役，歷成均館直講，還校理。

尤菴宋文正公纔造朝，因承旨李玄錫陰詆將徑歸，公入對請玄錫罪，仍陳盡誠召還之意。公前後侍講最多，嘗言："人才，國之楨幹，漢時擧人之法甚好，能致四百年治安。'十室之邑，必有忠信'，宜至誠搜訪，以裨治道。"仍又眷眷於愼終謹獨之戒。尤菴嘗白上曰："李某是金尙憲之外曾孫，學有淵源，宜令從容講說。"公音韻洪暢，討論精確，上每傾嚮焉。

癸亥元月，與同僚上箚，請體天進德，其要在於典學從諫，禮賢恤民，振紀綱、革奢侈。優批嘉獎。尤菴乞休退，上將許之，公入對力言其不可。尤菴請罷內需司，上不從，公從而陳戒。尋承命廉問湖西，敷奏纖悉，爲諸御史最。三月，以修史勞陞通政，臺諫以未準格請還收，上以積勩宜賞，久而始强從。爲吏曹佐郎兼中學漢學教授、校書館校理。時朝論益潰裂，公在銓，遏喜事人銓薦，塞最不靖者臺望，時輩多側目。陞掌樂院正，移執義。復由樂正移應教。七月擢承政院同副承旨，轉至右承旨，遞拜兵曹參知。

翼年春，由承旨出爲黃海道觀察使，政尙寬平，而嚴於黜陟。時有閑丁查括之命，一路繹騷，公狀聞曰："寧失千百閑丁，不可失民心。"遂寢。秩滿，付僉知中樞府事。相臣使燕還，備陳沿路民人借寇之願，命限秋仍任。公條列兵民宿弊十餘事。海西管餉，舊屬關西，因爲姦蠹藪，民困於橫斂，積累十年。公請令度支勾管，以蘇罷殘。此其大者。後來論觀察使賢者，公爲之先。

乙丑十月，遞還西樞。翼月特陞工曹參判。未及還，關西民犯禁，嘖言至朝廷，將逮治道臣，難其代，遂拜公平安道觀察使，便道疾赴。公在外久，益習邊事，理煩剸劇，恢若游刃。居一年以疾遞，民懷其德，繪像生祀之。由同中樞轉大司諫，尋遞拜同知義禁府事。拜兵曹參判，轉都承旨，遞拜刑曹參判、大司諫、大司憲。八月出爲廣州留守。留守兼守禦使，時久廢鍊兵，公首行夜操，公賞明罰，大得軍心。

戊辰，將使燕，廟堂重保障留之。其冬拜都承旨，翼年爲兵曹參判，俱以在外褫。又爲同義禁，時士禍大作，尤菴首被削黜，公方爲都承旨，上以緩於奉行，罷其職。旣而聖后遜位，文谷公受後命。公屛處楮子江，慷慨悲傷，如欲無生。

甲戌更化，卽拜都承旨，兼世子賓客、備局·濟用提調，尋擢拜漢城府判尹，兼宣惠、司僕提調，五月兼知義禁。閔黯、宗道之徒潛結希載，謀害坤宮，至是事發，黯賜死，希載當誅。領相南九萬拗引《周禮》八議不施刑，又以危言哄動之，力請枉法伸恩。公與判義禁申公汝哲入對爭之，言雖不用，士論多之。間爲知中樞、工曹判書。十一月移議政府右參贊，北使至，以儐接往還于關西。

始公自箕營遞歸，請設別科於本道，慰悅人心，中間格不行。公復申請得旨，至是廟堂令公仍留掌試，兼廣詢民瘼，實忌公在朝也。公悉心周度，隨事罷革。又請移轉惠廳粟萬餘石以賑饑，民益稱頌不衰。陞左參贊兼司宰提調，三月始還朝，兼同知經筵、承文提調，以寫進春宮冠禮敎書錫馬，移禮曹判書

夏因旱疏決，己巳凶黨多被宥，臺諫以權大運、鄭維岳事久爭論。公言："順人心而後，天意格，輕釋重罪，非所以應天。"上始允維岳啓。旱益甚，相臣申翼相請更招諸宰議，公獨引疾，臺諫又立異，會議不成。當路忿之，有請罪公不赴者，上不許。公孤立於朝，情迹愈不安。移右參贊兼都摠府都摠管，俄還禮曹。

十一月以節使赴燕，丙子春還，復拜禮書。世子嘉禮差提調，自左參贊移大司憲，復還參贊。九月擢判義禁府事，

爲戶曹判書。時國儲罄竭，又丁荒歲，公節用紓民力，克稱其職。翼年以疾辭，只解金吾，兼司譯提調，復判金吾，旋遞。

西土大饑，廟議將乞糴於燕，公於筵中力爭，以爲必有大難處。未幾慢書出而辱及國家，衆始服公先見。十月拜吏曹判書，又兼判義禁。公痛仕路溷淆，一洗私意，鑑別賢否，躁競息政理清。吳道一素貪權樂勢，朴泰淳、李師尚等嘗昵比己巳權凶，俱不容於淸議，附麗詆瀡，打成一片。及公入銓，一意激揚，衆憾益次骨。柳鳳瑞以校理入對言："泰淳、師尚以曾論金春澤之故，塞其清塗，春澤之父鎭龜擬除京尹，是銓官知有春澤，不知有君父也。"上震怒，特補大靜縣。又黜師尚于西邑。公上章陳列，上溫批慰諭，又痛斥鳳瑞縱恣之狀曰："擠陷異己，如見肺肝。"持平金致龍承道一意旨，疏救鳳瑞，斥公以偏係，公益䠥蹜，累違召，連章請急，皆不許，黽勉膺命。

戊寅，再過大政，皆予告。七月修撰趙大壽又以微事侵詆，公再控免，御批開釋，且曰："卿之勞苦，訖可畢矣。"人謂有大拜之意。時兩相皆引入，翼日問政院以特卜故例，以明、宣兩朝及當宁事對，御筆特拜公右議政。公夙負公輔望，制下朝野交慶，公懇辭。批曰："卿之才德，允協輔弼，簡在予心，公議僉同，何用撝謙至此？"工曹參判吳道一投疏言："相臣引入，一不敦勉，直下斜封，又不少審愼。"上盛引古例明之，出道一爲襄陽府使，俄命削黜。公累疏乞免，敦迫隆摯，至命承旨偕來，公感激拜恩。秋上謁健元、徽、崇三陵，因大臣言將遣官攝祭于崇陵，公箚請不攝而親，從之。

初倭人通貨，始用十成銀，中變爲八成。至是又請行六成，而雜以鍮銅，使一代官持標記來。公以爲不可輕許，僚相乘公在外遽許之。公上箚極言其弊，請追還行文，責令改書契，以審情僞而處之。上更下廟堂，領相柳尙運等引呇多不平語，公又論辨甚力曰："狡倭變詐百出，此擧已輕我矣，他日不知生出何弊。方今錢之爲害，萬口皆言，而遍一國，勢難遽革，六成一開，不數年必大行，其害殆甚於錢。臣恐奸弊生時，節節難了。"其後廟議牴牾，卒不能改，至今爲國中巨弊，識者恨焉。

兵曹判書李世華坐微事特罷，公爲言："世華樸率無他，大司馬職重，不當輕易退斥。"申奎疏請復魯山、愼妃位號，詢于百官。公議曰："禪代時事，當時村婦里童，曷嘗知君臣之義？而出於口發於聲，無非哀傷惻怛之意。一國人類，孰非光廟臣庶？而尙且如此，則聖祖本心，可以仰揣，而天理人心，亦自有不期然而然矣。今於崇奉之議，宜無異同，而玆事關係至重，有非臣子容易開口處。至若愼妃事，本非出於中廟之意，然當時固當請復，在後有所未安。宋朝郭、孟二后時，原父之議、伊川之言，實爲不可易之論，惟願深究義理，務歸至當。"上遂追上端宗號，於愼妃則更問諸臣，以稍加尊奉之道，修墓立祠，酌給祭需，且給守墓人。

時大疫，又承暉殿火，公面陳恐懼修省之意，仍言："奢侈之害，甚於天災，節儉宜自宮禁始。"上嘉納。判府事崔錫鼎有罪罷，比敘復，臺官追列前事，上謂之已甚。公進曰："誤事則罪之，事過則原之，不復著在心胸，此爲天地包荒之德。苟以是心推之，上下情志，自可流通，群下疇敢不仰體聖意？” 禮官言國子課試有人言， 請從今定相避法，公言：“不能正其本而創行新法，近於隨矢立的，不可輕議。” 進士洪重疇借書試卷事覺， 命詢拔榜當否， 左相崔錫鼎盛訟其寃，公獨言其可拔。沈埈、崔守慶以試卷違格削科，後累歲，校理尹星駿稱寃請復，下大臣議。公曰：“違格者，無論有情無情，法當拔去。不如是，無以嚴科體杜後弊。” 公於科法，一主嚴愼若此。

公嘗箚論銀錢利害，有曰：“方今錢益賤，銀益貴，賤使之貴，貴使之賤，理固然矣。但內外米布已竭，銀貨亦不免罄恥， 而又開象舌輩以錢償銀之路， 則將並與銀貨而枵然矣。” 後果如公言。左相崔錫鼎好紛更，進冊子，大略請改官名變科制等事。公獨主持重之論曰：“官名不正，宜若變通，而未知改名之後，能有補於實事耶？明經科規，亦不可輕變，以失遐裔儒生之望。” 事乃止。廟議務以小惠悅民，民習亦大變，公又白上曰：“前時田稅、大同，民皆知爲不可已之役， 今則退捧蠲減， 視若應行， 少遇歉歲， 輒希僥倖，守令間又優得移粟，以賭民譽，秋糴時先期遞去，其習尤可惡。” 上命嚴飭。

莊陵陵上坼二尺餘，公偕禮官往審修改，還言：“寧越淸泠浦，卽端宗避位處，宜別爲表識。” 議不一止。又奏“蠲本郡大同綿布，以償民勞。” 先是監試一、二所亂場，臺諫請並罷其榜，公獨引祖宗朝“罪在試官，罪試官；罪在擧子，罪擧子”之令，以鎭浮議，得不罷。至是又箚論矯弊之意曰：

"文正公金尚憲以憲長停乙亥罷榜之啓。又引避曰:'罷榜者，天下之所無，而我國之弊習，不但今榜不可罷，自今申明中朝舊例，勿開其路，使士心有定。'仁廟是之。至于今日，國綱人心，漸不古若，其弊將不可勝救，願留睿念。"上納之。

時有兪信一杖殺北儒之獄，以援證受訊者適年踰七十，正言李肇上疏，摭成群下不臣之罪，意欲敲撼公也。上嚴批遞其職，公控辭，上甚惡肇浮薄傾軋之，洞賜開釋。臺諫請收還遞肇之命，掌令李世奭停其論，領相柳尙運盛斥於朝班，世奭引避。尙運上疏陳卞，上下教曰:"國家置相，寧令崇獎喜事，扶植黨論哉?"遂罷尙運職。公深懷朱子上藍之憂，箚論其太過。

公患衄血猝劇，上命醫視，又頻使掖隸致御膳。庚辰正月，陞左議政，累請告不允。都堂圈弘文錄，公子宜顯與選，大提學吳道一素憾公，且料其黨數人不滿圈數，故不圈宜顯名，旋以被抄人少，力請盡抄落二點者。參坐諸人多如道一言，公正色不許，人比之李東皐浚慶故事云。

黃海監司尹世紀以濫刑殺人被遞覈實，公言:"方伯主一道風憲，不可罪以殺人。臺言且無指的，不當逐邑査問，以虧事體。"從之。吳道一新被重劾，而首相仍擬西銓長。吏參趙相愚以望單輪示諸相，公遭重憾不可否。右相申公琓問相愚曰:"左揆云何?"曰"云好"，申公强許之。公聞而駭之，箚陳:"兩銓薦擬至重，以大臣言傳於大臣，而所傳非所言，其爲弊將如何?"命重推相愚。

時吳道一、趙大壽爲試官，　與擧子兪世基潛通用情，其言微發於科獄推問時，　禁府堂上權是經、尹以道等掩而不問，仍沒于文案。適同囚者書及於其家人，遂大播，權、尹私問參坐郎，俱云得聞，而猶上疏自明，諱以無聞，事下廟堂，廟堂請先拿郞廳究覈，其黨恐急。於是獻納柳重茂論啓，以爲："無論其言之虛實，便一從中做出之書，不可憑信，宜先覈謄紙出處，次及堂郞。"上從之。公慨然上箚曰："禁郞旣云有聞，　則此爲謄紙根本，　今於堂郞言語相左處，置而不問，先覈謄紙出處，近捨根本，遠尋枝葉可乎？其言虛則果是白地做出，　其言實則只可以宣洩罪之，　明其虛實而後，謄傳者之罪，方可斷其輕重矣。"上改命依備局覈奏施行。重茂張皇引避，公又一一明卞。及先問都事，大壽輩情狀盡露，李師尙、韓配夏相繼沮撓，上始大覺悟曰："予幾陷術中。"重茂、師尙皆削黜，用情者抵罪，人咸謂公一箚之力。捕盜大將羅弘佐之鞫科囚也，掩覆大壽，一如權，尹，其事復追發，弘佐被拿覈猶不服，遂盤問其軍校。同義禁李益壽以爲："軍校爲將而諱，不可刑。"公曰："君臣將卒，輕重如何？更推命下之後，徑請勿刑，非法官事也。"黨益壽者亦以公言爲得體。

慶尙監司兪集一建方田之議，金公構贊於上前曰："此法橫看竪看，界脉了然，必無所欺蔽矣。"公難之曰："平原曠野，固井井方方，而數里之間，有山有水，豈無欺蔽之端乎？且法非不美，惟奉行何如耳。"上命先試之嶺南，不果行。正言李大成疏論科獄曰："金吾刑杖，非木則地，宜遣內侍摘奸。"公言："君上不信臣僚，而使宦竪伺察，則臺閣當諫爭之不暇，而反以導之，廷臣不可信而宦竪獨可信歟!"上亦斥其無據。

冬月雷，公乞策免，仍附規戒，優批不許。上延問諸臣消弭之策，公以爲私字爲當今痼弊，歷陳銓曹請托之習、百司怠豫之失。應教尹趾仁進曰："大臣此言，切中時病，而忠淸監司李宏病酒不合外藩，銓曹以大臣言差遣，臣恐大臣亦不免私矣。"上嚴斥之。公備陳宏明敏可堪狀，退而連章引咎，輒慰諭。

李公畬拜銓長，衆喜得人，而以有先戒固辭。公與僚相箚引晉卞壺事勉出之。辛巳，司譯院以釜山僉使李時宰拿入訓、別譯官，請其罪，公以爲是必有所以，究問本道。蓋倭館修理時，舌人符同狡倭，欺瞞多端，僉使接倭例乘轎，而從中防塞，禁其出入，實恐其奸狀現露也。查狀至，公言果驗，上曰："僉使可謂得體，譯官必梟示舘外，可以威遠人矣。"自是姦猾畏戢，不敢復生事。

天旱，上欲親幸王獄錄囚，公請對言："古昔賢君固服念要囚，而未聞臨幸王獄如漢明故事。其時獄制不可詳，而亦非必親入獄中也，人君一動一靜，不可不愼重。"上弗許。京外諸儒請從祀金文元公於文廟，公承命獻議曰："金長生之學之功，無愧腏享，而事體甚重，宜存審量。"又曰："一種醜正之徒，詆辱從祀之兩賢，此世道之大變，固當嚴斥，以彰聖明尊賢衛道之誠。至於玆事，必須折衷於先正大臣之言，熟講而行之，無使有未盡之悔。"上命姑徐之。

將設別科於北道，試官徐宗泰引疾免，後又再易他人，皆辭避，公奏請還差宗泰以存國體。八月，仁顯王后上賓，差摠護使。宗室杭嘗陰結希載謀害聖母者，至是將書梓宮上字。公麾斥之曰："安可使此人書此？"杭無人色退曰："吾死矣。"已而宮中獄起，上震怒親鞫，領相崔錫鼎三上箚請勿窮竟，上引大義嚴責，付處中道，仍出示其箚於大臣。公對曰："此是干係大行王妃事，自下不敢容喙。"時大臣以下皆劻勷不能自樹，章疏日相續，公獨毅然不撓，比處分定，始箚陳保護春宮之道，仍參鞫事。黯、宗道輩情節畢露，衆又顧瞻依違，公悉按治如法，中外倚重。於是希載及宗道子彦良伏誅，杭亦賜死，將追施逆律于黯，判義禁李公畬以爲："黯初不正法，恐不可追施。"疏下廟堂，公議曰："仁祖朝德仁之死也，緣坐依例擧行，其後楨之死亦然，豈不以謀逆重於他罪，賜死異於杖斃也？年未滿子女之得免收坐，蓋出親親之恩，德仁等一時恩例，何可混施於賊黯？且當初該府不稟旨，遂廢應行之典，苟以年久而廢閣，則無乃與希載八年後正法者，有所不均也耶？"他相議或與李公合，而上特從公議。拜扈衛大將，兼訓鍊都監、司譯院都提調。

壬午正月，上幸明陵，公隨駕，以高陽陵寢最多，依楊州例蠲其田稅，用公言也。五月常參，公極言百僚恬嬉，紀綱廢墜，願上勤學勤政，躬率群下，以責恪勤之效。閏月火星入南斗，又月入南斗。公以雲觀所報，不載朝報，無以使上下警懼，責承旨之不察者。杭既死，臺諫請籍其家，久靳兪，至公力請乃從。八月差嘉禮都監都提調，仍爲冊禮正使。

是歲，上謂聖廟取士，得人最多，而一番人之黨無得中者，深懷憤疾，欲汚衊全榜，使鄉人崔世鎰投匭，言"一榜皆考官親屬，命官一任行私而莫之抑"，至曰："主上孤立於上，權勢盡移於下，殿下雖悔何及？"公實以讀劵官主試，即胥命金吾。上遣史官慰諭，又答公疏曰："世鎰之疏，造意危險，有不忍正視，其網打朝廷之狀，萬萬痛心。此而過自引嫌，不惟大損事體，適足以中奸人之計也。"世鎰始編配，又於秋曹覆覈，自服其受嗾，上敦勉公不已，復出視事。公積瘁成疾，十一月增劇，上連以醫問。癸未春，罷禁衛營，公歎曰："數十年團鍊之卒，奈何一朝而棄之？"力疾草疏諫，上始弗聽，後果還寢。

時又築城，公以爲："立紀綱收人心，去私恢公，爲今日急務，其本又在格君，不能務本而顧汲汲於此，以今日時勢，決知無成，雖成，其弊無窮矣。"病甚不能進言，而猶憂惋不已，後一如公言。公自知疾不可爲，而言不及家私。

姨弟李公濡、內弟金公昌集來問，公顧語曰："死生常理，吾復何恨？惟未報國恩，爲耿耿爾。"又囑仲弟以墓道未盡之役。臨命諄諄有釋負之願，右相申公琓悲之，上箚達公意。上爲之涕下，特許勉副。翼朝公卒，時四月九日。史官追宣諭旨于殯側，春秋六十九。上震悼輟朝，朝野咸齎咨曰："賢相亡矣 。"上將享太廟，副提學金鎭圭等上箚曰："昔叔弓卒，擧樂卒事，仲遂卒于垂，聖人譏其猶繹。請於享祀儀節，減殺飮福、受胙之節。"大臣議歧遂止。春宮率宮官擧哀，六月二十一日禮葬于楊州金村巳向之原。

公沒後四年，有林溥者於請召尹拯之疏，告辛巳謀害東宮之說，發於罪囚之招，而鞫廳掩匿不達。上命設鞫，溥引問事郎呂必重、姜履相知狀。崔錫鼎等按獄，卒不能證成謀害之案，猶皺合語句，請罷按獄大臣以下官。黠黨李潛又投疏，視溥言益絶悖，上親鞫，與溥並杖斃之，於是罪罷大臣並收叙。公子宜顯爲公陳暴，溫批慰諭。於戲！微聖考日月之明，當時士林之禍，又曷可勝道哉?

公長身嵬顔，聲若洪鐘，外剛而中閎，質厚而才敏，端居寡言笑，恒若有思。子弟嚴不敢仰視，卽之而語，其色溫然，不暇修爲，而井井有矩度。其制行一本於孝悌，親在極志物之養，居喪讀禮不輟，過毁幾危，而不肯進薑桂。雖大暑，衰麻不去體，年未衰鬢髮爲白。每痛祿不逮親，迎養祖妣於藩府，曲盡其歡，間設宴以榮之。自以非宗子，家廟或在遠，則諱日必設位而祀之。伯兄廢疾，公心懷隱傷，盡誠存視，若溫公之於伯康。殤弟有英才，公痛其不秀，竪石以圖不朽。視嫠妹之繼子如子，又撫愛季妹有加，以先妣所愛也。凡有俸賜饋遺，分與一家，推而至疎戚，各得歡意，濟窮乏如恐不及。每戒子曰:“無以一第自足，立心以古人自期，交遊必簡而無雜，名塗必退而無進。”其義方之敎如此。

於財利泊如，立朝四十年，田園臧獲一無所增加。被服寒素，盤飧無異品，或勸以修葺敝廬，則曰:“此比李文靖廳事已侈矣。”常以矯情近名爲恥，而辭受則必嚴，一邊倅嘗遍饋人蔘於朝中，公獨却之，後事發，諸公咸有慚色。罕御杯酌，不喜聲色，門無雜客，公退蕭然若寒士，蓋公少逮事淸陰公，爲終身儀法，又與文谷爲舅甥間師友。

晩年尤好《朱子書》、《名臣錄》、《自警編》諸書，得力最深，是以立朝事業，卓犖俊偉。其告於君，則大約以講學正心、敬天誠民、愼喜怒、克偏私、節財用、守典章爲先。作事則務持大體，不役小智。每國有大事，衆議盈庭，而公徐一言以定。雖倉卒造次之頃，識慮常周事外，處置縝密，幾乎置水不漏。嘗曰："益之戒舜，亦曰罔違道以干百姓之譽，況季世謀國之道，豈可專事煦嫗？"又喜誦古人'興一利不如除一害，生一事不如減一事'之言。公正威明，彈壓百僚，廟堂隱然增重。及公沒，廟謨無所適從，朝暮變更，國綱解紐，大小弛慢，於是識者歎曰："若使公在者，國事豈至於此？"

公在甥舘，鄭忠貞公維城，夫人之祖也。每籌司文簿至，必轉視于公曰："此他日宰相。"又歎曰："君作相時，國危必甚於今，將如之何？"臨沒脫犀帶與之，蓋公有大人器度，見賞於先輩如此。

公在侍從時，不激不隨，又不欲頡頏取聲名，故言論不標見於世，至於大是非頭腦處，有確乎不可拔者。己巳以後，宿德凋喪，天所以憖遺公者，殆類碩果之不食，卒能以一身擔荷名義，扶植世道，蔚然爲士類之主，信乎君子之可大受也。公嘗曰："人臣事君，只有一箇義，死生何足計也？"

伯舅金公壽增嘗以八分書"泰山不動，　中流砥柱"以贈公，人謂眞不愧此八字。權文純公尙夏亦曰"近世賢相，稱文谷，而雩老辛巳樹立，直可於古人中求之，文谷亦有所遜"云。公爲文，操筆立書，語暢而意圓，尤長於章奏，農巖金公昌協嘗歎服焉，詩亦沈蔚。然立朝大節如彼，其細可略也。

鄭夫人，郡守昌徵之女，忠正公洪翼漢之外孫。三從無違德，世謂公淸德內助爲多。年八十三而終。男宜顯吏曹判書，典文衡，四女適權尙明、洪德普、尹溥經歷、金希魯。內外諸孫並三十餘人。

嗚呼，古大臣之職，以道事君，正色率下，震撼擊撞欲其定，酸鹹辛甘欲其和，非小器可能也。然識進則力量自進，此惟可能，惟仗孤忠以進、信命不疑爲難能，況其所秉大義，凜然足以有辭於後世，非大力量不能也。此公之所以爲公也歟！

縡生也後，猶及見公德容，垂紳正笏，班行肅然。公沒已二紀，而世道百變，國勢虞危，人物尤渺然，龍亡虎逝之痛，逾久而逾深，使文子觀乎九原，捨公誰歸？噫，顧見識蒙陋，不足以闡發德懿，而謹就家狀，撮其言行謨猷之大者，庸告之太常。

行狀

祖考右議政府君家狀【代仲父作】

先府君諱翻，字仲羽。惟我李氏，系出牛峰縣，始祖諱公靖，高麗侍中、三州伯，有文武才，史載其蹟。厥後世襲圭組，平章事諱子儀、國子典酒諱蒔、典客判書諱得丘最顯。由判書而再傳，至觀察使諱吉培，始入本朝，以循良著名。生諱圻司憲府監察。寔生諱承健戶曹參判，幷魁進賢試、文庭試，文辭擅一世，嘗在玉堂論宮禁事，燕山甲子被泉壤禍，後贈禮曹判書。生諱諶掌隷院司議，贈吏曹參判，卽府君高祖考也。曾祖考諱之信，弘文館副提學，守直道忤權奸，坎坷以沒世，贈吏曹判書。祖考諱劼，贈議政府左贊成。考諱有謙，仁祖反正，擧林下學行之士，起布衣拜邑宰，後以治理第一被褒擢，卒官戶曹參議。質行醇德，爲士林楷範，贈議政府領議政。妣坡平尹氏，處士弘裕之女，參判仁涵之孫，婦德純備，贈貞敬夫人。參議公有五丈夫子，府君於倫序居第四，而司憲府大司憲翊、吏曹判書翊，卽其仲若季，幷顯於一時。自副學以下推恩，皆以府君貴也。

府君以天啓丙寅三月三日辰時，生于新寧縣衙。臨娩參議公夢有異人抱小兒授之曰："是不特大公門，將爲國家藎臣。" 寤而得府君, 狀貌粹異, 肖夢中所見。幼重遲不戲, 儼若成人。甫六歲, 從參議公之咸興府, 偶傷額角, 召醫鍼治, 血被面而不少瞬, 見者嗟異之。金尙書起宗時爲按使, 輒許以遠大器。丙、丁虜亂, 參議公避兵江都, 甲津失守, 虜四出搶掠, 闔家遇賊於吉祥山下。參議公執手命府君曰: "乃父乃兄, 命在今日, 以汝材器, 必無老死胡貊理。宗祀之托在汝, 愼勿自輕也。" 府君時十二歲矣。虜遂竝騎先行, 尹夫人自投烈火, 伯氏都正公翮、仲氏贈持平公翊爭翼蔽之。都正公中矢, 絶而甦, 持平公及其室吳氏、都正夫人金氏皆死之。參議公罵賊不撓, 虜見闔門殉節, 不忍重害公, 乃舍去。虜疾驅北還, 我人被獲者少後, 輒劒斃之。府君走及戎馬, 日百餘里, 卒免顚踣, 殆若有陰相之者。道遇大樹, 必白而書曰: "某之子某某日過此。" 冀或有以傳信焉。

及至瀋中, 寓于一胡家, 主嫗善遇之曰: "此貴人也。" 府君常從人問山川道里, 意欲奪騎馳還, 顧以非萬全計不果。居數月, 我使至, 路由瀋河戰場, 府君先期往候。天陰雨, 鬼哭四起, 府君凝立如植, 自夕達曙。上价懷恩君嘗於山寺見府君讀書, 甚奇之, 至是府君自言名姓, 執鞚哀訴。懷恩憐其情, 使人約買, 胡始刁[1]蹬甚高。府君涕泣言: "家存亡不可知, 尙何歸?" 陽若不肯去者, 胡反勸解之, 猶恐不售。是時士大夫子弟多陷虜中, 主家或遣人重購, 而不能得, 府君以童藐之年, 獨能出機周旋, 全其身以歸, 人皆驚

1 刁 : 底本에는 "刀". 일반적인 용례에 근거하여 수정.

異之。

持平公臨訣，手書譜系授之，府君藏諸懷中，比還終不遺失，其愼密如此，由是府君未成丱而名聞一世矣。及長，僑寓南土，屢魁鄕解，文譽益蔚然。戊子中進士。庚寅游太學，與金公壽恒、朴公世采上疏，論嶺儒柳稷醜誣先正，不可以上命解罰。嚴旨屢降，遂空館而退，已而開釋勸入。乙未四月，上御春塘臺試士，府君爲擧業不閑詞賦，率意投券，蔡大提學裕後讀之歎曰："此才子手也。"擢丙科第二名。參議公時以五衛將入侍，上臨拆號，屢顧宿衛之列，及唱名，乃府君也，一時榮之。未幾丁尹夫人憂，服闋，拜世子侍講院說書，旋入藝文館爲檢閱。金公壽興當史薦遲徊久之，待府君始擧而代。府君蚤負公輔之望，嘗入避右僚，院吏目之曰："彼狹室中，有相國大爺云。"

戊戌，序遷待敎，與奉敎李溟翼揀新進。溟翼，嶺人，欲汲引其黨，府君不許。溟翼恚恨，侵詆甚力，府君亦疏辨之。大司諫洪公重普論劾溟翼，上命幷罷，府君尋收敘。己亥，由奉敎陞成均館典籍，轉司憲府監察、兵曹佐郞，冬乞養爲通津縣監。庚子，例兼春秋館記事官，縣有蟹梁，屬壽進宮，宮奴又冒占其二，一境困於侵漁。府君囚宮奴而杖之，馳報戶曹，有宮奴作弊甚於昏朝之語，憲府請罷蟹梁，屢啓乃允。上以府君欲得名士流，不禁權、盧兩人，而獨罪宮奴不公，命罷職。政院繳奏不省，大司諫李公慶億、校理李公敏迪入對力爭，始收還。同春宋先生白上曰："李某素有重望，他日可大用。且得名士流之敎，恐累聖德。上改下四字，而府君猶惶恐引疾罷。府君在官僅一歲，待民恕而束吏嚴，治化大著，旣歸，士民立石追思云。

辛丑夏，始叙除兵曹佐郎，移司憲府持平。上疏言事，略曰："旱災連仍，八方飢荒，淪喪之禍，迫在朝夕，此殿下側身修省汲汲轉移之日。而政令擧措，未見大異於平日，廟堂籌畫，只在於區區裁減，臣實慨然。噫！奢侈之害，甚於天災，匱生於侈，侈生於無度。近日閭巷之間，侈汰成風，第宅之宏麗，服食之華美，無有限節。其他器用輿馬，常以不若人爲恥，互相歆艶，上下無章。古語云'一人知儉，一家富；王者知儉，天下富'，此理勢之必然也。仄聞市上綾段，盡歸後宮之裝束；尙方制作，皆是內庭之細玩，親經御覽，日益新巧，至於取入雨具，以覆鑄金之所。或者有一於此，則殿下雖外示畏天矜民之意，臨下有赫，至愚而神者，其可以孚格而信服哉！

誠願殿下惕然警勵，不爲私慾所牽，不爲細物所役。如浮靡玩好之具，一切埽却，然後躬行節儉，如漢、衛之弋綈大布。化自身先，敎由內行，首自內司，次及各衙門，諸宮家折受處，悉爲明査革罷。內外冗官，亦行澄汰，去浮食而補賑資，屢下哀痛之敎，以謝四方，則至誠所孚，孰不感動？

殿下臨御以來，機務多滯，章奏酬答，亦不以時，氣象規模，殆近於優游懦弱。是以輔相無擔當之意，諫官有依違之態，以至百司庶僚，玩愒是事，股肱惰萬事墮，何嘗不由於元首叢脞哉？眞德秀云'惟學，可以養此心；惟親近君子，可以持此心'。肆我先王旁招草野之賢，爲殿下輔翼調護之具者，慮甚遠也。嗣服之初，宿德在朝，倚毗甚重，非常之業，指日可待。曾未幾何，讒言四至，怪鬼百出，使先王同德之兩臣，狼狽屛迹，萬事瓦裂，群志解散，至于今日，朝廷虛無人矣。

殿下不欲有爲則已，如欲有爲，必先勤禮盡誠，延致先王已致之賢，與之朝夕左右，講明學問，咨訪治道，以遂繼志述事之孝，以結忠臣義士之心。" 又引龔遂事，陳潭陽差送武臣之失。上批曰："忠君憂國之誠，深用嘉歎，可不體念？"

海西兵死於渡遼之役、兎山之戰，凡數千人，名在軍案，徵布及於隣族。該曹欲限三年蕩滌，府君請永爲蠲除，以示矜恤之意。承旨徐必遠入對，語觸大臣，特罷其職，府君又繳爭之。時法綱解紐，人不知畏，府君申明禁條，首毁雞堂、國師堂，焚其淫祀之具。掌令李東老成給神祀勿禁之帖，又劾罷之，都下震慄，莫敢違禁。有扈衛軍官僭衣被拘，大臣移牒解釋，府君重杖而遣之。左相沈之源以見輕自引，且論通關郎廳之失體，府君引避見遞。大司諫朴公長遠、獻納南公九萬箚論："李某申嚴法禁，遇事敢爲，都民懲戢，頗有令行之效，乃以文移間少失遞去，竊恐臺閣輕而盡職者怠矣。"憲府仍劾遞遞府君者。歷兵曹正郎，差嶺左京試官，掌試以公，一道咸服。

壬寅，兩南大饑，遣御史監賑，上命廟堂精擇，府君得湖南，南公九萬得嶺南。府君受命南下，深軫廚傳之弊，馳文嚴敕，務從省約。至公州供饋過豐，府君責其違令，刑廚吏。牧使崔文湜恚甚，走都下颺言，一反實狀，謂府君發怒由於薄具，且面訐于相臣鄭維城。維城以文湜言白上，下本道查聞，卒無絲毫實。相臣引咎，必欲實其說，廟堂論罷文湜，而又重違相臣意，請緘問府君，特命勿推。府君始上章陳辨，優批令安心勿辭。憲府遂劾文湜造言陷人之罪，罷而不敘，公議快之。府君感激恩遇，單心賑事，凡可以救民者，悉聞于朝，朝廷重府君言，多從之。移粟移民，奔走賙飢，所全活不可勝計，湖民至今頌之。

是歲春選玉堂，參吏曹錄，極選也。及還，拜副修撰，自是常帶三字銜，移正言。始府君之陛辭也，請許公賤自贖，以廣募粟之路，上從之。及畢賑，廟堂許寺奴而不許婢，只令復其身。玉堂陳疏以失信，爭之不能得。府君遂引避，引朱子論募粟施賞事爲證，且曰："寧失一婢，而信不可失也；寧繩臣以重律，而民不可罔也，亦願聖上毋忘昔日救焚拯溺之急也。"上意寤，竟許之，還玉堂。

箚論國制大小動駕，三司皆陪從，而春臺出臨時獨闕焉，殊非朝夕侍從之義，請令各一員入侍，永爲恒式。時上候屢違豫，不能頻接臣僚，府君嘗請於臥內引入講官，討論經史，上不納。臺諫以宮莊免稅事，閱歲爭論，始命廟堂會議，限以五百結，旋還寢。府君與同僚進箚諫曰："日者謁陵閱武，又三日出御禁苑，此皆勞玉體冒風寒，群下之所甚慮者，而殿下能力而行之矣。獨於溫殿燠室，便坐聽講，有何難事，而終莫之行也？若使停筵，全出於違豫，則百靈扶衛，勿藥有效，開筵之日，猶可冀於將來，如其不然，更復何望？此臣等之憂，所以尤切於前日也。宮莊事，只以事理論之，折受免稅，利於公乎？利於私乎？衆人之心，皆欲自厚自封，而特畏國法不敢耳。今殿下爲二三宮家，自壞其法，雖擧國言之，而亦不恤焉。凡朝臣之欲爲妻妾子女之奉者，營利行私，唯力是視，而無所忌憚矣，殿下將何法而禁之哉？唐中宗至無道之君也，安樂公主請昆明池，則以爲百姓蒲魚所資而不許。今則內而溝渠之微，外而江海之大、郊野之曠、山嶽之高，擧皆割裂而封略之，殿下之所守祖宗疆土，其餘幾何？民失其利，無以爲生，則弱者塡壑，壯者爲寇，國之土崩，可翹足而待也。殿下爲宮家，必欲無國而後已，旣無此國，則宮家亦安得有此富乎？”御批奬諭，旋以守禦從事官，點兵于東峽，號令指揮，動合軍機。諸老帥咸曰：“書生知兵乃能如此。”

癸卯，自修撰遷吏曹佐郎，洪公命夏爲銓長，申郎官久任之規。府君去私恢公，激揚淸濁，士論賴以益張。半年而始遞，歷兵曹正郎，爲修撰、副校理。判書公同時在館，或對直，一世以爲榮。又自銓郎移修撰，兼南學敎授。冬丁參議公憂，卒喪還吏曹。陞正郎兼校書校理，屢擬東壁，輒靳點，陞司藝，旋移應敎。入對講唐史，至太宗誨太子事，陳戒甚切，且曰：“臣於先朝，簪筆入侍，先王敎宋時烈曰‘世子生長深宮，不知民間疾苦，陵幸時欲令隨駕，見稼穡艱難之狀矣’，適講此篇，不覺感泣。”上爲之動容。

李公敏叙言事被譴，府君言敏叙有敢言之風，宜賜寬假。府君久在經幄，隨事獻替，裨益弘多。承命敦匠於厚陵修改之役，經司成、司僕正，轉輔德。丁未，爲執義、兼輔德，時虜以不歸逃迴人有嘖言，將罪國相。相臣不自當，相積奉使，歸過于上，有罰鍰之辱。府君奮然曰："主辱臣死，可無言乎?" 遂與獻納金澄等七人合辭啓曰："徵金之罰，實是前古所無。奉使之臣，竭力爭卞，不以累於吾君可也，許積等只知大臣免罪之爲幸，不知君父受罰之爲痛。張皇馳啓，歸功譯輩，此果何義哉? 毋論勢之難易、事之成否，移臣子之罪，歸君父之身，而終無一言而歸，名分之乖舛，義理之傷損，亦復如何? 且天下之事，眞無所不有，安知今日不爭之漸，爲異時無窮之慮乎? 自有此事，舉國憤惋，亦可見天理人心之所同然。此而不罪，國體不尊，請罷三使臣職。" 且論查問時不自當之失，請遞領相鄭太和、左相洪命夏。上震怒，幷命極邊遠竄，直聲振一時，時號八諫臣。判書公獨直喉司，以親嫌不敢繳還，嚴教趣傳旨而不肯入，特罷之。判書公曉自禁中歸，府君猶未起。公急呼之曰："嚴程在前，此豈堅臥時耶?" 府君笑曰："雖死，尙且從容，況此行豈死人哉?" 酣寢達朝。三司交章，且入對力爭，俱不省。府君得甲山，甲北塞荒絶之地，風土非人所居。而府君處之逌然，惟杜門觀書史而已。因洪公命夏言有量移之命，尋因旱審理，遂放還。大司憲李公慶億、大司諫李公泰淵、玉堂金公萬重相繼請牽復，逾年而始叙，除文宣傳，移副校理、輔德。

己酉春，擢廣州府尹。廣本民殘役重，重以饑荒。府君至則奏蠲已丑以前積逋累萬石，民情胥悅。未匝月，拜忠淸道觀察使。時有經界之政，閔公維重實管其事，府君代之，一遵成規，務以寬傜厚民爲主。三殿幸溫泉，府君隨便接應，供億畢備，而一路按堵。上引見府君於行殿，咨以弊瘼，府君採民情一一條奏，滌逋欠理寃鬱，又訪節行之士，請加旌褒，上皆開納。

庚戌，坐微眚罷，尋敍，拜承政院同副承旨，序陞右副，遞拜戶曹參議，復還喉司。辛亥，授慶尙道觀察使。先是參議公守大丘府，暇日率邑子講《家禮》、《近思錄》，絃誦之化，久而不衰。府君至，衆心益傾嚮，爲政先敎化而後威刑，德聲藹然四被。尤長於剸煩，事至沛然，案無停牘，爬搔弊垢，宿瘼爲之一洗。

時國內大饑，嶺爲甚，民走死且盡。府君夙夜憂焦，忘寢與食，首發俸餘及營穀之布列邑者，且請兩湖賦米、度支稅鹽于朝，次第支撥，竭力賙賑。時以單騶周視，道有飢者，輒感焉如傷，民感其至誠若赤子之仰哺，病者蘇，流者還。又具田器給種子，使之歸農，一道晏如，殆忘其爲凶歲也。同春先生以書賀曰："近聞嶺民稱左右，必曰德方伯，何以得此於至愚而神者耶？所謂喜而不寐者，非虛語也。"

府君積瘁成疾，且傷於水土，上疏乞骸，不許，又別諭敦勉。已而疾甚，相臣屢爲之陳請，癸丑春始遞。府君在官二年，節用度罷工作，比歸，庾廒之實，視初至倍蓰。行李蕭然，惟琴書數擔而已。髫白擁車涕泣不能去曰："微我公，吾其塡壑矣。"列邑多追思碑，又或立祠繪像，尤齋宋先生書其額曰尙德云。

拜大司諫，病不赴召，無何，復有是命。都承旨鄭榏，人望素輕，判義禁趙珩以中批除，徒善不堪任。刑曹判書閔熙曾守江都，多貪縱不法，人皆唾鄙。府君幷論之，請遞或請罷。上怒責以黨同伐異，府君引避曰："竊見朝廷之上，公議不張，名器多濫。一番糾劾，意在激揚，而殿下大加聲色，不少假貸。噫，胡、越同舟，猶以共濟爲心，則此時何時，乃敢角黨排擊，不念寅協之義乎？朝廷，四方之表，未有朝廷不正而其國治者也。近觀殿下所用，非軟熟則濫滑，受耳目之寄者，何可緘口不言，同歸泄泄乎？論一細事，尙如此，有大於此，誰肯爲殿下言哉？臣恐言路杜絶自今日始也。"上批極嚴，多有臣子不敢聞者。

復敎于政院曰："今日引避緩緩，豈憤恚之極、放恣之意耶？問于臺官以啓。"府君對曰："君臣猶父子，未有父怒而子不驚惶之理。臣雖無狀，豈敢有一毫憤恚之心乎？"上又於筵中下敎曰："李某在嶺營，託病圖遞，來據要地，擅弄朝權，昔者之疾，何若是遄已也？"玉堂請出仕，上批曰："立論不公，處事慢忽，遞差。"政院繳爭，右相金公壽恒上箚諫，皆不納。府君退居鄉里，居數月，金公萬重劾相積，上震怒欲下吏詰指嗾，已而下敎曰："向者李某之劾諸臣，實爲此事根柢，幷遠竄。"諸臣爲府君明其無他，止命削黜。玉堂箚救，兩司亦請收還，歷歲而卒不得請。

先是，麟坪公子㮒使燕，西民多怨苦之。府君嘗在史局，直書之曰："一經其行，如逢兩敇。"洗草時語洩，楨、柟等大銜之，謀所以中傷。府君在臺省，謇謇自持，上意一時士論多出府君意指。是以動被譴責，不能安於朝，蓋亦有左腹之入云。

乙卯夏，始釋門黜。未幾，以嶺營糶糴事，罥於文網，編配楊根。老峰閔公鼎重走書以唁曰："曾聞嶺人稱兄爲生佛，今反以此坐謫，豈佛道非耶?"語雖善謔，而亦可見公誦矣。翌年蒙宥，又一歲而敍。自甲寅以來，時勢大變，群凶執命，忠賢迸逐。府君杜門守正，惟以耕稼自適。凶黨以府君曾經嶺藩，欲困之於下邑，遂除仁同府使。戊午之任，李袤等又以不過辭臺諫請推，窘辱備至，而府君殊不以爲意。府君恩信素孚於一道，及至闔境愛戴，不勞而治。

時李元楨當朝用事，威勢赫然。元楨，漆谷人，與其子大司諫耼命受暇南歸，列邑趨風獻媚若不及。元楨父子遞乘郵傳，所至倚勢豪横。至本府，府君獨不迎接，但草草供饋。元楨忿恚，還朝卽自訴於筵席，府君遂被逮。及納供，備陳元楨驕恣蔑法狀，凶徒欲庇覆而不能得，罷元楨父子職。府君竟坐奪告身，而群奸由是益側目。

己未，有江都凶書之變，禍網彌天。尤齋先生栫棘絶島，兩司方論以極律，仍以黨與，請竄府君及判書公及閔公鼎重、閔公維重、李公選五人，累啓而不許。權大載入對力爭，其言實同上變。相積及閔熙繼而申請，以去就要君，上始從之。府君得明川，判書公得陽德，大憲公亦以黨禍，先已謫寧海矣。府君聞命卽行，時大熱，朝暮馳不息，馬顚僕痡，間關殆萬狀。旣赴謫，默坐看書，不出戶外，北人慕德者多請業焉。十月朔，大雷震以雨，越二日亦如之，上大警懼，卽命釋府君及同時竄逐諸公，凶黨合辭沮尼，至庚申三月十七日，始停論。

時逆柟等謀不軌伏誅，凶黨竄殛，朝著肅淸。府君自北還，未抵京師，有叙命拜全羅道觀察使，俄而擢江華府留守。大憲公、判書公亦宥還，次第晉用，善類交忭。江都國之晉陽，戎政疎虞，且累經匪人，財竭而民困。府君始至，布以寬恩，首請蕩減逋欠萬餘石，移軍餉之在圻邑，刷束伍之流他道者，以重戎備。又請別遣御史試才，以激勸之，不數月而群情翕然。九月以大司憲召，旋命仍任，從民願也。

冬擢授刑曹判書，府君積年罪廢，一朝荐被寵簡，益感勵圖報，滯訟久囚，裁決如流，斤斤守法，請託不能行，差社稷署提調。辛酉夏，拜兵曹判書，上疏辭，上批："司馬之任，實合卿才，何用過辭?" 自萬科以來，武弁群聚都下，紛競日益甚。府君虛心延攬，和顔接遇，又隨才調用，振拔淹滯，咸得其歡心。有以汰兵之說進者，上詢諸臣，或請減禁旅，府君言其精鍊成才，不可一朝棄之，議遂寢。府君仍請取濟州山馬三百匹，以給禁旅，又以兩西諸屯陞邊將，以廣仕路。

仁顯王后正位壼極，府君與領相金公壽恒承命納采，仍奉備物典冊，禮成錫馬。大旱，上引諸臣，咨修省之策，府君力陳應天以實不以文之義，言甚切實，上嘉納。差賑恤廳提調、兼知春秋·經筵。尋患腰痛，遣御醫診視。十二月移拜吏曹判書，秉心以公，掄選克愼。時朝論有橫析之漸，府君至誠調娛，用捨一循公議，士流咸歸心焉。再過大政，輒加由，壬戌秋，始勉許。

自工曹判書再除大司憲，上欲量移李袤、洪宇遠，府君言"自古治小人不嚴，以致貽禍國家，兩人罪至重，不可以年老而輕赦"。尋以微嫌遞，兼知義禁、都摠府都摠管，差內醫院、備邊司提調。癸亥，拜大司憲，坐推緘免，不數日復授差濟用提調，復拜吏曹判書。時荐飢，國用匱竭，李公端夏建議欲取各司用度而根括之，省浮費而定恒規。未及就，而李公遭人言屛退，上疏言："李某力量才識，足以辦此，如蒙聖上委任而責成，臣雖退歸，反勝於身當其任矣。"蓋府君盡心荒政，久爲上下所信，故其言如此。已而正言朴泰維以微事侵詆，府君乞解賑任，事竟不行，識者恨之。

府君在銓地久，朝象日益乖睽，浮薄之輩或隨事吹洗，府君不自安，懇辭不已，上亦不欲强迫，許之，除禮曹判書。李相國尙眞白都正公節行，上命加資，仍顧府君曰："卿兄之事，予實感歎。"府君感泣，移議政府右參贊。十月上患痘疹，府君直宿藥院，及康復，上以諸臣有憂遑奔走之勞，錫賚特厚。府君亦進階正憲，且有田土臧獲之賜。

甲子，出爲廣州留守。朝廷以南漢爲國家保障，欲重其權，陞居留兼守禦使。府君嘗有遺惠，及至益殫心牧禦，蠲煩役，修廢堞，繕戎器，所以爲陰雨備者，靡不用極。七月遭長子喪，府君素鍾愛，哀過成疾，上疏請越境臨壙，以洩至情，許之。未幾以疾遞，歷右參贊、大司憲，差觀象監提調。府君屢長銓衡，判書公又代之。適當士論分裂之會，論議波蕩，是非難平，睢盱之地，怨憾蝟集。尹世喜以正言構劾判書公，語甚慘刻，及引避，有兄弟迭居銓地之語。大司諫任相元附其論，至目以政在一家。府君震怖請譴，上溫批慰諭。

乙丑，退居郊廬，有知中樞、大司憲之除，皆不應命。又拜大司憲，左相閔公鼎重開釋於筵中，請加敦召。上別諭曰："李某兄弟因一年少怪妄之論，深自引咎，經年退在。朝家旣洞燭心事，時事孔艱，豈宜恝視？亟遵前旨，從速上來。"府君黽勉赴朝。

學儒通文攻尹拯背師之罪，四館右拯者施儒罰。大司諫宋奎濂論救之，掌令洪受疇劾奎濂，府君立異見遞。拜刑曹判書兼同知經筵春秋，差活人署提調，又差太僕提調。府君以金相國壽興居首席，法雖無避，而有姻婭膴仕之嫌，力辭而遞。

先是府君之在銓也，同僚乘府君式暇，差瓦署提調。府君以有假手之嫌固辭，其辭受之不苟如此。由漢城府判尹移大司憲。上因旱求言，府君上封事。其論民弊則曰："自庚、辛饑饉之後，溝壑餘喘，枵然無樂生之心，而朝命多失信之時，守宰昧撫摩之方，橫斂無藝，苛政轉急，民不堪命，流離四出。今宜靜而無擾，緩而無急，雖良法美制之必可行者，姑且擔閣，惟以保養寧息爲第一急務。頻遣廉問，申嚴贓律，則赤子有允殖之望矣。"

其論黨禍則曰："論議潰裂，標榜轉起，微細之事，轉成疑阻。是非相蒙，風波屢作，視國事若秦瘠。惜乎！先進之輩不能鎭靜於論議方生之日，年少之人惟知馳逐於名利之場，反復沈痼，自不覺流害之至此。殿下苟虛心而處之，正己而率之，都忘彼此之異，只明是非之分，所言是則不可先疑其黨同，所言非則不可先疑其伐異，常操至公無私之心，克恢無偏無黨之德，則群下雖無狀，豈敢執私見護偏黨，以違平明之理哉?”

其論官方則曰：“朝家不能素養人才，專以科目取人，科臼中人，未必盡賢，而待之以不器，此政理訛謬之本也。年少士子 不務窮經致用之實，先萌媒榮取爵之志，得沾寸祿，自以爲足，虐民肥己，往往有之。爲政官者拘於政規，循序調遷，容易一筆之除，必貽一邑之災。至於遐方武士，傾家破產，留滯京輦，不調者十八九，而高階美職，先歸白徒。若欲改絃易轍，盡洗舊習，則惟在殿下先去私意，恢張公道，深詔有司，抑紛競而拔淹滯，凡諸由邪逕而媒進者，一切澄汰，則人才無沈屈之歎矣。

其論刑賞則曰：”守令之別備穀物者，例授資級，所謂別備，非鬼輸而神辦，巧作名色，頭會箕斂，以爲取贏私用之計。畢賑則虛張斛數，以要恩典，至如軍門將校市井無賴之輩，或以瑣細之勞，濫被顯賞。故徒隷之賤，擧綰銀黃，名器之汙賤，古未嘗有也。近來國法不嚴，私意橫流，竄掇告廟之文，謀成網打之禍者，何等重罪？而丐恩於咫尺之地；附會經義，侵犯東朝者，何等大憝？而乞憐於章奏之間。國家旣不能斥絶，或墮其眩幻之術中，臣恐繼此而起者，將無所不至也。嗚呼！賞僭而不知節，刑失而不能正，以致刑政之權日趨於危亂，無復綱紀截然之勢。若不及今盡革濫賞之弊，更勘倖免之律，且治挾詐熒惑之罪，則國之存亡未可知也。”末又以正心修身陳戒，而尤致意於愼獨。御批：“憂愛誠誨之言，切中時病，無非至論，予甚嘉尙，可不服膺？”

秋拜吏曹判書，以向日所遭危怖，連章懇辭。批諭：“一二浮薄之輩，用意狙擊，不足爲公議，經年之後，引咎太過。”府君應旨之疏，泛論官方淆雜，而兩銓紛然引遞。故府君嫌於自代，控免逾力，上不得已許之。再授大司憲，十月拜兵曹判書。丙寅秋引疾遞，除知中樞兼知經筵，移判尹。

丁卯，遞付西樞，還大司憲。上久無儲嗣，中外竊憂，府君於講筵，以節慾進戒，且請加意於醫藥之節，上奬以忠愛。府君又進曰：“自古宗室之賢，如漢之河間、東平，國家賴焉。而宗學之法，近久廢弛，若選近宗中自十二三歲至八九歲聰敏有才者，而擇經明行修之士，爲宗簿官，使之敎導，殿下亦時時引接而奬勵之，以期成就，則他日元良誕生，未必不爲磐石之輔矣。”上曰：“當與大臣商議。”府君深念宗社，語及必流涕，至是有所建請，人或危之，而府君不少動。聞者感歎，或比之韓忠獻云。

兼知義禁，歷知敦寧、左參贊，移吏曹判書。杭以近宗被幸，中批除惠民提調，府君在政席，以非古制，繳爭之，不納。前數月卜相，大臣首以府君應命，上累命加卜，相趙公師錫。府君素有相望，識者皆恨其晩。七月始晉拜議政府右議政，時府君已遘疾，上遣太醫留視。府君上疏控辭，御批：“卿有才有德，允合輔弼之任，何用撝謙至此？卿之疾病，雖出於勞瘁之餘，年齡未暮，筋力尙旺，神明所扶，不日自瘳。安心勿辭，臥閤論道，以副上下之望。”遣史官諭之。

上於加卜時，怒大臣之不中意旨，多有未安教。至是臨筵論前事曰：“右相以孝廟朝出身，才德俱優，此則誠得其人。其餘數臣，亦非以爲不合三事也。”府君三疏有混被枚卜之語，又批諭：“當初備忘，元非混然指斥之意，此時此任，微卿其誰?”自後敦勉益隆。

十月始力疾入謝，上引對慰諭。金公萬重坐論趙相師錫遠竄，天威方震。府君引文彦博、唐介故事，反復開陳，且言“萬重有老母，宜賜寬貫”，上不聽。金相國壽恒時遜于荒，府君請敦召。上謁長陵，命府君留都，蓋軫其有疾也。府君登對言“近日言路閉塞，宜培植敢言之氣”，又惓惓於愼賞典重官方之義，上嘉納。府君面陳病勢乞解，上曰：“大臣之道，不以筋力奔走責之，時事艱虞，卿何可求去?”

戊辰元朝，府君以未參賀班請譴，且陳戒曰：“願聖上建中建極，無致王道或偏；綜覈名實，必使賢能在位，法天地之至公，體陽春之仁澤，使一邦民物咸囿於中和位育之中，則何憂乎災異？何患乎朋黨？臣一病經年，百感交集，敢將芹曝之獻，用替嵩、華之祝。”御批褒以憂愛之誠、切至之論。

二月上將幸寧陵，府君上箚諫曰：“上年圻甸之農，傷於水旱蟲霜，沿江一帶，被災尤酷，村落蕭然，行旅無止宿之所。況北使猝至，民力已困，在彼不得自由者，雖無奈何，在我可以轉移者，寧可不念？人君動駕於數日之程，是莫大擧措，沿路供億，無非出於民者，日夜追號，雞犬不寧，其運輸之勞、侵擾之害，實非救死不贍者所可堪。聖上雨露之感，雖有所不能已，而方春民困，政宜議賑之不暇，何可從而擾之，以增其愁怨也？噫！有民而後有國，有國而後有宗社，使民安國泰，以致億萬年無疆之休者，是帝王之達孝，一時展省之差遲，夫豈妨於義理乎？況今癘疫熾發，道途無乾淨之地，臣之私憂過慮，不但在於飢氓奔走之勞也。”上批曰：“滿紙箚陳，摠是憂民，辭意懇至，令人感歎。昔漢明帝當謁原陵，夜夢先帝、太后如平生歡，悲不能寐，卽率群臣上陵。今日之事，於予心大有所怵惕愴感者。予嘗夢謁孝廟，握手歡喜，玉音丁寧溫諄，怳若平昔。覺來涕泗交頤，追慕倍切。噫！求之神道，不遠人情，至情所在，天必矜恕，則雖至愚而神之民，豈不知此行之萬不獲已也？予志已決，卿其安心思量。”府君言雖不行，論者以爲得大臣體。

兵曹判書李師命被尹世喜疏論，出城待罪，朝廷久無處分。府君箚陳“師命重臣也，有罪無罪，不當置疑信間，宜詢公卿，明覈虛實”，仍請先遞其職，上從之。世喜引避侵詆，上謂府君意在明愼，斥世喜以不韙，復於府君疏批，慰釋甚至。

上幸陵，府君又受命留都，車駕還，府君强疾問起居。疾大作，遂請急，上三賜批不允，又以御札宣諭，備論時勢岌嶪之狀，責以弘濟，有曰：“卿以元老大臣，夙負重望，身佩安危，義同休戚。小子之倚毗，朝野之想望，豈曰淺尠？而不思所以維持鞏固之計，汲汲然捨予求去，決非平日所望於卿者也。”

府君感激涕泣，欲强承恩命，而疾益深，不能復起矣。箚告，上輒遣承旨、史官傳宣，又使掖隸賜酪粥御羞。太醫數人相守，藥餌問訊交於道。及疾革，口號上遺疏曰："臣受國厚恩，位至三事，福過災生，疾病將死，區區一念，長在楓宸。目今時勢艱虞，百爲渙散，惟願殿下嚴宮禁杜私逕，公視聽抑浮躁，進耆舊用賢臣，以爲扶傾回泰之助。臣一息未泯，終無一言而死，則平日欲報之忱，無由自暴矣。神昏氣短，不勝悲咽涕泣之至。"上批曰："省卿箚辭，誠誨殊切，令人不覺感愴。予雖不敏，可不留念而服膺焉？"竟以五月二日辰時，考終于城西第之正寢，春秋六十三。嗚呼痛哉！嗚呼痛哉！

上震悼爲之輟朝，遣承旨弔孤，又遣禮官致祭，賜棺槨，又限三歲不收常廩。公卿大夫咸咨嗟相弔，以至輿儓吏隸，皆曰"賢宰相亡矣"。有司具儀物，以七月三日，葬于龍仁治東泉洞坐丑之原。元配羅州朴氏，僉樞、贈吏曹判書濠之女，觀察使東說之孫，莊淑貞靜，有女士之行，宗黨頌其德。甲子十一月十五日卒，去其生丁卯五十八歲。封貞夫人，加贈貞敬，權窆于右崗，至是與府君祔焉。

生三男一女，男長晩昌進士，有文行蚤世。次不肖晩成，文科壯元、判書，以府君命出後持平公。次晩堅文科、監司，爲都正公後。女適判書洪受瀗。

繼配慶州朴氏，通德郎世英之女，承旨弘美之曾孫，英秀惠哲，治壼有法，封貞敬夫人。丁酉五月十六日卒，享年五十三，葬于府君墓右之崗。生一女，適士人吳履周蚤死。

晩昌娶驪陽府院君閔維重女，一男緈文科重試、參判。晩成娶領議政金壽興女，一男絿進士壯元、洗馬。女進士金星澤。繼娶奉事金淵女，一女幼。晩堅娶監司尹嘉績女，二男綬、維，四女長尹汲，餘未字。洪受瀗三男，禹齊判官、禹諧、禹集，女李顯崇。內外曾玄若而人。

府君風儀凝重，宇量洪深，和粹之氣，積中而發外，望之知其爲大人君子。仁恕忠慤，謙恭儉約，外寬而內明，質厚而才敏，口不出忿懥之言，身不設傲慢之容，不拘拘於繩墨規度，而蓋其德性然也。童年遭難，出入異域，卒能周防其身，以脫羈危，其器度識慮，非常人所及，殆孟子所謂"將降大任，必先勞其筋骨"者矣。

弱冠寓扶安，就深山荒僻處，啓辟擴剔，駕屋而居，凡所經紀，井井有緖，識者已知有經濟之具。參議公家法甚嚴，府君自幼少謹受訓戒，未嘗一煩訶責。平居侍側，怡色婉容，務以順適其意，故於諸子中鍾愛特甚。

參議公嘗守金堤，去扶鄕密邇，府君每以圃瓜、溪魚進，參議公喜之曰："官享豈能及此?"其居喪易戚兼盡，常以祿養未終爲終身痛。得一雋味，必爲之臉泫，至晩年猶然。兄弟友愛篤至，比舍同居，日必相會，會則語笑湛洽。或杖屨周旋於園池庭宇之間，夜分乃罷。都正公年近八耋，事之如嚴父，時其寒煖飢飽，若溫公之於伯康。

待庶母極厚，推以及於庶弟妹，撫愛存恤，曲有恩意。又篤於宗族，振窮濟困如不及，故無論疎戚遠近，歸之如家，姊子之失怙恃者，至移宅而依焉。

尤謹於奉先之節，以宗家貧甚，祭具必取辦於家。其助奠也，愾僾以致其誠，不以微恙而或廢焉。外舅僉樞公性嚴，雖素重府君，而或不如意，聲色甚厲，府君輒怡然受之。贅居十年，絶無幾微見色，僉樞公每歎曰："李郎度量，人不及也。"

參議公師事文元老先生，淵源有自，府君雖不摳衣於二宋先生之門，而景仰慕悅，常以門生自處，先生亦敬重之，屈伸榮辱，終始與同。尤齋之謫蓬山，禍且不測，人皆惴惴，而府君獨餽問不絶，又往拜栫棘中，留連數日。後上之敦勉尤齋也，輒命府君，凡三往返焉，蓋知其情義之篤也。

以金尚書起宗有知遇之感，按節過其墓，操文以祭，懷恩君坐逆獄死，爲直其寃以報德。所交遊皆當世聞人，而與驪陽閔公最莫逆，有事必相咨，至老無甘壞。及其沒，力疾往哭，退而泣涕竟日曰："吾自是踽踽，無意於世矣。"

閨門之內，雍雍如也，待家衆有恩有法，常戒不肖等曰："吾家以忠厚謹愼相傳，毋或忝我先德。"都正公以節孝見擢，都憲公被召造朝，禮遇甚隆。判書公又迭代顯要，每朝退，軒軺後先，賓從塡門。府君則愀然曰："家世孤寒，而吾兄弟名位過盛，其無滿溢之懼乎？"少時無宅於京，中年移建南鄉舊舍，不蔽風雨，歲久始易以新材，而府君猶不樂曰："於吾分亦過矣。"當飮食，必致謹，深以暴殄爲戒，雖非所嗜，亦不見厭惡之色。童稚或有嫌其菲惡者，必盛責之曰："汝輩生於安樂，不知艱苦，此驕侈之所由生也。"每擧其在瀋時事以詔之。官位崇高，而處身若寒士，華靡之服，不近於體；玩好之具，不留於家。

屢典藩府，廐無良馬，俸給之外，絲毫必謹。尺布斗米，亦不輕以與人曰："此公物也，安敢妄費？" 嘗曰："士大夫不耕而恃祿，一失其官，百事皆苟。" 故非在朝，則退以耕于野，或躬治圃畦以爲樂，一毫不以求諸人，或有非其饋者卽却之。然皆稱心而行，不欲爲皎皎名，悃愊無華，忠實不欺。

待人接物，渾是一團和氣，無親疏貴賤，一以誠款，見者心悅如有所得。洪尙書受㴆常曰"吾在甥舘三十年，未嘗一見公憂戚忿厲之容"云。故舊沈滯者擧之，有患難則救之，死則又卹其後事，不以存沒而貳其心。後進及門者，奬勵誘掖，眷眷不已。其爲通津也，民有至親相訟，府君諭以天倫之情，反復懇惻，其人感泣謝罪，不復相爭，及遞歸，餉以魚蟹。庶族有兄弟相鬩而不相見者，府君涕泣曉之，乃復如初，其德化之感人如此。

自在韋布，人以公輔期之，蚤登明廷，砥礪名節，一時士流，咸倚以爲重。出入言議，朴直自守，前後所論，無非匡君德、扶士林、樹倫常、振法綱之事，雖屢遭顚沛，而不知悔。出試外服，輒以才猷顯，深仁厚澤，浹于一方。朝廷知其能，駸駸大用，而時勢遽大變矣，退屛鄕里，囂囂若將終身。流離竄逐，備嘗困厄，而不動吾一髮。及夫邦化更新，群彦彙征，不踰歲而致身八座，至有忠藎可屬大事之敎，蓋府君讜直之節、通敏之才，有以受聖上特達之知矣。府君感激殊遇，遂以盡瘁爲期，位望愈隆，績用寀著，民且望其朝夕入相，而晩獲登庸，府君疾已甚，而國勢時象，亦不可爲矣，豈非天耶?

其當官也，律己以簡，御下以寬，遇事恢刃，無所滮灩。設施措畫，周詳縝密，常以澤物利人爲心，而行之出於至誠，故德惠所孚，人皆感服。在嶺民尤有沒世之思，自後遇饑歲，方伯出巡，則輒擁路號曰“願如辛亥李按使”云。

平生未嘗妄殺一人，雖罪應死者，必求其可生之端。凡有寃獄，多所平反，人以爲有陰德。素不喜榮利，有難進易退之操，視世之翕翕馳逐者，若將浼焉。累任權要，而商譯之徒不迹於門。常時退然若無能，而義之所在，確然執守，雖賁、育莫能奪。聞人有一善，喜而稱道之，或言人過惡，恒若不聞也。然而當官糾劾，則惟視事之是非，雖知舊不少貸。

壬戌以後，士論分析，府君累典銓柄，不激不隨，而至於陰陽淑慝之別，處之甚嚴。及時勢嬗變，有羸豕蹢躅之漸，則擧世瞻顧，或請釋奸黨，以爲日後圖，獨府君卓然不撓，前後爭論甚力，雖積被怨嫉，而不顧也。每聞時政闕失，歎咤終日，晩年艱虞日深，歔欷不自勝。愛君之念，一飯不忘，常曰:“頂踵皆上恩，吾何以報也?”寢疾且數月，無一語及家，惟諄諄說國事，半藁忠言，激切悲惋，尤致意於嚴宮禁、杜私逕之戒。未幾群凶圖廢母后，彝倫絶而宗社幾危，府君之至死惓惓爲世道深慮者，不幸而果驗矣。至於宗學之請，人所難言，而府君獨能言之，蓋以宗國之憂爲憂，而利害禍福，一置之身外矣。

己巳，李玄紀白上曰：“李某之請選宗英，蓋與宋時烈不賀元子，同一機關。”上不答。向非日月之明，闔門幾不免矣，使府君在世，其禍又可勝道哉？壬人巧譖之狀，有不忍正視，而府君危忠血忱，由是而益暴於後世矣。

高陽陶井里有副學公別墅遺址，府君作亭於其西麓，與判書公亭舍相望，扁以逸休，仍爲之號，蓋取金慕齋兄弟恩逸、恩休故事也。

於外物泊然無所好，惟愛琴、鶴、圖書以自娛。裒集古人耕漁樵牧之詩，名曰《閒中歌詠》，每於靜夕，朗吟陶令《歸來辭》，三復致意。嘗得古畫，推《豳風》遺意，作十二月圖，以記我東農作之功。文谷金相公白上取入，以備觀省焉。

文才甚高，聰明又絶人，少時讀誦，終身不忘。嘗出入場屋，人目之曰：“此行祕書也。”長於詩律，遇興陶寫，往往有唐人韻格。洪都尉柱元慶席嘗作詩，文谷諸公皆嗟歎推遜，其餘諸作，或膾炙于世。駢儷又精鍊典雅，而府君不欲以小技自名。酷好佳山水，屢遊楓岳、俗離諸山，欲誅茅嶺東，而有志未就，常以爲恨。

嗚呼！府君仁厚之資、孝友之行、謙愼之德，蓋已得之於天而修之於家；忠愛之誠、讜朴之操、經濟之才，又皆發於言語而見諸政事。是以立朝三十四年，謨猷事業，具有本末，直氣振於臺省，惠澤被於黎氓。憂國忘身，敦確一節，凜乎有古大臣風，聖主許以藎臣，朝野號爲完人，雖其天不假年，志業未究，而尸諫之忠，炳炳如昨，百載之下，亦或有想像感涕者矣。

府君沒未周歲而士禍作，大憲公瘐終獄中，判書公沒於鵩舍。後六載，天日重明，寃枉畢伸，世道飜覆，靡所不有，而府君皆不能知矣。不肖等蒙陋無識，相踵而登于朝，過被榮渥，獲逭大戾，豈非府君積德餘休以庇燾於無窮也哉？

嗚呼！府君之棄諸孤，殆將三紀于玆。不肖等每擬纂次遺事，以託當世立言君子，以爲發揮闡揚之圖，而顧以晩生謏聞，多所闕漏，因循淹延，汔至于今，使懿德美行浸遠浸微，是則不孝之罪也。仍念府君平日常病世之華而少實者，又何敢過爲浮衍之辭，重自陷於誣先之盭乎？玆敢收輯耳目之所及，以徼一言之惠，伏惟執事垂仁而採擇焉。

陶菴集

卷四十八

行狀

行狀

縣監五恨朴公行狀

先生諱成乾，字陽宗，五恨其號也。咸陽之朴，肇自高麗禮部尙書善，奕世貴顯。高祖之彬朝淸大夫尉衛致仕，曾祖季元未冠文科，官至郡守，贈判書。祖思敬武科郡事，考彦萬戶蚤世。先生資性修潔，卓犖不群。家于靈巖之鳩林，鳩林爲湖海勝處，有水竹陂園之趣。先生居而樂之，作閒竹亭，日哦其間，若將終身。晚升上庠，遂中成化壬辰文科，錦城教授、春秋館記事官、昭格署令、長水縣監，其歷官終始也。

居家行義篤至，動循榘度，鄉黨以爲則。尤喜誘掖後進，及爲教授，文風彬彬丕變。嘗作《錦城曲》六章，被之絃管，錦人至今傳之。在長水，一以儒雅爲政，四境大治。而先生雅志邱壑，不肯隨俗俯仰，幅巾南還，杖屨蕭然，左圖右書，嘯傲一室。其於富貴利達，視之若浮雲，徜徉自娛，年七十以終。蓋其生在永樂中，卒於成化末，而莫詳其年月也。

所著詩文，逸於兵燹，獨三絶句傳焉。其一曰："東臥竹亭西泛舟，南溪濯足北園遊。平生浩蕩不羈志，南北東西任去留。"再思李公黿爲胤子孤狂公作亭記，而盛稱先生此詩，以爲豪邁絶俗之氣，與浴沂者同，卽此而猶可想見其爲人矣。孤狂公諱權，剛直端方，見重一時。燕山時以正言上疏極諫，謫吉州，尋南遷。中廟反正，赦還田里，未及進用而卒，贈司諫院大司諫，見《甲子名賢錄》。君子謂“五恨清操，固難及，而以孤狂爲子，爲尤難也”。先生沒後二百餘年辛酉，鄉人立祠于月出之西，以祠先生父子。越三載，以先生孫生員奎精有至行，又躋配焉。農巖金公昌協嘗著先生三世行錄，而後孫淳愚以其中有一二脫漏，復屬綷爲狀。

竊惟湖南古稱多奇偉豪儁之士，一朴氏之門而得先生已重矣，子若孫又何其多賢也？雖其言行標致，邈不可詳，而先輩記述，咸可考信。高風直節，足以聳動後人，鄉先生沒而可祭於社者，其是之謂歟！遂敢撰次如右，以俟立言君子之財擇，若其雲仍之盛，玆不悉錄云。

掌令尹公行狀

公諱趌，字汝直。尹出坡平，上祖曰高麗太師莘達，其後世有聞人。至吏曹郎處亨謫綾城，子孫仍爲湖南人。高祖默直長，曾祖殷卿、祖滌皆參奉，考時衡主簿。妣光州金氏，進士亨珌之女。公以嘉靖甲子七月一日生，甫六七歲，已能知事親之方，得一美味，必忘其口而進之。聰穎絶人，過目成誦，三日盡《少微史》一帙。嘗手卷而行，誤入深林，有虎當前，猶耽玩自如，其嗜書如此。

擢己丑增廣及第，隷槐院，爲便省覲，得參禮察訪。遇壬辰之難，監司李洸擁衆逗留，爲鳥竄計。公見洸按劍言曰：“國危如此，公爲一道元帥，乃欲以賊遺君耶？”洸色戰久之曰：“軍無食奈何？”公曰：“吾請自當一馬馳去，轉輸立辦。”洸不得已進兵，尋敗歸。體察使完平李公元翼奉世子南下，奏署幕府，且言公才學宜盛玉堂。會有急報當牒聞，呼公使書，辭語繁委，一聽便領會，頃刻盡十紙，無一字錯。完平執手歎曰：“此奇才也。”

甲午，爲茂朱縣監，從權元帥慄進戰于幸州大捷。丁酉，巡察使黃公愼又以檄召公參軍事。公家在務安，父母俱陷賊，公亟歸葬，廬干墓側，晝夜哀號，行路爲之出涕。壬寅，爲兵曹正郎。翼年通判公州，州新經兵燹，公私赤立。公至則以撫摩爲先，流戶歸而荒野闢。又刱大同法，稅省十之七，民大蘇，事聞有褒錫。間拜江原都事，入爲司憲府掌令。朝議以康津弊甚，特選公授之。孼臣承宗按道，以私事干公。公伉厲不苟循，知承宗怒，即日棄歸，民遮道願留。承宗還爲之摧謝而不能得，由是大銜之。後由鏡城判官移龜城府，有傍邑子在臺，挾舊憾劾之，南土章甫交章伸枉。光海撫軍時已聞公志節，命反坐言者。朴燁爲北兵使，恣行威虐，人畏之如虎。公以評事面斥其僭汰，拔劍擊坐榻折其足，燁少挫，北人至今傳道其事。

公素剛直，與世寡合，浮沈州縣間，未嘗一日安於朝，間除弘文館校理不就。見時艱日棘，意悒悒不樂，退臥洪州田舍。又移寓坡山，自號夢坡，日以詩酒爲娛。先是盆山人蘇鳴國憸險無行，見擯鄉里，走藏爾瞻、承宗之門，倚勢作威，南士多被陰中。及公再爲掌令，儕友謂公善搏擊，皆勸之起，公亦慨然欲爲士類除害，遂於赴召之日，卽發吏捕鳴國，得於爾瞻家，數以十大惡將殺之，聞者震栗。會公受暇南下，二凶嗾鳴國，從獄中上變，言平陵君申景禧云"塞門洞有王氣而尹某與知之"，遂成大獄。承宗爲判金吾，極意鍛鍊，名流多株連。綾昌公子謫死，公則死於桁楊之下，時乙卯九月二日也。蓋塞門洞卽章陵舊第，而公之婦家於仁獻后爲至親，群凶耽耽有禍心，而以公嚼舌無亂言遂已。嗚呼，此天也。論者謂公一死，爲聖祖塞禍，雖謂之功存宗社，亦未爲過也。癸亥反正，首雪綾昌之寃，公亦復官，卽命贈爵，且錄用子孫，而寢不行。肅宗辛酉，其孫憲上章自陳，相臣閔公鼎重又爲之言，始贈承政院都承旨。

公凡再娶，文化柳氏，同知麟趾女，平山申氏，節度使砬女。四男三女，之聖、之商、之重、之殷，婿曰參奉辛喜永、李伋、金世柱。之聖，柳氏出也，生宰、宷、寶、憲。之商生賓、寅、宏、寔、憲。之重生寬，之殷生審、實、定。公爲人巍偉，慷慨有大節，一時名賢如浦渚趙公翼、八松尹公煌，爲莫逆交。長於爲文，月沙李公廷龜嘗讀公詩，至"去國只三日，懷君猶十年"之句，歎其忠愛。又尙義氣，散財急困如不及，當饑歲，路丐望門如歸，全活甚多。群盜甚義之，相戒不敢犯公家云。公葬于本縣陽洞，曾孫甲民旣樹碣，又請余狀德之文，謹就家乘所載，序次如右，以俟後之立言君子。

觀察使申公行狀

公諱翊亮，字君輔，號象峰。申氏出平山，上祖壯節公崇謙麗氏忠臣。有西湖散人曉，我太宗朝以正言不仕。後三世，至瑛參贊，諡夷簡，己卯名賢。是生承緖開城都事、光緖永崇殿參奉。公之考諱鑑，都事公之子，而出後季父，官刑曹參判。其伯曰欽，是爲象村文貞相公。尤菴嘗爲公銘曰"公輔之望，實與文貞公難兄難弟"云。參判公娶平壤趙氏，都承旨仁後女，萬曆庚寅生公。

生而岐嶷，能言便識字。嘗夜從群兒遊，見鬼火明滅叢薄間，已而逼人，群兒驚走，公獨嬉戲自若。參判公遊宦四方，公九歲從焉。時兵戈搶攘，而儼然危坐讀書，觀者異之。居二年，參判公以評事至龜城病疽，公涕泣迎醫，以至飮食便旋之節，皆默識之，左右調護，疾遂已。及參判公丁憂，公弱冠幹蠱，供筵饋接賓客，內外家累幾數百，而咸得其歡。文貞公歎曰："此兒之職，吾亦難能。"壬子，進士。是後光海日昏亂，公廢擧業，耕于原州江上，讀書十年，淹穿百家。仁祖反正，除義禁府都事，不仕。時文貞公秉勻，淸議出其門，公又夙負公輔望，而能退然自守，不與人交遊。除翊衛司侍直，陞衛率。丁卯亂，扈東宮至全州，旣而爲居昌縣監，政理訟平，最于一道，錫表裏。

辛未，參判公卒，病時割股，居喪廬墓終三年。由工曹佐郞，監泰仁縣，縣素號煩劇，公談笑剖決，終日觀書。乙亥，擢文科，翼年虜釁作，淸陰文正先生薦公通達世務，超授晉州牧使。丁丑，特拜本道觀察使，言者論驟陞遞。夏，又授湖西節。時兵禍未戢，朝議急賢，方駸駸大用，而公痛國家羞辱，無當世意，固辭遞，寓山陰深谷中。淸陰、桐溪二先生自南漢大歸于南，公每一馬過從，相與扼腕流涕。除淸州牧使，尋解歸。公弟翊隆、弟之子曼亦高士，同居忠州之木溪，又喜淸州晴川山水移居焉。是後屢除承旨及戶、禮曹參議，外則義、驪、海三州，皆不起，惟一謝承旨，一赴全州府。爲承旨時，聞虜使至，移疾亟歸。自全州僦居沃川，又懷仁江上。

甲申，聞皇都三月陷，與弟姪相持慟哭，嘗自誦曰："《易》云：'天地閉，賢人隱。'此豈君子出而仕之時耶？"又拜承旨、密陽府使，不就。拜兵曹參議，一謝歸安城村舍。丁亥，又除承旨、南原府使，不赴。朝廷斥補德源府，府在鐵嶺外，公强赴官，未久陋俗幾變。己丑，投紱歸，吏民號哭送之。五月，仁祖上賓，公入臨，淸陰諸賢方赴朝，新化淸明，朝野傾翹。諸公爭欲留公，公不肯久之。凶徒密通虜，欲禍士林，北使六七壓境，諸賢奔迸，始服公見幾。庚寅，復除承旨，不起。五月十一日，卒于春川之三內村，年六十一。

公器度魁梧，沈深寡言笑，平居毅然有不可犯之色，而在親側則柔若無骨，服勤惟謹。早失恃，語及必涕泣，骨肉疾病死生，各盡其情，人或況之庾衮。冠昏喪祭，一從文公《家禮》，每日晨謁廟，退坐正寢，讀《小學》嘉言善行，令子弟講論於其前。又令婦女日誦《女訓》，婦初來，必手寫《小學》及國朝烈女事蹟以與之。珍玩奢靡之物，悉斥遠之。子弟不敢以褻服見，入其門者嚴若治朝。自少不邇聲色，酒戶甚寬，亦不及亂。平生畏名若怯，不欲爲崖岸斬絶之行，而招之不來，麾之不去，確乎有難奪之操。衣取蔽體，食取充腹，環堵蕭然，不蔽風雨，而處之逌然，凡世之富貴貧賤榮辱利害，不足以動其心。惟聞國勢危棘，政令乖錯，則憂悗幾廢寢食。

其論治道，不泥於古，不流於俗，鑿鑿皆中理，而卒不能一施。其見於數邑者，則威惠幷行，先之以文教，嶺人過其碑者，往往流涕。與淸陰爲莫逆交，淸陰嘗論當世可爲相者三人，公處其一云。公嘗喜吟曺南溟"萬古天王峰，天鳴猶不鳴"之句，擊節歎賞。趙滄江涑嘗字公曰："與某語，若山岳下壓。"其氣像可知。又明於鑑識，一見尤菴先生於逆旅，歎曰："此儒宗也，然他日士禍，其不免乎!"趙絅少立節昏朝，有時望，而公獨言晩節可憂，後如其言。

夫人李氏，掌令軫賓之女，三男畾、曇、晏。繼配高寧朴氏，府使孝誠其考，一女適羅星緯。側出二男勖、遏進士，一女爲生員尹斗晩妻。用華、觀華、鳴華縣監，長房出，泰華、日華出爲曼後、濟華，季房出。遏子戴華、緯華、遇華。曾孫曰恕、愿、慤、憙、聽、志。恕進士，實尸公祀。公墓在驪州斗屯里某向之原，朴夫人祔。李夫人墓在金浦。

余竊迹公行事而論之，公地崇量閎，兼有文武才，卿相可立致，而乃能脫然自放於荒寂之濱，流離困頓，以終其年，而無所怨悔，豈欲以眇然一身扶得天地間大經耶！其心則淸陰、桐溪之心，而又泥其迹焉，其迹愈奇而心愈苦矣。朴久堂長遠，其婦姪而忘年者，燕語歎曰："吾則老矣，與世相違，君必遠到，將何以待北虜乎？"朴公後爲儐使之龍灣，念公語爲之出涕云。嗚呼，天下冠帶之國，惟我東一區，而今之士大夫大率生老死於金珠皮幣之間，不復知有含寃忍痛之義久矣。使公坐見，其以爲何許人也？恕臨死，以公從曾孫愈所爲狀，屬余狀德文字。余悲其志，遂敢撰次志業之大者如此，後有立言者出，尙或考徵焉。崇禎再戊申夏，三州李縡狀。

參奉德菴沈公行狀

公諱梯，字德昇，其號曰德菴，尤菴宋文正先生所命者也。沈氏出靑松，高麗文林郎洪孚其始祖。而有靑城伯德符佐我太祖開國，自是圭組煇爀。左參贊諱光彦，於公爲五世，是生參奉諱鉉，生監察諱宗範，生諱倬，當昏朝，斥絶賊臣韓纘男婚議，爲其所迫逐，寓江上，以布衣早卒。是生諱之漢，文科承旨，娶安東權氏，兵曹判書徵曾孫，擧四丈夫子，公序居其二。

自幼端重，不待程督，能自課學，未及弱冠，已成巨儒。其遭承旨公喪，一遵文公《家禮》，別築書齋，與次弟楷恒處其中，饋奠之餘，潛心經傳，講討不怠。旣而楷早沒，公自以同氣間失一畏友爲痛，益自刻勵。及母夫人卽世，執禮一如前喪。公素無仕宦志，以母命就公車，自是不復應擧，專心爲學，州里之間，多聞風從遊者。公初拜尤菴先生於萬義寺，先生問君年幾何，對曰："生於丁丑也。"先生愀然曰："亂後生也。"仍曰："大明時事知之乎？"對曰："未能也。"歸後公上書請其時垂問之意，先生答曰："愚意以爲生在丁丑以前，而霑被皇朝雨露者，尤不敢忘皇上之恩也，此則爲亂前人歎也。生在丁丑以後者，未及見皇朝文物威儀，當日因尊丁丑字，而於心戚戚，不覺其發於言耳。"公之平生以尊周攘夷爲第一義者，蓋於是有所受矣。

公讀書有疑，輒以書質問於先生，往復或至再三，先生歎其精確。及先生之謫長鬐也，公往候之，講論義理，臨別公作詩以呈。先生曰："纍人不敢和也。"後追寄以示眷眷焉。公於玄石朴公，亦許以道義交，屢有往復。承旨公以淸白傳家，子孫無以爲生，分處遠近。公自竹山移寓海州之高山，去栗谷先生舊居甚邇。時與學子拜院訖，陞講堂讀《擊蒙要訣》一編，又或徜徉於巖川之間，命冠童歌先生《九曲歌》，僾然如或見之。公新寓築室陋甚，人笑其拙，則輒引"外物好時，身心先不好"一語以自解。及伯氏主簿公卒，痛念宗祀無主，奉先世廟主及邱嫂以歸，蓋倣栗谷先生遺法也。

承旨公嘗取《大學衍義·崇敬畏》及《豳風·七月》、《周書·無逸》、《周禮》荒政·邪正數條，爲四簇進箴於孝廟，特賜嘉奬。末年著《易月卦圖說》，擬進御而未及。公就加研究，又積以歲月，著《衍會》一書，且蒐輯《詩》、《書》、《周禮》諸書中冲人所當知者，欲獻于肅宗朝，以繼承旨公遺志，而不果上。公隱居求志，不慕榮進，而傷時憂國，不以草野而有間。嘗以爲賢邪進退，國家治亂所係，聞朝廷進用人才，必曰"某也賢"，曰"某也邪"，賢則喜形于色，邪則憂歎終夜，無非至誠惻怛之所發。

時有老少分黨之目，公爲之大戚曰："西南色目，已爲亡國之基，而又有此同室之鬪，無限禍機，伏於冥冥。旣知其如此，而吾敢恝然乎？"遂上書尤菴曰："目今人心橫潰，士趨未定，時事紛亂，國勢無津，先生何不念及於此耶？夫救燎，猶可及於始燃；而防川，尙可爲於始流，老少之論，方如始燃始流之勢。先生及此時，思所以救防之術，少輩雖有詆斥之論，恒示涵容；老輩雖有過激之議，益勉調協。惡惡而不至於已甚，善善而不至於太偏。感伏人心，而整頓士林；和平時事，而鞏固國勢。豈非先生今日之責，而一國之所望於先生者乎？"

又與玄石書曰："竊聞尊言語行事，必欲自異於尤丈，稍分頭角。愚始聞而不以爲疑，今則此言轉輾傳播，牢不可破，此愚之所以大憂者也。"又曰："昔年黨議之始萌也，愚以難於保合爲憂，而尊則謂少論當止矣。以今觀之，愈往愈甚，如火益熱，如水益深，人心陷溺，士氣摧沮。使時勢至此者，是誰之過耶？今此論之張甚，未必不由於尊之助其勢也。尊之親戚，惟老輩是訾；尊之朋游，惟少輩是與，尊必與聞矣。尊雖欲自明，恐不可戶說也。自此以後，勿令復有言老少黨事，以冀消釋，終臻和平幸甚。”

又以書戒尹拯曰：“老少黨議，盛遍一國，兄與玄石共當任咎。黨禍已萌，轉輾否塞，忠正潛縮，邪慝傍伺，不知末梢何以出場。兄與尤丈所相失者，只是墓文一款，在兄之道，所當不出惡聲，深自悔責，以俟百世公議。而乃反起一鬧端，先自角立，使素所不悅者，藉兄而並起而攻之，任其咎者，非兄而誰？兄家自八松以來，孝友忠信，有聞於世，而及至今日，變起師門，挑作禍機，以至人不可爲人、國不可爲國，當世之視者，將如何？後世之論者，亦復如何？願兄與子恕及群從兄弟，相勉而回敎之。”子恕，拯弟推之字也。

玄石又方主一番人擇才參用之論，公深以爲不可，據理曉之，而終不回。公復貽書論辨，反覆數千言，略曰：“栗谷先生之世，黨論始萌，邪正未辨，先生必欲調劑通融者，此至公至仁之意也。今則時勢懸殊，攻栗谷者決是小人之徒，尊栗谷者多有君子之類。邪正已分，善惡自別，彼輩之迷君誤國，無所不至。前以斥從祀爲時論，今以告宗廟爲時論；前以廢大妃爲奇貨，今以辱慈聖爲奇貨。得時得志，則必至戕賢蠹邦；失時失志，則必欲廢母易君。其奸情慝態，畢露無餘，則何必以此等黨類，參錯於西人之中，以貽我東方無窮之禍乎？執事嘗見水火同聚，能保其勢乎？薰蕕同淆，能保其臭乎？君子小人同用，而能保其治乎？

夫善善而同其淸，惡惡而同其濁者，理固如此。西人之中，退其劣者斯可矣，南人之中，進其優者，則其優者又引其類，充滿朝廷，嚮之許積事可以鑑矣。嗚呼，栗谷以打破並用爲論，而終有癸未之禍。矧今時與栗谷之時異，而南人稔惡，與東人別，則其不可混而用之，不待智者而可辨矣，此愚所以主淸陰癸亥之論者也。”玄石答書又張皇皇極之說，至以不仁誚公，己巳禍後，玄石始服公明見。

尤菴先生後命之日，公爲位而哭之。甲戌更化，玄石復被徵拜左相，書問去就於公，公答曰：“以愚見之，執事戊辰膺命，恐是不量而入。今則聖上新悔悟，而國事抏隉，廟堂空虛，爲時而出，弘濟艱難，是執事責也。然而格心正名，此第一義。”玄石遂造朝，時命擧經明行修，玄石薦十二人，以公爲首。後庚辰，始除穆陵參奉，不拜。

甲申，與遂菴權公書曰：“仄聞大明皇帝建廟之收議也，尊有建于江都之論，未知然否。愚則以爲神宗皇帝廟宇立於通衢，不然則立於京城內外幽靜處可也。何必奉安於僻陋一島哉？此等事，須出於光明正大而後，可以聳動乎當代，有辭於後世。彼北虜亦或感服而欽歎之，何所憚而預自疑慮哉？”先是公家賊奴引强盜明火突入，欲害公父子，公之配吳氏冒白刃，爲公翼蔽，重傷以卒。公僅以身免，卽去之交河，旣已卜地於坡州月籠山北，結屋未就，偶感疾，以丙戌五月七日卒于寓舍，春秋七十。

公凡三娶，坡平之尹、海州之吳、豐壤之趙，皆恭人也。吳恭人之祖曰縣監允諴，楸灘相公之弟也。其同公處貧而無嗟怨色，寔有鹿車遺風。恭人死後七日，夢於松都醫人之在賊家者，使持贓衣以告，遂得賊而誅，人皆異之。海鄕章甫以節烈聞于朝，命旌閭。尹氏年二十，趙氏壽六十一卒。吳氏一男二女，男益熙早卒，女適觀察使徐命淵，季未笄而歿。孫曰重夏、重殷進士，皆有文行，不幸早死，重周進士、直長。重殷男一鎮出爲人後，次洙鎮。重周二男，長爲伯父後。

公容貌嚴毅，操履敦確，視瞻不回，笑語不妄，天姿固已近道。而其爲學不務新奇，必主乎平實；不務躐致，必主乎積累。以《小學》書爲受用之本，朝夕觀省，視爲準則。平居晨起，終夕危坐，俯讀仰思，有得則輒記，每誦曾子死而後已之訓，至老而無倦。家素貧窶，而不事産業，晚年並日而食，處之晏然，其於一切世味泊如也。

閨門之內，斬斬有法，嘗曰："姑息而待妻妾，則妻妾不敬而無禮；姑息而愛子孫，則子孫不學而無行；姑息而使僮僕，則僮僕不事而無知，爲家尚然，況於爲國乎？"其教也，先行義而後文詞，貴經術而賤科業，自邇及遠，循循有序。性不喜流俗，每事以古道爲準，誠心接物，聞人善則若己有之，見不善而若或浼焉。節義忠孝之人，雖窮閻匹庶，極意褒揚，或恐其湮沒。鄉黨之以財利相爭、爲酒色所溺，而得公善諭，涕泣改過者，往往有之。

公雖身不出草萊，而言論之關係世道者甚大，蓋公於尤菴先生，尊之以師，尙矣無可論，至如玄石及尹拯，待之以友，嘗字之。然於是非好惡之際，截然無所假貸。嘗曰："和叔則與論西南用捨之道，而其學術可知也。子仁父子則見前後擬書，其心術可疑也。"又曰："尤菴遇事，惟義所在，而勇往直前，有壁立千仞之意。和叔善涉世情，却於利害關頭最分曉。”又曰：“尤菴，栗谷後一人，論其學問，則眞和叔之師表，而和叔反與之背馳，馴致亂階，可謂有見識乎？和叔要與少年輩共濟國事，而不知與老成諸人乖隔則無能爲也，可勝歎哉？”又曰：“尹拯之裁書於和叔也，和叔若直據義理而痛責之，則拯未必遽肆詆斥，而和叔之書，但使其摧謝而已，使拯也終至背師，此和叔之責也。”謂其子孫曰：“師弟子之道至重，而東方數千載師道之尊，至尹拯而遂廢，痛哉！士林乖爭，各尊其師，互相詆毁，惟朴和叔居中而無一定底議論，無眞正底見識。今之求師者，宜愼所擇哉。”

公與拯且有連姻之好，交誼頗密，及公屢書戒責而終不悛，尤菴遘禍，而拯見擬憲長，自是絶不書問。至公老年，拯見公宗人誦傳公詩，乃次其韻，又寄書以叙舊情。公笑曰：“吾絶交久矣，豈有今日論交之理哉？”宗人固要其答，而終不肯，其處義之嚴如此。嗚呼，自夫世道乖裂，歲月浸久，義理愈晦，後生初學各溺於聞見，雖自謂略曉是非，而何能究極其源委也？至於後之尙論之士，多未易得其情實，而若公者身處師友之間，閱歷變故，終始公聽幷觀，信心發言，其見識之明透，議論之峻正，可以徵信於百世之下。故愚於其狀德之文，特書而不一書，雖煩而不敢殺，斯亦衰世之意也歟！

左承旨朴公行狀

公姓朴氏，諱致道，字學季，其先平陽人，後居光州。大提學文肅公錫命顯於國初，公其八世孫。曾祖貞壽，祖彦瑊，考忠挺成均進士。妣高靈申氏，父曰別提渾，歸來亭末舟之後。公以崇禎壬午生，幼而穎秀，間有驚人語。及就學，過眼成誦。十六而孤，持制若成人，事母婉愉，與兄居怡怡。進士公以經學名，嘗教公以《朱子書節要》、《心經》、《近思錄》，且戒之曰："讀書必反諸身心，方有益。"公服膺不失，潛心玩繹，不専爲公車業，聲聞大振。二十一成進士，二十七擢文科。尋丁內憂，服闋，入槐院，由著作除金泉道察訪，郵人誦其淸白。陞成均館典籍，轉司憲府監察，出爲濟州判官。濟產駿駒，南土以貨，公獨禁光人不得近，蓋用范文正戒兄子語，又爲羅州提督。時世道大否，公久抹擲于外。

庚申，始除江原道都事，遷司憲府持平、司諫院正言，帶三字銜。昭顯孫焜非辜竄海島，公請疏釋以全親親之恩，又言賊鏶當施逆律。尋出監沃溝縣，遘痘，民祝曰："我侯愛我誠，願神之保佑之。"疾已，又相與忭祝云。拜咸鏡北道評事，有不悅者尼之，歷兵曹佐郎、正郎，選弘文館爲副修撰、副校理，復入兩司爲掌令、執義、獻納、司諫。間爲司僕寺正，擢承政院同副承旨，用廟堂薦，授東萊府使，律身一如金泉時。還爲禮曹參議，復出洪州牧使，又還承旨，序陞右副。

己巳禍作，公謫渭原，杜門讀書，尤喜看杜甫詩。有欲爲公乞哀當路者，公斥之曰："士君子持身，當如鐵壁萬仞，雖斧鉅鼎鑊羅列左右，猶不可變。況嶺海之外，豈能死人哉?"又與一門生書，極論尹拯背師之罪，辭義明切。甲戌，更化宥還，爲刑曹參議，移左承旨。朝象潰裂，公意不樂，引疾南下。秋得綾州，以賑民勞錫表裏。尋投紱歸桃花洞舊居，以書籍自娛，生理蕭然，不以經心，丁丑六月甲子卒。族孫諮議光一嘗往候公，公曰："爲我製幅巾、深衣，我且死矣。"未一年如其言，蓋公於數學亦精邃云。葬于瑞石山申向之原，夫人星山李氏，某官某之女，後公九年卒而祔。繼子尙喆，女適士人李元佐。光淵、光參、光思、光澤，尙喆出。李壻男泰祥縣監，女權爀洗馬。

公氣淸色溫，志行雅潔，起孤寒上玉堂，人以爲榮，謙謙若無能。農巖金公昌協嘗論一時僚友，歎公才敏不可及。居家好行四禮，孝友信於鄉，淸愼著於朝，雖顚沛流離，而所守確然，晩年進退尤可觀，若公可謂不負家學矣。公嘗言"異時良史記己巳黨禍，大書文谷、老峰諸公，此漢亦見收於下方，雖死亦華矣"。後之求公者，觀於此可也。光參辱與余遊，以諮議所撰家狀見屬久矣。余非能重公者，略爲採摭如右，以俟立言君子。

郡守尹公行狀

公諱挺卿，字秀夫。尹氏出坡平，始祖莘達麗太師，侍中文肅公瓘有大名。我朝昭靖公坤錄佐命功，六傳至參判諱仁涵，號竹齋，明、宣間名臣。是生諱弘裕，隱德不仕，尤菴先生書其碣曰處士，於公爲王考。考諱惟益，丙、丁後廢學，優遊沒世，娶延安李氏，同中樞時玥之女，延平府院君貴其祖也。公以崇禎癸未生，天姿端粹，見重士友間。嘗與仲兄典簿公憲卿上章直尤菴先生之寃，典簿公遠配，公亦杜門深居。家徒四壁，人不堪其苦，而處之恬然曰："我道蓋如是也。"以菊齋自號。嘗喜讀《論語》曰："聖賢之學，盡在是矣。"

丙寅筮仕，爲繕工監監役。移童蒙敎官，因材導迪，有方有序，大抵以孝親敬長爲先，聞風請學者多至百餘人，蔚有成就之效。己巳，調典牲主簿，遷義禁府都事。居數日，凶黨得志，善類迸逐。公卽日棄官，窮居深巷，足不出戶庭，殆五六年。甲戌更化，前之棄官者次第牽復，而世無知公者。隣有一銓官赴政，語同僚曰："尹某吾不識其面，而聞其制行甚高，君子人也。"遂除永平縣令。公未曾經守令講，而歲久無知者，公首實引遞，人多賢之。

丙子，除軍資監主簿，出監山陰縣。公素好古道，首行栗谷先生鄕約，面置正，又置都鄕正，分善惡二科，月朝報聞。每春秋季月，大會換鵝亭，立牌各書善惡字，善者盛饌以侈之，其行誼出人者，又厚其禮幣。惡者終日俯伏於惡牌下，隨其罪而輕重之，勸懲甚嚴，有恥且格，數年而風俗大變。隣境皆歆慕，或愬於營門及本倅，願行其法，而卒無有行之者。癸未，除長興庫主簿，陞漢城府判官。爲林川郡守，淸約之治，一如嶺邑。値大侵，捐廩賑饑，民受實惠，捧糴時不忍爲剝割之政，許令代納，坐此爲繡衣所罷，士民咸惜其去。公老年欲瞻依桑梓，出寓楊州靑松宗姪明彦家。辛卯十二月二十一日卒，享年六十九，翼年二月葬金村里子坐之原，去靑松五里。

公慈良端重，外柔內剛，平居恂恂，於事若無甚可否，而其斷以義理，則截然有賁、育不能奪者。事親無違志，及喪，哀毁逾制，每祭蠲潔致虔，必思平昔所嗜之味，極力以致之。居官廉白自持，常曰："家累一時安養，莫非國恩。彼虐民肥己爲子孫業者，獨何心哉?"是以歷典郡縣，而田園不增一畝，箱篋衣無一襲。城東有數間弊廬，而歲久頹堵，亦不肯繕治，東西僦寓，靡有定居。公事外無出入，隱几淸坐，凝塵滿席，簞瓢屢空，而未嘗一言及有無，平生不以一毫干人，人亦不能干以私。惰慢之容，不設於體；鄙倍之言，不出於口，動靜語默，若有成法。蓋公雖不以學問自居，而天分甚高，其固窮守義，鮮有其比焉。少業公車不利，爲文辭簡而理暢，有興往往作詩，亦不作雕刻態。

初配楊州崔氏，府使錫祐之女，擧一男明相，有至行早死，朝廷旌其閭。繼配淸州韓氏，從仕郎汝琦之女，一男一女，男明蓍，女適成禮錫。明相無后，以明蓍子鳳文爲嗣，明蓍取族兄明應子鳳周子之。公與吾祖考議政府君爲內外兄弟，縡自幼拜公，熟知公爲愷悌君子人。雖爲貧從仕，身心皎潔，如玉無疵，今世豈可復見耶？今撮其言行大略以爲狀，庶幾立言者之財擇焉。

右議政二憂趙公行狀

公諱泰采，字幼亮，號二憂堂。趙氏出楊州，高麗贈判院事岑，其上祖也。國朝文剛公末生最著。曾祖諱存性知敦寧府事，祖諱啓遠刑曹判書，考諱禧錫郡守，贈議政府領議政。妣水原白氏，僉樞弘一之女，休庵文肅公仁傑之後也。公生三歲而孤，能自知力學，肅廟丙寅登第，授承文院正字，轉著作、博士，兼奉常寺直長。每出入朝班，風儀秀邁可觀，諸公長者皆許以國器。尋遷成均館典籍、司憲府監察、兵曹郎。嘗於行幸時，上問龍旗下少年郎官爲誰，於是凶黨秉國，恐其向用，出補沃溝縣監。屬歲饑，出儲置米以貸民，有司將以違法論，民聞公當罷，一時充償，恐其或後。

甲戌改紀，拜司憲府持平，旋以御史行視嶺右。時南九萬以首相，營救國賊希載，公群從兄弟皆附之。公獨亢然守正，由是見嫉。玄石朴公世采言於朝，遂拜弘文館修撰，遷校理，累拜司諫院正言、侍講院文學、知製敎。因虹變，以修德崇儉、開言路恢公道，陳戒于上。退又上疏陳六條，言甚切至。當是時，九萬陰扶己巳凶黨，有欲寬釋之，將與三司會議朝堂。公不赴而自列，又移書兩司，使各引避，議竟不行。上怒責三司甚嚴，公抗疏力辨，語益伉直。

持平申公銋論劾三大臣，斥補海外邑，公又力諫曰：“恐殿下有殺諫臣之名。”上爲改授他縣。又於講筵，論先朝御容奉安佛寺之失，且以宮人、掖隸盛張佛事於近郊，請究治之，上皆嘉納焉。又請召權公尙夏及諸儒臣，令輔導東宮，其餘僚屬亦極擇久任，至於宦寺之在左右者，亦宜去其便侫，易以謹厚。因勸上進講李文成公《聖學輯要》，其隨事盡言，忠慮深遠如此。於是知遇日深，自吏曹佐郎擢授承政院同副承旨，改掌隷院判決事，出爲忠淸監司，以親老免。

除工曹參議，進大司諫、刑曹參判，薦授平安監司，居一年入爲吏曹參判、大司憲、漢城府右尹兼同知經筵事。未幾由都承旨擢戶曹判書，時虜使沓至，曹務久曠，公應辦無遺，吏不敢弄以事。兼守禦使，以修繕山城，幕屬出賣江倉米八百石，以取其羡，代公者取以補軍需。群小素惡公，因此流謗，又以公在西藩時任事者有奸濫事，欲以此累公。臺官鄭栻、李世最等相繼構誣，上皆不納焉，公遂退居衿川之牛坡。

掌令呂必重襲栻餘論，且以廣占田園爲言，上以擠陷斥之，李相國畬諸公爲之力辨，旋拜工曹判書，優批召之。公感激趍朝，遷兵曹判書，調敍疎通，士皆悅服。俄由戶曹陞正憲，尋擢判義禁府事。有林溥者上疏，引謀害東宮之說，欲以構陷善類。公請設鞫究問之，溥又飾虛以誣公，欲除去之。其黨崔錫鼎以委官請遞公職。旣而拜吏曹判書兼守禦使，累判戶、禮、兵曹，因遷漢城府判尹、議政府左參贊。遭母憂，服除，陞崇祿大夫，知中樞府事、判尹、參贊。

壬辰科獄，公以判義禁按事，於是試官李整以罪斥配，擧人吳遂元、李獻英、李眞伋等皆削其科，公之大禍，實祟於此。復拜兵曹，與管北漢築城事。癸巳，進尊號，以勞陞輔國崇祿大夫，充行人使燕京還，拜吏、工曹判書。賊臣眞儒以尹拯事，上疏詬辱公，其黨又欲飜壬辰獄，賊臣弼夢構誣公罔極，上卽斥黜之，所以慰安公者甚摯。移拜工曹，屢辭不允，又下別論，有曰：“思卿未已，發於夢寐。”公感激承命。

丁酉春，以賑廳堂上管賑事，陪幸溫泉，承命監賑湖民，因掌別科。十月，拜右議政，與二品以上會議賓廳，伸姜嬪寃。朝廷以尹宣擧文集有誣及孝廟語，既毁其板，又將毁其書院，公白上請只撤其賜額。正言成震齡、掌令朴致遠上疏論之，公遜於郊，遂引免，改判中樞府事。上遣近侍偕入，公黽勉造朝，非公會不出。嘗赴廷班，王子不爲起，公召其府吏責其失，王子遜謝，諸大臣亦以爲得宰相體。

庚子六月，肅宗大王上賓，中宮令今上傳語，欲親自飯含，公引禮爭之。中宮曰：“我婦人，不知禮也。”既而日暮，內侍只秉一炷燭，公招首宦責其怠慢，自是宦寺當公出入，輒瑟縮而畏憚之。公退語人曰：“國事已可知矣。”因山訖，又奉使北京，及還以一藤杖自隨，銘之曰：“一節直險夷以之。”蓋自矢之辭也。時景廟有疾無嗣，諸大臣深憂之，欲早定儲位，而公在江郊，不得與聞。

辛丑秋，臺臣李廷熽陳疏建請，公促駕入城，諸大臣方請對。公承召詣閤外，金公昌集迎謂之曰：“何以處之？”公曰：“國有長君，國之福也。”及入對，公引宋仁宗時范鎭、文彦博等建儲事申請之，上許之。諸臣請上入稟慈聖，而退俟于閤外。罷漏後，上御樂善堂，召諸臣手指案上封書，其一卽御筆延礽君三字，其一慈聖手書也。書曰：“孝廟血脉，先王骨肉，惟主上與延礽君而已，有何他意?”諸大臣奉讀訖，皆泣涕如雨，因令承旨書傳旨，就示上前而出付史官。

今上旣定位東宮，於是凶黨不悅，陰蓄異志。賊臣鳳輝投疏顯斥之，以爲人心疑惑，又曰:“無人臣禮。”疏入，上使廷議其罪，於是大臣、三司合辭請鞫問，許之。俄而命參酌遠竄，諸臣入對力請，則又許之。旣而因凶黨伸救，依前只命遠竄，諸大臣屢請入對，而終不得。時儲位不安，人心益懼。十月，執義趙聖復上疏，請依先朝丁丑大臣議，令東宮侍上側，參聞朝政，明習事務。上下教遽命世弟裁斷庶務，於是錫恒遽請入對，還寢成命。翌日，又命二品以上來會賓廳，仍降代理之命。諸大臣未敢遽然奉行，庭請還收者凡四日，而上不許。

諸大臣乃上箚曰:“臣昌集、臣頤命、臣泰采、臣健命言，竊念當初聖旨有大小國事並令世弟裁斷之敎，夫丁酉事，自是先朝之裁定，且有節目之區別，其視並令裁斷之命，不啻有間。而聖敎出於至誠惻怛，臣等亦安敢一倂違拒，以傷殿下之心哉? 乞令有司只依丁酉節目而擧行之。”箚纔上，泰耉忽自宣仁門徑入請對，時泰耉以右議政疏救鳳輝，兩司啓請黜之。政院以臺論方張，不許入對。泰耉遂因近習冒入，召見進修堂。諸大臣聞之，遂相率入侍，欲與公偕，而公獨不肯焉。及至上前，上默然無一言，蓋此處分之際，彼此互爭，擧國震蕩，而上顧以疾不能省也。於是鳳輝、錫恒、泰耉等與一鏡、眞儒、弼夢及宦者、宮人內外締結，必欲動搖國本，戕伐士類而後已。

十二月，一鏡、眞儒等七人上疏，首誣慈聖，又令宦妾設妖言，張機罟禁中，使上下大小無敢相通。疏既入，屢下矯旨，盡斥善類，引用其黨。其明日，諸大臣皆謫配海島，公亦栫棘於珍島。時禍色滔天，而公諧笑自若。子弟欲夤緣泰耉，祈有以紓其禍，公不許曰："禍福在天，安可苟免？"既而泰耉來見，公語之曰："慈聖國母也，儲君國本也。如有一毫未盡，則將奈史冊何？"去國之日，風雪晝晦，不辨咫尺。又未幾，宦者尙儉等逆謀發。初慈聖敎世弟以"汝見宗社將亡，何不入告大殿"，世弟乃以宦妾逆狀，泣告於上前。尙儉等牢閉清暉門，使世弟不得進見於人朝。逆謀滋甚，世弟夜召宮僚，將出閤避位。慈殿亦下敎朝堂，列示宦妾交構謀逆狀。泰耉畏惡之，輒封還而祕之，仍取尙儉等，亟誅之以滅口，又請三大臣按律，移配公濟州，爭執不已。及世弟冊使自燕廻，凶謀益急。翌日使虎龍誣告三大臣子弟門客，以上及東宮，又請公按律。

時三大臣已受命而死，惟公獨存。海島風陰瘴毒，人所不堪，而公處之怡然，或作歌詩，以寓憂國之意，益爲凶黨所嫉。未久以依啓書於批旨，壬寅十一月五日，受後命以終，享年六十三。公臨命，神氣陽陽，顧語諸子曰："吾死無所憾，惟先朝厚恩無以報，是可恨也。"或言凶黨中亦有請寢後命之疏，而未及批下，議欲少遲以俟之。公正色曰："一死無難，吾何可藉此輩之力，以延須臾之命乎？"時大風雷晦冥，長虹起於屋後，都下人有欲上章請贖公命，殆近百人。返柩之日，沿路人士知與不知皆迎哭流涕云。

甲辰，今上嗣位，首誅一鏡、虎龍等，明年正月，倂黜逆黨。於是右議政鄭公澔上疏，首伸四大臣之寃曰："諸臣之禍，實由於定策代理。夫先王不幸有疾無嗣，定策代理，豈有他意？而凶黨之貳於殿下者，乃敢以此歸之於廢立簒逆之目。此非特誣諸臣，乃所以誣殿下也。"上命大臣入侍，群臣皆會，上泫然久之曰："今予若有一毫自嫌之心，不思所以伸雪諸臣，則非重宗社之意也。"特命復官賜諡，諡公曰忠翼。正言成震齡上疏言："臣頃年疏斥趙某，及至辛丑，某與三大臣知有社稷而不知有一身，贊定大策，竟死海島，其孤忠大節，可以有辭於後世。臣之前日妄論，所謂以小人之腹度君子之心也。"上亦優奬之。凶黨之前後構禍者，或誅或竄，播告八方，命賜宗廟餘材，建祠江上，賜額曰四忠。

公事親至孝，備極榮養，每歲設宴稱壽，又以生於議政公生日，終身不進酒食。嘗遷埋先廟祧主，流涕被面，事其兄都正公如嚴父。外先休菴公墓無碑表，公捐俸伐石以樹之，除莊穀，四時助祭外氏廟。其宗族無貴賤，咸盡恩義，待以擧火者甚衆。公庶兄有賤子，死於其異父之家，公以大司馬，從子弟往留，躬視殮襲。教子弟慈而有威，侍妾數人，不敢介於諸婦女之列。同堂至親言議歧貳，而公皆待以誠意，絶無介滯，或有非理之干，而坦然受之。待人款曲，尤篤於貧賤之交，見人之善，喜溢於面。言語之際，不設畦畛，雜以諧笑，雖門內微細之事，未嘗諱之於人。凡有饋遺，不甚苛於辭受之節，然有窮急，則輒周恤而無難也。爲宰相數十年，賓客滿室，文書堆案，或不暇寢食，而終無厭苦之色。風流歡洽，神采溢發，其氣象之好如此。

公承肅考不世之遇，致位崇高，常以感激圖報爲心。肅廟積年違豫，公日不廢起居之禮，上嘗曰：“誠心視疾，惟見趙某及某某耳。”及遭大喪，語及必流涕。每以嗣君有疾，國事多虞，爲之憂歎不能寐。每讀上教“依爲之”三字曰：“萬一小人用事，國其如何？”及禍發，金公昌集語人曰：“趙公先見，殆不可及也。”

公始權葬木川，丙午三月，移窆長湍東坡之原，官庀其葬。夫人青松沈氏先卒，而合祔焉。夫人，府使益善之女，領議政之源之孫，洪忠正公翼漢外孫，贈貞敬夫人。男長鼎彬進士、判官，次觀彬文科、參判，次謙彬進士、教官，女適李廷熑、進士朴舒漢、洪啓百。側出男復彬，女爲武科洪輔人妻。鼎彬無子，以公遺命，取謙彬子榮克爲子。四女適李廷煌、宋堯協、尹得敏，季未行。觀彬有繼子榮晳，謙彬有二男二女，男長卽榮克，次未名，女皆未行。

嗚呼，死生之變大矣。苟非見義深而守之確，安能談笑處之而不失其正哉？公與三大臣當小人之禍，死生榮辱，勢無獨殊，而當時公之至親用事於中，使公雖不出一言，若有幾微求生之意，則可免於禍，而乃能守正不撓，視死如歸，豈不尤卓卓難及者哉？公平日不喜矯激峻厲之行，若與世浮沈者，而畢竟樹立斬然，若萬仞鐵壁。世之自謂知公者，亦不免淺之爲知也，斯豈易與俗人言哉？傳曰：“臨大節而不可奪。”公豈非其人耶？其大如斯，其細可略也。玆敢就其家狀，最其大要，以俟立言者之採擇焉。

陶菴集

卷四十九

行狀

行狀

領議政丈巖鄭公行狀

本貫慶尙道迎日縣。

曾祖贈兵曹判書、行通政大夫、江陵大都護府使諱宗溟，曾祖妣贈貞夫人南陽洪氏。

祖成均生員、贈左贊成諱漫，祖妣贈貞敬夫人比安朴氏。

考贈領議政、行通訓大夫、司憲府監察諱慶演，妣贈貞敬夫人德水李氏，妣贈貞敬夫人驪興閔氏。

公諱澔，字仲淳，迎日人也。迎日之鄭，自高麗平章事均之，歷文貞公思道、恭簡公洪，至文清公諱澈，當昭敬王時，以淸忠直道爲世名臣，事載于史，於公爲高祖。江陵公早擢魁科，蔚有公輔望，阨於光海昏朝，晚際盛時，始躋華顯，未究其用而卒。生員公少有重名，與谿谷張公爲莫逆友，不幸踰冠而歿。張公爲文以誄之，極致悼惜之意，載其文集中。監察公少登上庠，雖爲親祿仕，志操高潔，無意進取，純德至行，克世其家。老峰閔公鼎重、南溪朴公世采述狀、誌，盛有稱道。閔夫人婦德純備，率禮無愆，以崇禎戊子十月初十日寅時生公。

監察公命幼名以胎敎，蓋取《小學》首篇中語也。幼有異質，端莊凝重，不好遊嬉，自知好學，不煩教督。稍長，誠孝篤至，監察公暮境遭艱，居戚過制，毁瘠成疾。公左右扶持，晝夜憂遑，三年如一日。逮其纔去喪而疾遂謚，公益自焦灼，奔走醫藥，目不交睫，衣不解帶，籲天願代，斫指進血。及喪，哭踊頓絶，指瘡又甚，幾不可保，見者酸鼻。猶能自力於送終大事，協助諸兄，凡附身附棺之物，必誠必信，無有憾焉。葬後仍廬于墓側，諸兄憫其弱年致毁，百端懇止，而不能得。卒喪，始歸奉閔夫人。家素窮空，無以自資，而奉養之需，甘旨之供，躬親拮据，未嘗乏也。

公藝學早成，而終祖妣喪三年不赴擧，仍及大故。服旣闋，閔夫人深望立揚，公克遵慈意，頗用力於時文，間往來尤菴宋文正公先生門下，質疑問學，先生期許甚重。未幾士禍作，先生首被竄謫，公遂廢擧業，養親之暇，日取濂、洛性理之書，一意下工，要在潛心而實體，其於詞章舊習，不復措諸意間也。戊午春，丁閔夫人憂，執禮之嚴，一視前喪，獨與幼姪二人居于墓廬，晨昏上墓，拜塋哀號，涕淚徹泉，常處塊苫，不擇燥濕，朝夕饘粥，躬自爨炊，不任僮僕。墓去家二十餘里，朔望必歸奠，貧無襆馬，常徒步而行，風雨寒暑，一未廢也。公於前喪時，血氣猶未壯，過毁積傷，至是益澌綴，見者咸憂其不能勝喪。

旣外除，益恨不克逮養，欲謝絶公車，專意實地。諸兄弟皆以門戶之計，敦勉不已，公亦未敢自遂，庚申，始赴別擧，占初試一等。壬戌，陞上庠。甲子，擢大科，聲譽藹蔚。乙丑，選入槐院。丙寅，薦授藝文館檢閱。丁卯秋，陞待教。

俄因假攝記注時事，編配高陽。戊辰正月，赦還，仍陞奉教，例遷成均館典籍，旋移禮曹佐郎。二月，移佐兵曹。先時尹拯以尤菴門人，嫌其父墓文不稱所望，背師分黨，以致朝論橫潰，事多可憂，公固已有志於卷懷。一日僕直內，兵曹掌禁闕門闌入，日日犯禁者率多閭閻女人之佩禁標出入者。公見宮禁之不嚴，不覺心驚，卽日挈家下鄕，親舊咸異之。

五月，除司諫院正言，辭不獲，寧欲極言朝廷得失，冀幸上心之一悟，草疏萬餘言。尤菴先生方住華陽，聞而止之，至引晦翁焚章事爲喩，疏不果上。遂入城拜命，卽發吳道一削版之論，諸僚各自引避，或有爲道一立幟伸救者，公亦備論道一行己黷悖，折辱搢紳，擅主論議，專事欺蔽狀。蓋是時群小自託淸論，擠前輩長德於勳戚之黨，以爲僥後利之計，使道一久據銓地，招朋植黨，恣行胸臆，擧世靡然，無敢言之者。公以眇然新進，獨發此論，時輩大駭之。道一亦惡其伎倆畢露，嗾其黨金弘福、朴泰淳等群起反噬，論罷公職。是冬，外補石城縣監，蓋中之也，因交承親嫌不赴。

己巳春，拜兵曹佐郎，未幾尤菴栫棘絶海，仁顯王后遜于外第，群凶用事，道一之黨遂與之合，出公爲鏡城判官。聞尤菴井邑受命之報，弔服加麻以喪之，遣人操文而祭之。下車後，不以謫宦自處，亦不鄙夷其民，首訪壬辰倡義事蹟，爲文躬祭于彰義祠，復其子孫之在本土者，表孝子姜敏仁之門。新刊《擊蒙要訣》、《喪禮備要》等書，收聚村秀，給廩而課學，遠邇風動，習俗丕變。時値凶歉，官儲罄竭，公盡心賙救，民免捐瘠。御史李萬元潛行入境，私見評事李玄祚，李雖時人，而公與同史院僚宷，情好頗深，素知公宿抱重痾，愍其久滯絶塞，至是託御史啓罷。御史曰“吾出入廉察，固已備矣，守宰得失，亦盡知之。雖所謂廉介自好者，未有不蓄一北馬者，獨鏡城無之，吾實心服，將何辭以啓罷”云。

庚午冬，遭臺劾遞歸，彈文極其慘毒，而終不以一毫官事帶累，亦可見公議之難誣也。公雅好佳山水，自是無意於世，益思入山之深，得一奥區於延豐峽中丈巖之上，架得數間屋子，扁以攀桂亭，蓋取晦菴《招隱詞》“攀援桂枝聊淹留”之意也。隣近士子聞風而來學者衆，日與討論經史，雖饘糲不繼，而不以爲憂，確然有終焉之志。甲戌，天心大悟，壼儀重新，首伸尤菴以下諸賢之寃，迸黜己巳以後凶逆之黨，人皆動色相慶，謂太平可期。公獨以爲不然，或問其故，曰：“舊臣名流淪喪殆盡，只一南相在焉，此必當軸，天意人事，斷可知也。”遂菴權公尚夏問公出處，答曰：“某之不仕，定已久矣。况時輩所爲，亦多不正之端，此豈士君子涉跡朝端之時乎?”

四月，拜司憲府持平。時朝著草創，鞫獄方張，而時輩庇護凶逆，陰爲日後自全之計。公上疏言：“趙嗣基誣辱明聖聖母，上旣命誅之，而乃有以取招按法之說爲覆奏者。聖后復位，彝倫再正，而乃有陳疏爭執，聚議公廨者。其罪俱可誅，而朝臣媕婀，不肯明言而正之。徐文重庇護逆獄，私問獄囚，而以己意改竄其原辭，陰囑郎官，用嚴刑欲其徑斃，以亂獄情，殿下遽加寬假而不之問。金時傑陳疏駁正，而殿下反責其傾軋，特施譴罰，不少假借。臣恐殿陛之間，朝廷之上，雖有禦下蔽上之奸，將無以知之，此非國家之福也。”又言：“罪人李玄逸嘗誣中宮以自絶于天，及其原辭，解天字以所天之天，其情狀尤悖，而或有營救之者，殿下曾不之悟，請一斷以王法。”不聽。

秋，拜弘文館修撰、知製敎，陳情力辭，不許。不得已赴朝，與同僚上箚，陳革奢侈、崇儉約、推誠、務實之道。未幾乞暇而歸，久未還朝，陳疏引咎。且曰：“殿下於改紀之初，施措得正，風采立變，而任事之臣反以繚繞苟且之論，指爲遠大深長之慮，使殿下不得正義利之分，明政刑之權，以致人心抑鬱於下。宜辨邪正明是非，以爲破淫朋杜亂萌之要。”當是時，相臣南九萬營救希載，自謂爲世子深長慮，擧世雖知其奸，以他日禍福所關，莫有能言其非者。公嘗曰：“深長慮三字，不但流毒於士類，必將貽禍於國家。”至是遂言之。上批有曰：“侵斥大臣，欲惹鬧端，首尾語意，亦頗隱微，殊甚不快。”又於答大臣之疏，有鄭澔之疏不正不白直之敎。

明年春，陞副校理，公以連承嚴旨，不敢在家辭免，進至近圻，以前事引咎請譴。上賜溫批不許，遂入京肅命，無何遞職還鄕。秋，連拜正言、修撰，辭不允。冬，還朝，初太學諸生請以宋文正公並享道峰書院，命下有司，有司誤以配享覆奏。公卽入言其事，得改從初命，於是凶徒疏誣文正公沮其享。又有李師尚者，追提年前章疏間句語，意在侵斥公。蓋師尚當己巳聖后出宮之日，冒赴殿試，得升上第。

及榜中諸人欲上章自劾，則師尙用計沮戲。其後出入柳命天、沈檀之門，冒占玉堂之選，改紀之初，見枳政席，時輩旋復引入臺地。公嘗慨然發諸言議之間，師尙自知不容於淸議，遂因事詆公。

公疏言："彼師尙出身之初，得罪倫紀，附託群凶，人皆唾鄙，見棄士類久矣。今其疏語絶悖，實爲朝廷之羞，奚但臣身之辱哉?"遂自罷歸。明年出補義城縣令，嶺俗素號難治，在縣一朞，淸淨以莅之，官居翛然若無事者。丁丑秋，投紱徑歸，故不出解由，以自罣公格。戊寅春，筵臣白于上，特命除豁，復入經幄，拜修撰，旋陞侍講院弼善。時議方擬以銓薦處公，吳道一以亞銓，無故陞擬。故事名官陞品，非郎官參政，例不得爲，至是政吏以例告，道一厲聲曰："自我作古可也，何必古例?"聞者駭憤。尋又移拜司憲府執義，連辭未遞。

四月，舟行入京，卽受廉問御史之命。蓋是時連歲饑饉，首相崔錫鼎以互市胡米，儐虜价，受其慢書，貽辱上躬。李公濡以戶曹判書奉行其事，公將行，袖箚求對，言於上曰："國家於虜，有萬世必報之讎，雖以國斃，義不可乞憐而仰哺。今爲國者，既不能拯民於溝壑之中，又以孑遺之命，毆以納諸夷狄禽獸之域而曾莫之恤，直欲痛哭而流涕也。"上和顔賜答曰："今日此箇議論，終不可無也。"適伊日値賓廳引見，大臣以下觀公之奏箚者，莫不聳聽，退而相語曰"是直驅吾輩於夷狄禽獸也"云。同時受命凡三道，公得嶺東、西。公素有淋疝之病，最妨行役，至是人皆憂之。公不暇自恤，正當潦暑，出入嶺海數千里，窮山絶峽，靡所不到，訪問疾苦，不憚艱辛。末以巡撫，徧行列邑，疏決滯囚，務盡平反，民情翕然。近世按廉者，率多抉擿苛細以爲明，封庫迫逐以爲威，公嘗病其非待士夫以禮之道。及是一不封庫，只以書啓論列，而略去細故，論者咸謂得奉使體也。

既復命，合兩司論崔、李兩臣之罪，李公即公久要也，親舊多有爲之緩頰者曰："容有可恕之道。"公曰："吾亦何嘗謂某台故爲僨事也？雖崔相，原其本意，亦必以爲善策，而末梢事端，俱不免爲病民辱國之歸。臺閣論事，安得有所取捨哉？"尋移修撰，拜侍講院輔德，上疏論輔養春宮之道，引黃裳須尋天下第一人之語，請致敬盡禮，招致進善權尙夏，以責薰陶之益。未幾，移司諫院司諫。時有永昭殿移奉之擧，二三大臣無故不進參，公上疏言曰："殿下於永昭殿，雖有降殺之節，在臣子尊奉之義，何敢强作差等，而威儀體貌之間，欠闕至此耶？"尋乞暇還鄕，疏論正是非明好惡，爲打破朋黨之要，殆數千言。

先是太學儒生欲請召還祭酒尹拯，而憚大司成宋公相琦，遂生迫逐之計。公痛士習之不正，乃於疏末，推本而言之曰："今日齋生之所尊崇者，即前日背師之人也。古人曰：'民生於三，事之如一。惟其所在，致死焉。'師義之重，實與君父無間。今尹拯自少受學於先正臣宋時烈之門四十餘年，其開發誘掖之恩，無異父子。而一朝挾其私憾，誣詆陵轢，無所不至，誠千古之一大變也。故相臣金壽恒、閔鼎重深憂民彝之杜塞、世道之乖亂，以不可復待以儒賢之意，陳達於榻前。聖明特賜兪允，斯文賴以不墜，士趨庶幾得正。其後拯爲己巳群凶所推奬，復通顯路，而至于今日，因循不改。其徒之尊尙趨仰，靡所不至，而殿下所以待之之禮，亦甚隆摯，馴致國是顚倒，士習乖悖，其流之弊，乃至於逐去師長，則正所謂步亦步言亦言者也。齋生之獨被儒罰，不亦寃乎？苟不淸其源而欲潔其流，則臣恐日罰百人，終無以正士習尊國體也。"上批以"大意固好，予用嘉尙"。又曰："疏末事，是何言歟？昔年祭酒之所遭，無論其是非之如何，非公家文字，則其時大臣之推而上之朝廷，大是失着。而予未之深思，率爾允可，等閒平地，波瀾大起，予至今悔恨。所執如此，而今若遽變，則是中無所主，撓攘未定，予不爲此也。"

玉堂金公鎭圭疏論政院不能覆逆之非，承旨宋昌、金宇杭、李世載等聯名上章，以爲未遑覆逆，大段失着，儒臣疏斥，正是物議云。執義李廷謙名登贓吏之供，不敢行公，至是冒出劾公，擬以罷職不敍。上答以勿煩。持平鄭維漸以廷謙不顧廉恥，猝然替行下位當行之城上所，虧損臺體引避。掌令金德基措辭處置出維漸，仍停前啓。答處置批辭中，有"父子師生，孰重孰輕"之敎，持平李彦經承望風旨，繼廷謙而出，復論公，辭意誣悖，倍於前啓，上卽允之。自此時輩傍緣父師輕重之聖敎，硬定國是。公以爲此不但一時之是非不明而已，將禍世道於無窮，遂援據經傳，參證義理，著《師生說》，以曉後生，見文集。

明年春，備局薦除東萊府使，加通政階。公自昨年以後，益無當世意，特以邊倅事體，不敢言病，黽勉赴任。律己淸嚴，商譯屛息，倭人讋服，庚辰遞歸。明年春，又薦授廣州府尹，未幾罷還。冬，爲禮曹參議，移承政院同副承旨。先是南九萬、柳尙運等營護國賊，醸成宮闈之變。及仁顯王后薨，上親發巫蠱之獄，亟誅希載，黜南、柳之黨。於是李公世白在相位，思與公共貞，而知公有確然意，貽書遂菴，使勸之赴朝。遂菴屢以爲言曰："李相旣誠心相與，時勢容亦有可爲之幾，爲時一出，庶展素蘊。如其不可，還尋初服，豈不合於進退之義乎？"公旣感遂菴之言，又以一向撕捱爲未安，遂承命入城。李公聞公至喜甚，每事必與相議。公與金公鎭圭等數三名流主張淸議，維持世道，士類依以爲重。

歷成均館大司成，移拜吏曹參議，屛絶干請，甄拔淹滞，門無雜賓，雀羅可設。一日三淵金公昌翕徒步見訪，公曰："公何以枉屈至此也？"金公笑曰："吾適行過，見公門如水，不如顯要人家巷，故來耳。"因從容談討，移日而去。冬，因政注間事，忤大臣意坐罷。癸未二月，還授銓貳。修撰吳命峻疏斥銓曹，爲敲憾之計，而亦侵及於公。蓋命峻以道一之從孫，見道一之失勢，諂附一二名士，襆被往來，暴揚道一之過惡無所不至。諸公多爲其所瞞，將待以銓郎之薦，公獨曰："道一誠可斥，在命峻則不可。"一日寒圃李公來見公，字呼命峻曰："吳保卿銓薦，諸議已完，公何太執耶？"公曰："迹其心事，決是不吉之人，公後當見之矣。"不數日，其疏果出，公謂李公曰："公之保卿，果何如也？"相與大笑。時李相國遽卒，公念無與共國事者，呈告得遞，遲明卽出江上。是日除弘文館副提學，仍泝流東歸，陳疏辭新命，不許，再辭因辨尤菴之誣。

初朴世堂者薄有文藝而蔑棄行檢，妻死旣葬卽娶，尤菴聞而非之。由此少枳銓薦，深懷憾怒，因遂不仕，退居郊外。名爲讀書，訾摘朱學，改註四子，謂之《思辨錄》，誑誘後生，專以其所著及莊、列等書，私相教授。且於李相景奭墓文中，詆辱尤菴，比諸少正卯，極其誣悖。蓋尤菴嘗以孫覿之作某文，譏斥李相《三田碑》，故因以奮其懟筆也。士論齊憤，館學儒生上疏辨斥，又發其毁經侮聖之罪，上命竄其人火其書。李相子孫託伸祖寃，構誣尤菴，浮於世堂。公謂此係斯文大是非，職在論思，不可無言，遂援据事實，逐條明辨。且引宣廟朝攻破鄭介淸排節義論，頒示中外學校故事，請命詞臣中有經學者，取世堂所改註說，一一剖擊其詖淫之辭，使人曉然，以正士習焉。連拜吏議，移長玉堂。

甲申春，擢授嘉善大夫、咸鏡道觀察使。將行，入對言於上曰："臣受命外藩，不得朝夕見請，畢陳所懷而去。"仍極陳明朝兩皇帝建廟之宜，以贊聖志之決。蓋於是歲肅廟痛皇朝之淪喪，感舊甲之重回，議致崇報於神、毅兩皇，一以報壬辰難忘之恩，一以明《春秋》尊周之義。大臣以下多畏忌沮撓，朝議尚未歸一，公嘗所慨惋，故及之。北路荐饑，餓殍相枕，新到之餘，府庫罄竭。於是節縮冗費，拮据賑資，又請于朝，移嶺東沿海諸邑之粟，竭誠賙救，一路之民，賴免溝壑。公嘗刺雉城，習知北路關防之疎虞，且監司以一道之主，無手下之兵，脫有緩急，難以守禦，申泂之已事可監。遂條陳形便，狀聞得旨，刱置獨鎭於咸興，軍容器械，悉自營辦。秋行大操以觀之，坐作進退，幾乎知方。又設養士廳，立條約擇師長，資其廩給，以訓蒙士。間行鄕飮射之禮，北方之人，爲之聳動。

律貪殘之吏，嚴黜陟之典，由是謗議間作，或謂爲政太嚴，人懷不安，在京親故或有移書戒之者。會按一武倅之不法者，奸贓狼藉，其人素以善事發身，居議讞之任者，或有陰爲其人之地，請別遣御史，覈其事。所謂御史，卽李廷濟。廷濟前此除咸興判官，公以其父方任道內守令，體例有礙，狀論遞之。廷濟怨憾忒甚，至是一反查案，白脫贓吏。公以朝廷之不信道臣如此，義不可一日冒居，此際又遭夫人喪於本家，連章力辭，遞拜同知中樞府事兼同知義禁府事。還到城外，使褊裨替納密符，直歸鄕廬。

三月，拜都承旨，移副提學，連辭不允。是冬上候久在未寧之中，忽下內禪之命，百僚驚遑，籲號乞寢。公不敢退伏，章皇上京，道聞收還前旨，遂入城上疏，極陳治病治心之道、忘怒應物之方。未幾因枚卜事迫，責相臣至目之以不公，喉司覆逆，又以阿好斥之。公不勝憂歎，卽與同僚上箚匡救，言甚剴切。上批斥以救解，遂陳疏請譴，得遞而歸。冬，拜漢城府右尹。

丙戌春，因御史柳逑書啓就理，蓋甲申冬夫人喪時，占山於連原驛館後麓，隔以一崗，與官廨絶遠，且不相見。故從前士夫家往來置標者多，　在家子弟圖得於本主而用之。

公方在北營數千里外，未有與也。逑誣以挾勢橫占，語極虛妄。子弟欲以事實，擊鼓訟寃。公痛禁之曰："家事任長，況時輩必欲甘心於我，何可以不知自解而苟免乎?"朝廷再遣京兆郞，圖形以來。其郞受時人指，一反前郞之言，讞司强引比律，當以徒年，配于淸風。其秋，宥歸丈巖，自是數年之間，不下敍命，日與諸生講學以爲樂。然於時政之得失，世道之汙隆，其憂愛感憤之意，亦未嘗以進退有間也。

崔錫鼎以其所輯《禮記類編》進御，請講於經筵。公聞之歎曰："此禍俑於賊鑴，而世堂、錫鼎踵之。然鑴之所改，只是《中庸》註說，世堂盡改四書之註。世堂之所變亂者，止於集註，而錫鼎則並與經文而毁壞之。世道斯文之禍，將不知其何所止泊，其誰能辭以闢之，以承衛道之功耶?"遂移書遂菴，勸進一疏，明辨痛斥，上開聖明之惑，下牖士趨之迷。遂菴方謙退自居，不欲遽當世道之責，且以身不出而言出，非語默之節難之。公又言顔子之不出，以孔子在也，不然則顔子決無塊然自守陋巷之理。且擧亂賊人得以討，不必士師而後誅之之說，以相往復而求正焉。

庚寅春，上以侍疾不謹，聲罪錫鼎，以大司諫召公，用伊川西監例聞命卽行，疏論錫鼎之事曰："凡其罪狀，姑難枚擧，而姑以一二大者言之，請釋逆拏，以爲日後要利之地，眩亂溥獄，欲售網打士類之計者，其心所在，路人所知。滿朝婞嬰，無敢爲殿下明言者，其威權之下移，吁可怕矣。至於藥院一事，姑以聖教所發端、合啓所條列者言之，實非常情之所可到、人理之所可測，爲殿下臣子者，聲罪致討，其理甚明。而背公死黨之徒迭出營救，挺身投章，有若立節者然，此何理哉？

若夫所謂《類編》云者，亦有不可不劈破源頭者。六經·四子之書、傳註之文，皆堯、舜、孔子以來程、朱相傳之旨，不刊之典，外此而爲言，則夷狄之教、異端之邪說耳。不幸近年以來，斯道遭厄，攻斥程、朱之論，接迹而起。賊鑴、世堂倡之於前，錫鼎和之於後。今其所編之書，變置經文，點竄章句，乃敢刊布中外，肆然奏御。夫鑴之學，流而爲凶悖反逆之歸，是乃無君之徒也。世堂之學，流而爲背禮廢祭之行，是則無父之敎也。斯皆始於侮聖毁經，猖狂自恣，卒陷於斁滅人倫之域，則錫鼎之歇視君父之病，以犯忠孝之罪者，莫不由於侮聖毁經之習，爲其根柢而然也。然則斯事雖若不甚關於政令之得失，而其所以貽害世教、凶于國家者，若是其烈，豈不大可寒心哉？”

且引栗谷李先生當宣廟聖候平復後陳戒疏中語，以爲懋聖學端出治之要，上皆優答之。又請治世堂子弟、門生三年廢上食之罪，以正風俗。移拜司憲府大司憲，兼管備邊司堂上。改副提學兼同知成均館事。初錫鼎之編《禮記》也，尹拯亦與之參確，至是嶺、湖儒生洪冑亨、郭景斗等數百人上疏，極言其同歸毁經之罪。上遽嚴斥之，又曰：“廷臣之好議論，予甚不取。”蓋指公也。玉堂上箚救之，不聽，且下教曰：“鄭澔剛介可取，而但好爲議論，予所不取。承旨出言於澔，使之無甚好議論可也。”

於是時輩嗾李泰宇陳疏訐之，其中有曰“鄭某送其子，要致郭景斗，嗾成儒疏"云。伊時公之兩子皆在鄉，人所共知，其他誣揑，推此可知也。上大怒，教曰："鄭澔大小議論，無不挺身擔當，前後儒疏，無不指嗾，作挐賢關，恣行胸臆，此實迸諸四裔，不與同中國者。"命極邊遠竄，再改配所，以道里之近，罷禁府堂上職，特教配北道之甲山，當刻發送。是日大風雨，水溢城中，橋梁圮折，廬舍漂沒，人皆異之。公不敢以水潦淹滯，星馳赴謫，到淮陽，山水暴至，幾不得渡者屢。及踰鐵嶺，北民聞公至，相聚瞻望曰："此吾舊按使也，甲申之歲，若非我公，吾輩已爲餓鬼矣。"士子輩隨處迎謁，多有隨行而不忍去者。既到配，風土謠俗，匪人所居，而公安之若命，讀書不輟曰："昔松江先祖在江界栫棘中，白圍籬長木，書《大學》疑義以自課，吾未敢忘也。"咸山以北、端川以南諸邑人士，贏糧受業者常數十人。公輒告以父子之倫、君臣之義，作《五典》、《九容》、《九思》等箴以誘掖之，又取師曠語作《老學箴》，以自警省，有惟日不足之意，殆忘拘囚之苦也。臺諫魚有龜、南道揆連上章訟公之冤，皆不報。

辛卯五月，領議政徐公宗泰白上曰："鄭某被罪，今已周歲矣。且聞儒疏中送子嗾人上疏之說，全然爽實，經幄之長，當初用罰過中，久處絶塞，或不能生還，則豈不爲聖世之累乎?"右議政趙公相愚亦如領相言。上曰："今聞送子邀致之說，既歸爽實，而施罰亦已經年，不可一向仍置，放送可也。"臺諫及館儒輩群起沮遏。八月，移配江原道平昌縣。壬辰正月，有全釋之命。臺臣李禎億上疏白公被誣狀，上批以爲"予本無永棄鄭澔之意，而遽爾牽復則不可也"。

癸巳二月，領議政李公濡白于筵中曰："鄭澔事，頃於臺疏之批，以不爲永棄爲教，聖上包荒之量，孰不欽仰？且其被罪時事實，有非其實狀者。某之剛介，既聖上之所俯燭，文學見識，亦優於人，趁今收叙進用，實有光於聖德矣。"兵曹判書趙泰采、吏曹參判李晚成合辭稱其廉白風節，晚成又曰："澔頃爲鄉儒所誣，終至竄謫。臣聞其居謫之時，不廢講學，惟以教授學子爲任，北人不無觀感之效，其盡心處窮之義可見矣。"玉堂李澤、獻納金普澤等相繼陳達，或曰"不顧利害，誠心體國"，或曰"不但風節可尙，到老劬書，目今朝紳中有經學者，無出其右"。上卽命叙用，拜大司成。

上疏略曰："臣之所被罪名，今則辨白略盡，而其中大小論議，無不擔當者，臣實不能自解於聖教之下，何者？頃年斥人背師之罪者臣也，其後論人三年廢祭之罪者亦臣也，請治毁經侮聖之罪者亦臣也，斯皆關係非常，世所諱言，而臣輒妄論不已，終陷大戾。今諸臣之陳暴，聖上之寬赦，蓋意其容或有所懲艾，而臣則偏滯益痼，迷不知非，恐無以自新而副君上玉成之意、湔滌之恩。雖以此又被大何，臣亦無所辭矣。"上開諭備至，旋拜兵曹參判、副提學。因尊號議上疏，陳孝廟志事，以贊繼述之義，仍請宋文正公配享廟庭。命下廟堂，諸議以古例必其臣卒於當世者乃可與享難之，而如趙普之於宋太祖，我朝洪彦弼之於仁宗，皆不必然，而議竟不行，識者恨之。

自春徂夏，除旨頻煩，屢疏懇辭，輒申召命，不得已入城謝命。嘗入筵中，上從容賜顏，勉諭諄勤，遂及文淸公事曰："松江文集，何其太略耶?"公感激惶恐，拜謝而對。是日群臣見者，無不榮之。未幾乞暇而歸，玉堂上章請留，不報。冬，聞聖候違豫，單騎發行，進參起居之班。甲午春，遭正言鄭壽期之醜詆，壽期卽公同宗，而拯徒羅良佐之婿也，常懷爲拯逞憾之計。及除言官，汲汲獨啓，初無所執以爲言，只以醜悖之語，恣意罵辱，張皇噴薄，殆數千言，人謂自有彈章以來所未見也，雖渠之流輩，亦皆駭笑。公上疏不自辨，只以程子所謂族子至愚不足責者處之。朝議以公蹤迹之難安，除京圻監司，屢辭不許，黽勉赴任。未幾大司憲尹德駿復襲李泰宇之疏語，齮齕不已。公上疏乞免，上批有憲長之言不必深嫌之教，而公連疏得遞。

八月，拜漢城左尹，旋移刑曹參判，交事後替納密符，自城外雇舟而歸。冬，除三陟府使，翌年春往赴。夏，以副提學召，直還樓巖江居。時輩又以內遷爲非，公連辭不赴。會以《家禮源流》跋文事，洊下嚴旨，臺啓請竄，只命削黜。蓋市南兪公棨退居錦山，纂修《家禮源流》時，尹宣擧初經江都之變，謗議溢世。兪公素與相親，憐其無所依歸，招置隣比，俾相《源流》之役。兪公後被知遇，承命還朝，遂以《源流》草本託之尹拯，使之校勘成書，以拯自幼受業其門，情同父子故也。其後市南臨終，以書告訣于宣擧，而末云"仁卿許氣短不能遍及，所託之事，雖死後亦必有聞"。仁卿卽拯之初字，蓋其意眷眷於《源流》也。宣擧作市南行狀，亦曰"公所著有《家禮源流》"云云。

數十年來，市南諸胤俱已早歿，其孫相基往來拯家，仍修舊誼，每語及《源流》則輒曰“尙未梳洗得盡，待卒業當卽奉還”云。相基後聞京中數三家，有《源流》謄本，謂是尹氏家書。相基雖怪其說之譎，而亦疑校勘之已完也。具以《源流》本末，言于李相頤命，達于筵中，請令全羅監司刊行。相基適除湖南守宰，過見尹拯，告以《源流》刊布之命，請其校勘之本，始卽出付，旋又責還，不復出曰“此編世傳，爲吾家書久矣。大臣所達，大非實狀，不可遽爾刊布”云。相基始覺從前未及卒業之言、謄播人家之事，專出於疑亂攘奪之計，遂取其家藏最初之本，校勘入刻，而請序若跋於遂菴及公。公歎曰：“一背尤翁，已是世變，今又背市南耶?”略叙委折於跋文中。至是相基刊印進御，上覽序、跋怒甚，命去跋文於卷中，特罷公職。政院覆逆，玉堂箚救，大司諫李觀命啓請還收罷職之命，皆下未安之敎。群小跳踉，將欲乘時擠陷，其計固不止於竄逐，賴肅廟聖明，不得終售。

丙申春，正言趙尙健疏論拯背師泝源而極言之，仍及公被譴事。賊臣眞儒入對，恣意譸張，遂以《源流》專作尹家之書，誣訐遂菴及公無不至。上嘉納之，卽竄尙健於嶺海。玉堂柳鳳輝等又上箚，論罷遂菴之職，並去序文。館學章甫、中外儒生相繼疏論，大司成閔公鎭遠亦上疏申辨，皆不納。於是時輩以拯背師之罪又發，終難掩護，若擠尤菴於無狀小人之域，則拯自歸於君子。其徒崔錫文等投疏訟拯，首言宋某旣斥其父於墓文，則拯之處義，自不得不然，次發拯辛酉所擬上尤菴書，其所以詬辱之者，醜悖慘毒，有不忍言。李相國畬疏論擬書曰“殆甚酷吏之鍛鍊”，蓋實語也。上批雖有“從容開陳義理明白”之教，而終無開納之意，自是世無敢復言拯事者。其秋上忽命政院，索入尹宣擧墓文、拯擬書，亟下備忘記，深陳悔悟之意，大定是非之分。特命敍公，遣史官慰諭於遂菴，還存序、跋之文，其月拜禮曹參判，蓋上意每以拯父旣被詆辱於墓文中，則拯之背師，出於不得已，故於公斥拯之論，輒疑其已甚。及墓文、擬書一經睿覽，則墓文旣無詆辱之語，擬書實有構誣之慘，遂有今日處分之光明云。

尋以大司憲召公，行至利川，上疏辭不進，仍附陳尹宣擧之罪曰：“宣擧以江都失身之人，妄引聖祖，爲同患難之人，而譏切聖祖之志事，以爲句踐詐而延廣狂矣。又以爲復雪之論，徒煩於敎令之間，實未免於般樂怠傲之歸，自予以杜擧之規。且與尹鑴之徒潛相譏議，作爲文字，深藏篋笥，以俟久遠之後，始乃肆然刊行於世，以爲掩覆其身累之資，其無嚴甚矣。宜追施譴罰，以定國是。”上優答之，未幾追削宣擧父子官爵。玉堂金在魯言其追罰於旣骨之人，非原恕之道。公疏言：“在聖祖，則枉被矯誣於喬山松柏旣拱之後，而猶不知惡；宣擧父子，則各以其罪追被削奪於旣骨之餘，而汲汲焉救解者，抑何義也？”冬，移拜吏曹參判。

明年春，上幸溫泉，公遂迎駕於稷山，陪至行宮謝恩，仍參起居之班。大駕還，陳病落後於水原。秋，有病狀還送之敎，遂水路發行，到驪州疾劇乞遞。上批有必欲致卿之敎，宿病益添，未克承命而退歸。俄有東宮聽政之擧，公病未趨朝，上書待罪，附陳勉强學問之道，仍請以孝廟志事爲繼述之大本，扶世道而立人紀焉。連章乞解銓職，東宮回諭，有曰："卿之辭本屢上，而終始靳許，必以上來爲期者，意非偶然。勿復以病爲辭，卽日就道。"十二月，特旨陞拜資憲大夫、禮曹判書。引朱子"辭受出處，非獨一身之事，乃關風俗之盛衰，及近來士大夫倚託欺謾，高官要職，從容辭遜，安坐而必致"之語，連章固辭。適聞嬪宮之喪，遂發赴臨之行，入京謝恩。已而乞暇將歸，忽命還給由單，仍有待秋請由之令旨，兼知義禁府事。

二月，移拜吏曹判書。時東宮新聽政，朝議將倚公以爲重，公以爲始來不爲久計，今仍不去，則媒榮饕寵，非進退之義也，遂留書徑還。公前在禮曹，學儒疏請毁宣擧祠，公覆奏依施之。其後大臣斥其已甚，仍請只撤恩額及官享而存其祠。至是吳命峻、李明誼等上疏侵攻公。公上疏辨曰："若以宣擧爲有罪，則只撤額享，仍存其祠，不亦班駁之甚乎？"由是彼輩得以藉重，馴致網打之計。古人所謂恩欲歸己，怨使誰當者，眞可以泣鬼神矣。已而遞拜禮曹判書、兼藝文館提學，聞東宮有紅疹之候，進詣畿境，以便承候，移拜大司憲，皆不就。

己亥正月，復申休致之請，又引程子"一年必有一年工夫"之說，仰勉日新德業之道，請虛心遜志，反復論難，勿謂群僚之不足問，毋以獨得而爲自足。蓋是時東宮臨筵聽講，專尙淵默，故公聞而憂之，用爲新元之獻。移判漢城府，公先以年至，入耆老所。時上遵太祖朝古事，親入耆社。公以爲曠世希觀之慶，强疾進參於賀班，尋移工曹判書。四月，又親臨錫宴於耆老諸臣，禮成後，上諭公以勿復引年，安心留京。公對以衰朽忒甚之狀，辭謝而退。冬，移拜大司憲，參文衡圈點，旋以特旨擢授崇政大夫、判義禁府事，拜議政府左參贊，力辭新命。

庚子春，聞聖候添重，入城拜命，連參候班。及聖候日臻彌留，移居闕下，憂形於外，承東宮命，製進山川祈禱祭文。旣昇遐，痛慕號泣，如不欲生。纔經成服，卽差殯殿都監提調、撰集廳堂上，仍就直闕內。公素有痼疾，閱月焦遑之餘，仍遭大喪，筋力澌敗，見者憫之。至是病勢猝謊，自闕中舁還寓次，連以殯殿、撰廳事，召牌日降，俱未承命。公曰："與其坐積違慢之誅，寧犯徑還之罪。"遂引退溪先生故事，留疏告歸曰："昔先正臣李滉當明廟在殯之日，不告徑還，當時亦多疑之者。滉移書知舊，自暴其老病難留之義，蓋古人於甚不得已處，容有不得已而行者。今臣眇末，非敢自擬於先賢出處，若其老病不得已之實，則比古人殆有倍焉。且滉之德望，係國家安危，其所去就，宜不自輕，而猶尙如此。況臣耄庬一物，未足爲有無者，顧何必以不去爲義也哉？然今之時，去滉之時又加遠矣，滉旣見疑於當時，臣敢蘄免於今日哉？"

秋，以哀冊文製述官，入城製進。冬，赴因山，先至陵下迎大轝，過卒哭卽尋鄕路。後有大臣筵斥朝紳紛紜下鄕之失，且有不請由徑歸之語，蓋指公也。因請召還，公上章請譴。俄以殯殿堂上、哀冊製述，有賜馬加階之命。上疏乞收濫典，兼辭藝苑及諸司提學之任，不許。明年六月，赴國祥而還。時朝廷以別諭召在鄉諸臣，公疏陳衰病難强之狀，仍申休致之請。秋，今上正位春宮。時國本初定，人心有係，而賊臣鳳輝等，以其議不出於己，敢懷不悅之意，締結宦妾，讒口交亂，二殿隔絶。於是世弟將出閤辭位，大妃下書示哀痛之意。相泰耉等祕而不宣，始乃請鞫宦妾，而徑先置法，以爲滅口之計。公亟草疏數百言，極言凶黨交構之罪，略曰：

"臣疾病垂死中，竊伏聞殿下新有大處分，先朝禮遇之大臣，盡行斥逐，下曁言事之臣、太學章甫，非磯鎖則桁楊。臣在鄉曲，固未諳因何事端，有甚罪惡，而實是載籍之所未聞，豈不欲瀝盡肝血，少效匡救之忱？而臣亦一先朝舊物耳，死生榮辱，義無獨殊，縮伏悚慄，恭俟誅譴。玆又伏聞國本有動撓之漸，慈聖下哀痛之敎，臣誠崩心痛骨，寧欲無生也。噫，惟我聖上春秋鼎盛，螽斯之慶尙遲，所以係一國之人心者，舍春宮奚適哉？而一種無嚴之徒，敢懷不利之心，迭出敲撼，必欲動撓而後已。今玆一二宦妾，遽售交構之計，其爲妖惡，宜伏常刑。而亦豈幺麽無識者之所可獨辦哉？尤所可駭者，向日慈聖手敎，雖未知旨意之果如何，而爲大臣者，從中沮格，汲汲封還，使慈聖哀痛迫切之意，黤昧不章。且於登對之時，不請嚴鞫，徑請正法，此何意思？此何獄體？惟願益篤親愛之情，益恢聖讒之明，以承慈旨，以安儲位。"

凶徒見之，大加咆哮。聞者吐舌，皆謂大禍立至。疏入數月，無發落。公方在待命中，聞金相國昌集遠謫絶海，出候於達川路傍。金公下馬相就，席地而坐，把酒叙别，談笑移晷，兩無嗟勞語。公歸謂子弟曰：“金公氣象殊好，其將生還耶。”其夏金公竟不免於禍。是時凶焰益熾，人不自保，旅櫬所過，平生親故，無敢相問者。公獨以雞酒哭酹于船頭，人皆懼其益禍，而不之顧也。至六月，疏批竟不下，堂啓始發，遠竄理山，聞命卽行。到配纔數朔，又有加律之論，移配康津薪智島，加以栫棘。初發啓者世堂女壻金弘錫，加律者拯之門徒李世德，其所構罪，不過以年前事逞其憾也。世德之啓，又擧奠酹金公事，至謂誄文中，有“天乎人乎，時耶命耶”等句語，登諸白簡，添作一案。而當初誄語，只是“嗚呼哀哉尙饗”六字而已，更無片言半辭，則其他誣捏，可推而知也。

當公之遷謫也，皆值暑雨祁寒，自西而南，跋涉四五千里，備嘗艱危，雖劉忠定之廣東、廣西，未必若是之甚也。惟其隨遇而安，無所怨尤，故亦未嘗一日病也。旣入島中，棘籬高壯，不見天日，而靜坐矮屋，惟以經史自遣。遠近士友越海相從，戶屨常盈。親舊之編管隣郡者，或有規以却埽謝客，以遠害者。公輒笑曰：“朱夫子不曰‘李伯紀、胡邦衡在海上，日與門人、知舊酬唱往來，秦檜不能掩捕而盡殺之’云乎？萬一禍患將至，是亦天也，豈閉門塞竇所能避哉？”玉吾齋宋公卒于康津謫所，公傷痛之，亟倩人操文而往奠焉。一日大風忽起，盡拔圍棘，蕩然無餘。人謂栫棘雖爲風雨所毁壞，元無改修之法，而邑宰怯於時議，躬來董治，視前益嚴。島氓皆曰："天旣撤之，人顧葺之耶？"

甲辰秋，景宗昇遐訃至，就棘中設位，朝夕臨，以罪人不敢受衰，只用生布衣笠，同士民成服。冬，又遭伯氏同樞公喪。公同氣八人，獨伯氏在世，年踰九耋，至是聞訃，哀傷忒甚，謂人曰："吾在此間，絶無他念，所冀倘值幸會，得復歸家，與老兄相依，以終餘年，今則已矣。"悲不自勝。

乙巳春，蒙恩北歸，一路士子奔走來送者，絡繹於道。至光州，會者數百，人馬騈塡，難容於村舍，遂就路邊蕭寺，一宿而别。觀者歎咤曰"尤菴耽羅之行蓋如是，今復見此"云。行至長城，聞有宗伯之命，沿路各邑皆欲官供行廚，公一皆辭却。入公山境，得大拜之報，公始欲依伊川紹聖例，直向京城，謝命卽歸。於是遂變前計，改首鄕路，歷省先墓及同樞公新塋。二月，還家。承旨、史官聯翩來宣促召之旨，陳疏入縣道，力辭議政新命，不許，批諭隆重。時位著殆空，庶事草刱，大小政令，皆命待大臣上來。遂黽勉赴朝，到城外，又辭新命。上卽遣承旨促令入來，公承命出肅，仍賜對，諭以"卿於先朝，已爲卜相，亦有儒林重望。今日枚卜，意非偶然。見卿入來，不勝喜幸"。公拜謝，極陳老病不堪相職之狀，乞改卜賢德，又以勉學勤政之意，眷眷陳達。

上又以先朝實錄遷就爲憂，面授摠裁之任。公力辭而退，後數日上箚乞免，仍伸前席未盡之懷曰："人主一日之間，事機千萬，無一不本於一心之微，心有所蔽，則事必無緖而政必亂矣。殿下聖學日就，而但好仁之蔽太過，元惡有漏網之歎；避嫌之意太勝，號令無宏大之體。此病不除，何事可做？今之言者，動以辨聖誣討國賊爲第一義，其言誠是。然殿下於前所論者，一有未盡釋然，則聖誣終不可辨，國賊終不可討也。”尋承命卜相，以閔鎭遠、李宜顯、申銋對。閔公爲右相，公陞左揆、兼世子傅，上疏辭，固請勉出新輔，許退老臣。上勉留不許，又極論四大臣及寃死諸臣事，請亟伸雪，上可之。初凶黨乘景廟有疾，誣起大獄，恣行殺戮，至是大懼及誅，欲以當時事，一歸之景廟，要爲自脫之計，宣言先王之疾，非臣子所敢言。上入其說，累下嚴旨，禁切言者。公遂極言先王不幸有疾，爲群小所欺蔽，宜以此告廟頒敎，以彰先王之德，解後人之惑，不宜爲小人所欺。上初不以爲然，久而乃許之。

時春宮冊禮已定，公爲都監提調，適季子舜河隨在行中，忽遘痘疾。公以身旣犯染，不可出入禁近，陳疏乞免，慰諭不許，竟遭子喪，上於筵中有憫惻之音。公本欲一謝卽歸，又見慘慽，益無暫滯之意。大臣箚請勉留，上遂下別諭。公曰：“君相之意雖如此，私義終不可以久稽。但春宮冊禮旣成，又忝師傅之列，一登胄筵，瞻望玉質而歸，實情禮之所不容已者。”遂進詣闕下，將行相見禮。鄭錫三、宋寅明等之疏闖然而發，專以“有疾”二字，危動聖聽，侵斥公指意叵測。公從闕下直出江外，上遣使慰諭，命竄錫三，因有內局提調之命。公行到驪州，上疏並辭本兼，旣還家，卽有陞拜領相之命，仍降手札，諭意懇至。上疏辭謝，末又引咎曰：“殿下初許以‘有疾’二字添入敎文，而終乃收還，若爾則聖意以錫三之言爲是。錫三之言是，則臣之罪大矣。殿下於錫三則用其言而棄其身，於臣則罪其言而寵其身，臣所不敢曉也。凡今之謂先王不幸有疾，爲群凶所欺蔽，其所處分，多非先王本意云者，何損於盛德至仁？非臣子所忍聞而忍言之者。而必欲諱其有疾，以爲一番士禍，盡出於睿斷，厭然求免於誣告戕伐之罪者，是獨可忍聞而忍言之耶？”上溫批答之，又有五司提擧、扈衛大將之命，連辭不許。

秋，以國練行到利川，病不得前進，入參哭班於府庭，行變除禮，封疏待罪而還。時大臣以辨誣討罪，率百官庭請，不許。又李森名出逆招繫獄，上因行幸，猝臨金吾，盡釋鞫囚，大臣、三司爭之不能得。

公上疏極言：“群凶謀危聖躬，戕害善類，罪不容誅，不可以事關自己，嫌不加法。先儒有言，四凶之於舜，惡其居己之右，其心不服而罪惡彰著，故舜不得已誅之，舜何嘗有所避嫌而廢天誅哉？惟彼凶黨之謀危聖躬、戕殺士類之罪，昭著彰露，人所共知，非特四凶心不服之比。而殿下猶不施以流放之典，欲以削黜之罰勘其律，而强拂盈庭之議，循曲士避嫌之論，忘大舜至公之道，此臣之所未敢知也。至於李森之有罪無罪，臣在遠外，未諳本末，而但旣出獄囚之招，援引頗緊，端緖將露，是宜痛加究覈，務得其情。而猝然親臨，徑罷鞫事，未知此何等擧措也。文王罔有兼于庶獄庶愼，而今殿下下行獄吏之事，臣竊惜之。”

冬，長陵災，上疏陳慰，仍乞策免，不許。丙午春，趙顯命上疏，掇拾鄭錫三之餘論，以逞其閃奸嫁禍之計。又有權扶者，以任徵夏疏中“一亂”之語，謂之誣先王，群起投匭，實與顯命相表裏。公益不自安，陳疏請譴，且曰："任徵夏之疏，果何罪也？夫所謂亂者，政以其時群下無狀，專事欺蔽，以累聖治也。此何嘗毫毛有損於先王之盛德哉？昔我宣祖大王昇遐之初，故判書臣鄭經世應旨上疏，有曰'十許年來，倖門大開，宮闈成市，各招貨賂，朝廷之濁亂極矣'云。經世以謗訕先朝，將陷大戮，則故文忠公臣李恒福屢啓申救，罰止罷職。

夫經世之言，直陳痛斥，無所忌避，視諸徵夏，抑又過之。而當時無討罪之論，大臣有得體之譽，是豈皆不知君臣之義哉？誠使徵夏語不擇發，意不宛轉，不能無觸於聖上追疚之至情，則亦無怪乎責以狂妄特遞其職也。然在群下之道，惟當慮言路之有妨，勉聖德之包容，如恒福之於經世可也。惟彼抉摘文字，作爲奇貨，必欲賭勝於一擲者，其心所在，的然可見。今乃並與當初言事之臣，混施行遣之罰，淑慝同科，是非不明，喉司覆逆，臺諫論啓，一例揮却，終成過當之擧，豈料淸明之世，有此擧措也？"時左相與右相李公觀命俱以大義未伸，乞遞而得請。公自是連章陳情，乞與二臣同其去就，上輒賜溫批不許。

是年冬，上新免於喪，始臨常參。大臣洪致中、趙道彬入對，見臺諫將伸討逆之請，畏忌而不欲與聞也，卽無故徑退。公上疏言："向日常參，卽殿下訪落之會，而大臣避事徑退，臣切痛之。此蓋聖上平日有獨智御世之志，忽三公論道之職，進人不取其可畏，而取其可愛；責臣不以弼違，而只以備員，無異乎世道人心之日入於陷溺也。"上不悅以爲

“喜事”。公又上疏請譴曰:“方今在廷之臣，上忘宗社之讎，下棄父兄之怨，惟持祿保位是圖，風俗頹敗，彝倫斁絶，國家之憂，已不可勝言。而殿下又以喜事二字，禁切一世，使不得開口，則政使從今以往，遺君後親之論，肆行於朝廷之上，誰能爲殿下明言之者？此臣之所大懼也。”上批復責以猶執前意，洪、趙尋皆去職。公蹤跡益以䠊䟼，連上十餘章，請急甚切。

丁未五月，始蒙遞，移判西樞。又乞休致，不許。秋，上忽進用一番人，特罷公職，傳旨中以黨論爲罪案，因有一邊人仰之若泰山北斗之教。兩司合啓請竄，久而不允。戊申正月，始配榮川，明年五月，放還，任便居住。庚戌春，敍拜判中樞。時上省陵驪州，病不得迎駕，陳章待罪，遣史官宣以慰勞之音，繼以食物之賜，眷禮頗厚。而嘗於筵中敎閔公鎭遠曰:“鄭判府事亦伸救徐德修，戊申逆變，不無所以然矣。”蓋公元無是事，而聖聰偶失照管也。公惶恐亦未敢費辭自辨，只以年久之事不能記得之意，略及疏中。上於是考覽《日記》，下批慰諭，快示開釋之意。

辛亥，筵臣有言公恬退淸白之節，宜有別樣待遇之道。上卽命道臣周急，且命銓部特除其子近邑守令，以便養。其後又命月致米豆，人或謂:“昔尤菴每有此等恩例，必力辭，不得已而後，始敢拜賜，亦或有終不承受之時，今日之義，亦當如是。”公笑曰:“老先生固嚴於辭受之節，而自上有所周之，則亦何嘗終辭？其或不然者，自有意義於其間，此豈後人一切以爲準者乎？顧吾所被異數，誠有不敢當者，但惠養之典，旣無義於必辭；已施之恩，亦未易於遽收。知其如此，猶且瀆陳丐免，是豈誠信無僞之道乎？古人云'讓不失本利而仍得美名'，吾實恥之，秖可一疏辭謝，備禮而止耳。"

牽復以後，卽欲申乞休致，期於準請，至是有奉朝請者或非其人，而上之所以退人者，亦不能以禮。公喟然歎曰："年至致事，雖禮經之大防，而近年上下之處此義者，俱未見其得當，非以爲榮，秖以爲辱，其可同流合汙於此時乎？"自是不復申請，人有疑而問之者，輒笑應曰："如我者，何足以辱淸朝之盛典哉？"亦不言其本意所在也。五六年來，自處以老病屛廢，非國家有大慶慰事，絶不陳疏曰："無補於事而徒黴恩命，非所敢也。"然憂愛之誠，老而采篤；諄諄之語，至發夢寐。

方憸人得志，外假蕩平之名，內濟迎合之計。上入其說，朝紳之異議者皆得罪，喜怒太遽，擧措多舛，玉候又多未寧之時。公心甚憂之，適於此際，有陞拜領樞之命，上疏辭，因陳戒略曰："臣竊伏聞聖候違豫之中，處分或多過中之擧，此不惟於葆眞元養性命之道，大有所妨，其於淸化源應事務之際，害亦不細。豈以聖學之高明，未達於此？良以臣隣之間，寅協之風未臻；朝廷之上，蕩平之效無期，以致聖心之激惱。此則群下之罪，固不勝誅，而抑恐聖明所以建極于上者，容亦有所未至也。夫合萬口不齊之論，爲一時硬定之國是，無益於保合之政，而徒害於建極之義。惟願殿下勿以彼此同異之說，置諸胸中，務淸一心，觀理是非，定其取舍，則人心自服，紀綱自張，蕩平始可議也。"後上因冬雷，遣史官詢以弭災之策，公復申前疏之意，引宋時建中已往之轍以爲戒。且言"雷霆者，號令之象也，請前後過當之擧，一並收回，仍還斥補之儒臣，以爲修省之道"，上不悅。

乙卯春，王子誕生，公聞之喜甚，卽封章進賀，每見士民，輒先傳說，惟恐其不知，欣忭之容可掬，見者歎其體國之深也。丙辰十月旬間，早起忽謂侍者曰："今日先君有命，吾其不久於世乎。"自是微示憊，數日證候猝劇，竟以十三日寅時，考終于樓巖江舍，壽八十九。州未及上訃，大臣以所聞達于筵中，上震悼，以緩於馳啓，特推道臣，仍降追悼之德音，禮葬祿俸等事，一依舊例。遣承旨臨弔，又遣禮官致祭，崇終之義備矣。明年正月八日，永窆于州南知藏里花英山先壟下子坐午向之原，實夫人江陵崔氏之藏，開其壙而合墓焉，遠近會葬者數百人。

公狀貌淸癯，姿稟剛毅，人之望之者，初若截然不可接，而近之則色笑可親，脫略畛畦，開心見誠，終則未有不感服者。操履謹嚴，議論峻烈，居家孝友篤至，有人所難能者。每以祿不逮養爲至痛，每對食，饌品稍豐，則愀然不樂曰："昔常不足，而今有餘也。"必擧范文正語戒子孫，而嗚咽不能已。其赴外任也，請于伯氏，權奉家廟以行，日必具公服晨謁，非疾甚，無一日或廢。凡祭祀務盡誠禮，宿齊預戒，澡浴明潔，雞鳴而起，躬親視具，進退奠獻，肅然如在。

其在家也，必求父母平日所嗜，以助祭需。監察公病中思嘗靑魚，適時早不得進，平生不以近口。喪餘之日，竟夕銜恤，或夢陪親顔，愴怛之色，久形於外。家人望其顔色，輒知其有宵寐之感，暨乎末年，未嘗不然。乙未歲，營遷監察公墳塋，自啓墓至改封，幾十餘日，其間朝夕哭奠上食之節，躬自執事，不使子弟代之，哀戚一如袒括時，時蓋六十八歲矣。昆弟八人，行第居中，上承諸兄，下率群弟，怡怡嬉嬉，終日湛樂。第四叔氏不幸早卒，傷痛特甚，經紀其家，無異己事。又取其孤女以嫁之，撫視諸姪，均於己子，教導之方，嚴而且慈，不以姑息爲愛。諸姪亦皆承訓服事，殆不知非其所生也。治家有法，斬斬如治朝，內外惴慄悚息，下至僕隷，無敢闌語於前。

其在朝，以居官盡職、引君當道爲己任。其於利害禍福，不一動其心，知無不言，言無不盡。其所致意者，尤在於賢邪進退之際，世道汙隆之幾，而必本於人主一心之微，雖得罪於君父，見忤於權倖，而亦不顧也。至若尼尹之背師，實古今之大變，凡在吾黨，孰不憤疾？而惟其形勢鴟張，禍福立隨，人皆敢怒而不敢言久矣。獨公以孤危之蹤，當其決裂之勢，不慴不沮，屢起屢躓，韓愈氏所謂“使是道由愈而粗傳，雖滅死，萬萬無恨”者，卽公之志也歟！微公一言之倡，則是非將寢晦，己巳騫騰之後，彼必晏然以儒賢自居，終身顯榮而已。是則天生一箇拯，以斁其倫，而又不得不生公以正之也。嗚呼，夫豈偶然哉？

蓋公憂世衛道之心，一出於至公，而初不係於自己分上私利害，故用能上悟聖聰，下迪士趨，俗論始疑而終信，國是小屈而大伸。此雖賴我先王之盛德至善，其所以啓發對揚之效，終不可誣。觀於後來辨斥朴、崔毁經侮聖之罪，亦可見矣。彼惡之而目爲偏黨、愛之而疑其太甚者，豈足以窺公之所存也哉？若夫一生去就，難進易退，釋褐五十餘年，仕于朝者未滿十稔。一有不安於意，則卽日決退，不少遲回，視棄祿位，如去傳舍，畢竟徑歸之甚勇。其介如石，終不可回，出處大節，可謂無愧於古人矣。至於淸白一節，固公餘事，而平生身不近好衣，口不厭疏食，人所不堪，而處之裕如。七袠之後，家人始進紬裘，開以非帛不煖之義，方纔肯許，袴則終不易綿布也。

屢經外藩，位極公相，而包苴自絶於門庭，關節不到於官府。田園僮僕，終不增一畝一指，所居弊廬，幾不庇風雨。自上曾有依仁廟朝李元翼例，造給精舍，兼賜奴婢之命，而亦辭不敢受。及喪，承宣以命臨弔，其人卽丁未合啓臺官也。歸語其所親曰："吾見宰相家多矣，未有淸苦若是者。"嗟嘆不已，斯可謂怨敵難誣也。然循分任眞，不喜近名，嶄絶崖岸之行，矯激苟難之事，凡所以眩燿世之耳目者，非惟不作於其意，雖在他人，亦必深惡而痛斥之，嘗曰："爲名爲利，雖淸濁不同，而其利心則一，士君子不可不戒也。"居鄕五六十年，或留江上，或寓峽裏，而却埽自守，與人無干，里夫村氓不知隣並有宰相。屢經竄謫，歷遍七路，人情物態，隨處各異，而怨咎之言，毫毛不及，雖以時議之危險，亦無不嘖嘖稱其善居謫也。

公於師友之際，情義甚篤，尊信尤菴，絶異於人，言動出處之節，無不取以自律，每以誤出世路不得專意講業爲至恨也。嘗與遂菴權公、直齋李公箕洪爲道義之交，同心協力，倡率士友，凡師門之所欲表章論著而未及爲者，悉與經理。如華陽之萬東祠，其始營建也，俗論如山，譏誚並至。而公與遂菴終始擔荷，出入山中，不憚頻煩，卒成先師之志。至於《問義通攷》，卽尤菴耽羅時所始功，而託其編定於遂菴者也。遂菴方以文集、《箚疑》之役，日不暇給，要公梳洗成書。公感先生手澤之未泯，念後學嘉惠之所係，編摩讎校，煞用精力，今之刊行者，是其本也。江、漢之思，老而采篤，一有浸淫之誣，及於淵源，則慨然憂嘆，起而明辨，必得是正而後已。同門諸公，非不多矣，而至其布揚禦侮之功，未有不以歸諸公者也。

其論近世名公，必推文谷、老峰，謂可師法，二公亦不以後輩視之。其於老峰，自少相從，契誼不泛。公嘗因事入京，時閔公方居相位，公爲其嘗處以師友之間，故不以爲嫌，特往造焉。門者受謁而入，直以姓名聲言而白之，蓋相門事例然也。公聞卽慨然回鞭，歷見再從弟之爲閔公甥者曰："吾今日往候閔公者，蓋不欲以流俗宰相相期也。豈意一登廊廟，而遂變下士之節耶？"告之故而遂行。其時閔公聞公至，亟命延入而終不可得見。閔公初甚訝之，旣而具聞其委折，瞿然自失，至欲躬自摧謝，而公已還鄕矣。閔公顧語其子弟曰"士之行己，固不當若是耶？爾輩須以爲師表可也"云。

公於平日，未嘗以學問自居，嘗謂子弟曰："吾少也，迫於兄弟之言，謬爲門戶之計，一落世網，不得自由，進無所施，退無所得，輥到白首，徒切紛如之歎，悔已無及。爾輩宜知所戒，門戶之計，正不在於科名也。”然此特公謙己誨人之言耳。自少讀書，已知有用心處，不止爲應擧需。及夫甲寅士禍之後，謝絶外慕，一意向上，研精探賾，幾忘寢食。及登第，尤菴先生貽書勉之曰：“今人得一第，便謂能事畢矣，遂與書冊相疎，吾知左右之必不然也。”公自得此書，益自淬礪，雖從宦之日，公務倥偬，而不廢看書。旣定居丈巖，灑埽一室，左右圖書，嘗曰：“吾已老矣，非復讀書時節，若欲泛觀博求，則徒費精力，無益身心。古人遊騎太遠之喩，亦可戒也。”遂取四書、《近思錄》，循環看讀，不住理會。

又謂學子曰：“窮理之功，雖不可已，徒知而不能行，亦不濟事。”故居常用力，必歸重於行一邊，姑以著於動靜云爲者驗之，衣冠必整飭，飮食必愼節，容貌必矜莊，步履必安詳。惰慢之氣，不設於身；鄙俗之言，不出於口。以至書冊之類、器物之微，位置少有參差，亦必整齊而後慊於心也。至於心術隱微之際，操存克治之功，旣嚴且密，常以爲“直之一字，乃聖賢相傳之心法，夫子所謂人生而直，孟子所謂以直養，皆是也。至于朱子，始克發揮出來，其曰：‘天地之所以生萬物，聖人之所以應萬事，一直字而已。’其義可謂大矣。老先生一生受用，專在於此。楚山臨命之時，付託門人之旨訣，亦不外此。此其繼往開來，爲海東之考亭者也。後之學者守而勿失，則庶乎路逕不差矣。”是以其所自爲而爲人者，未始不以此爲一字符，揭諸屛障，朝夕觀省而不輟。故其見于行事者，明白直截，如水臨萬仞，當下卽下，無所屈曲者，其有得於斯歟！

公爲文章，不事藻飾，惟以辭達爲主，詩亦蒼古有氣格可觀，有文集若干卷藏于家。嘗於讀書講學之餘，隨手箚記，微辭奧旨，多所發明，而亦未及再修焉。又嘗曰："吾東人於中國事蹟，無不瞭然若身履目睹，而於本國故實，鹵莽莫甚。正是身在此山而不見眞面目者也。"遂取東國史，上自檀君，下訖勝國之季，抄節若干條最有關於治亂興廢者，就曾氏《史略》，考其時世，附見于歷代紀年之下，編摩入刊，以便童蒙之學焉。

夫人崔氏，牧使應天之女，有至行懿德，先公卒，公自爲文以誌之。男長義河縣監，次舜河蚤卒。女二人，適權埶、進士兪度基。諸孫梅、樴、宲、寀。宲文科，應教，以言事謫耽羅，歲餘始內移，亦可見公家法之不泥也。公之旣葬，嗣子縣監公授以家傳，使撮其迹爲狀。縡不敢辭，謹叙其論議行實之大者，以俟當世之立言君子云。乙丑五月日，某官李縡狀。

陶菴集

卷五十

行狀

行狀

進士金公行狀

公諱光遠，晚改明遠，彥明字，月峰其號也。金氏始出慶州，後徙靈光，遂爲靈光人。鼻祖台用工曹典書，曾祖敬義贈參判，祖𤨏吏曹參判，考塊司諫院獻納，獻納之季曰弘文館典翰坳，與南秋江孝溫友，兩世名行大著。妣丹陽禹氏，判書孝新女，外祖黃翼成公喜。

公少孤，從靜菴先生學，先生器重之。隸承文院習讀官，中己卯司馬兩試，是年先生遘禍，一時名流芟夷殆盡。公憤惋欲無生，歸長興故里，杜門自廢。辛巳，宋祀連上變，株連公。公在山寺讀書，吏來捕，緇徒咸驚擾，公徐曰："汝勿怖。被逮者必我也。"臨訊，顏色陽陽若平日。禍且不測，賴鄭相國光弼力救，貰死流海南，尋赦還。卜築於興龍洞，養德砥行。年七十三，以嘉靖庚戌五月十九日卒，葬於堂谷坐庚之原。

公事母至孝，及喪廬墓下三年，晨夕展省，臨祭膳羞必躬滌濯，不避隆寒。教子弟有法，疾革手書遺戒，曰愼酒、曰尊上、曰恤下、曰臨財毋苟，沐浴正席而逝。噫！公以名家子，遊大賢門，得之擩染者又益深，使公磨礱德器，展布志業，則所成就，豈不卓卓？而運値蔑貞，卒窮阨以死，是豈獨公之不幸也？ 安隱峰邦俊《己卯補錄》有云“公器度弘遠，才行出衆”，卽此一言，可以想見公爲人。而余讀朱子記老栢之文，至“焚斮之餘，屹然不僵，如志士、仁人經歷變故，而剛毅獨立，凜然不衰”，未嘗不欷歔出涕，此殆若爲公傳神矣。 崇禎癸巳， 以公合享于汭陽申靈川潛之祠，申公亦己卯名賢。

配慶州李氏，通禮院通贊榮孫之女。男龜年禁府都事，龜壽刑曹佐郎， 龜命進士。 都事生慄贈參議、愓察訪、㦎萬戶、惇、愼、怡。佐郎生悅、忻萬戶。進士生恒贈承旨。慄、愓、㦎皆二子， 僉正汝璹、察訪汝珪、僉正汝弘、判官汝剛、奉事汝健、宣傳官汝順。 惇男懿龍， 愼男汝龍。怡三男汝珍、汝㻂慶尙都事、汝珩。 悅男汝重。 恒四男汝徽、汝全、汝頲訓鍊正、汝琰。餘不能悉載。

縡少從公後孫濬游， 爲余道公事甚詳。 濬死後十有餘年，其兄澔千里遠來，以狀見屬，義不忍辭。 公之美德懿行， 雖湮沒寡傳，而黨籍光華， 雖百世而不泯，又奚待余言？第就先輩敘述而最其可徵者，以俟立言君子之財擇云。

進士權公行狀

公諱克中，字正之，號靑霞，安東人。高麗名相漢功之後，高祖寬義禁府經歷，曾祖士衡、祖萬英皆司馬，考俊，外祖咸悅南宮憘司贍寺正。

公以萬曆乙酉，生于古阜之松山，家人夢兒衣綴以珠玉，盡成文字。生而穎秀，纔學語，便知讀書，不嬉戲。六七歲，發語驚人，號爲神童。壬辰之亂，遭母喪於道中，公時穉藐，猶不以搶攘而失禮。轉寓關東，隨身有《楚辭》一冊，晝夜讀誦，公之詩格，蓋源於此。亂已，始還鄉，從石溪崔公命龍學，盡讀性理群書。石溪曰："文章亦不可不知也。"又令從趙玄洲纘韓於長城，玄洲稱以鉅手。石洲權公韠讀公《長虹》詩，有曰："安得化作龍泉一長劍，唾手天地誅奸雄？"擊節歎賞。十六，因石溪拜沙溪先生，石溪爲言公識解明透，非俗學中人，先生仍勸留數月。公多所辨質，至論《中庸》戒愼恐懼之兼未發已發看及天命之性，有生所同得，孟子犬牛之說，只是就氣質上言，先生歎曰："吾平生見得，不外此言矣。"

壬子，進士。嘗赴別試殿試，歷候石溪，石溪病卒。沙溪先生臨弔，以喪禮屬公，誠文兩盡，仍不赴擧。三年之內，不與人宴集，間遊太學，見時象昏亂，拂衣而歸。及聞西宮幽閉之變，北望慟哭，自是絶意榮進，杜門讀書。語及時事，輒慷慨流涕。平居端肅自持，左右圖籍，玩心高明，默坐終日，人莫測其涯岸。嘗曰："學者有夜誦工程，方可長進。"有思，輒疾書，老年猶能作蠅頭字。每與諸生講論陰陽性情之德及夫古今人物出處得失，明白痛快，聽者欣然有得。又間與會心人遇，或談山水，或評文章，微醺浩歌，飄然有出塵之想，一時論湖中高士，必以公爲首。及門之士，勸課成就者亦多云。

公與金鳳谷東準、柳白石楫爲道義交，中年僑寓淳昌之鰲山村，與梁霽湖慶遇詩酒從遊。畸翁鄭公弘溟宰金堤，與書曰："南來作郡，所幸者，得近高居。" 澤堂李公植寄詩曰："寄語湖南權克中，凌雲意氣本豪雄。" 其見重於士友如此。

公善事兩兄，每夜聯床湛樂，兄不寢則不敢退。伯兄性嚴急，有時盛怒，公必免冠立門外，怒已始退。嘗宿村家，主人少女乘夜而來，自言"後母無良，願從之"，公嚴斥而撻之。適有穿窬者方竊鼎，愧懼舍之而去，拜公路左而請其罪，其行義之修於家而信於人又如此。

公年七十五，終于家。臨終無怛化意，淨洗手足，整衣冠，就新簀而逝。命薄斂薄葬，以母夫人亂中送終爲終身之恨也。

公娶昌寧曺氏，漢良女。擧一男相信，相信子德壽，女適金益明。曰檢、曰桓、曰槤、曰榔，德壽出。金益明子尙道，朴致元、金壽顯其女壻也。

公嘗取宋、明、我東儒賢文集，撮其要語，又有《讀書錄》一冊、《中興十條》、《萬世事業說》、《經筵擬對八條》、《歷代史要》、《參同契註解》諸書，藏于家。閔相國鎭遠爲湖南伯，取公集，刊行于世。

公天資淸明，才調絶人。其於文辭，不學而能，顧所見者大，不屑屑於是也。晚年充養有道，和泰深厚，氣象甚好，見識之博，踐履之篤，蓋有人所不及者，而世之知公者，不過曰文章之士，噫亦末矣！然公之平生叙述，亦足不朽，不患無後世之子雲，其視富貴而名磨滅不稱者，何如哉？

吾王考議政府君兄弟少學詩於公之姪子進士相勛，是以聞公德行甚詳。今以公族孫樞之請，略爲叙次如右，以俟世之立言者云。

進士鄭公行狀

公諱穉，字長孺，晉州人。遠祖乙孚，菁川府院君，其後左贊成繼童又大顯。司評諱宗弼、察訪諱咸一、進士諱希得，其三世也。世居湖南之咸平，母咸豐李氏。

公以萬曆癸巳生，三歲識字，能日誦數百言。丁酉倭亂，闔門殉節，公母及祖母皆自投于七山之海，父亦陷賊中。公伶仃無依，依外氏，時幼甚而哀痛如成人。與兒童游，口不出戲言，知家人和肉汁於羹，哭而不食，自後雖蔬菜，不輕食。及父自蠻海還，爲其母追喪，哭朝夕，公亦從傍哭，父哭止亦止，又共食素，以終三年。及娶婦入門，見其服御華采，容色憾然，婦亦感泣，去其美飾。凡魚蕘之出自七山者，不忍近口，家人無貿於市者。父善疾，未嘗頃刻離側，煮粥調藥之節，不令人代之。劇時輒涕泣嘗糞，雖少間，不一解衣帶，每夜久命之退，不得已出戶外，潛候鼻息，知安寢而後乃退。

又能善事繼母，母常歎曰："雖自生，何加焉？"其喪也，年已衰而廬墓致毁，一如喪父時。每日平明而作，盥洗衣冠，容儀肅靜，子弟亦具上服侍側，執事惟恪。當祭家內寂然無一聲，雖病不與祭，而祭之日，必明燭坐而徹曙，其至行如此。

昏朝戊午，靈光人李垓等傳襲䧁母之論，設疏會於本縣，公深懷公正之憤，倡多士逐之出境，人謂危禍立至，而不少動，竟坐是停擧。公素無意進取，而以親命黽勉，中己卯進士，是後不復應擧。屢登公剡，卒不沾一命，公議惜之。築堂於飛川之上，扁曰濯纓，左右圖書，優游自適。丁未六月三日卒，年七十五，葬于同縣板橋坐酉之原。

配陽城李氏，四男一女，弼周、鳴周、以周、昌周，士人李杓其壻也。萬重、萬鎭長房出，思禮、思義二房出，萬鍾、萬翊三房出，季房一女適士人崔撝。萬重男晉宗，萬鎭男晉後，思禮男埑、埜、堭、埡，思義男奎，萬鍾男器弘，萬翊男壽弘、濟弘。

公天姿忠厚，混然無圭角，而持已以正，處事以義，人愛而不敢狎。性喜任恤，窮族歸之如家，而來則忘歸，尤急人之喪，不計家有無，是以爲鄕黨所重云。濟弘示余以家乘一通，請爲狀德之文。蓋公德美不止一二，而其內行之篤，家法之正，雖古所稱仁孝人，殆無以過之，玆取其大者而序次之，以飭稚昧。世有立言者作，倘或於此而徵信焉。

學生玄公行狀

公諱正規，字君則。玄氏始出星山，後分派爲廣州人，麗朝名相德秀之後。國初有用富，錄佐命勳，官兵曹參判。其曾孫仲滿以豪右坐徙明川，子孫仍家焉，後數世又移吉州。曾祖九鼎，祖演，考太虛。妣陽川許氏，吉城君惟禮之後。

公其仲子，而長曰儀規。自幼少時，容儀端整，進退周旋，咸有矩度，鄕里父老敬而重之，稱以玄氏二難。年十三，遭祖父喪，兄弟參考《家禮》及《喪禮備要》，就其中字音文義之難曉者，一一解釋，上以遡之諸經，靡不融會，自是治喪助祭，鮮有差失。又以疑問數十條，因老峰閔公，質于尤菴先生，及先生謫德源，復拜候而證正焉，一境盡服，以爲矜式。又以九容、四勿爲身心準則，嘗作自警詩，有"周幾、張豫沈潛久，程敬、朱誠玩味深"之句，可知其用力地頭也。且於《虞書》璣衡、閏月註，怳然若有得其妙者，有增補註疏，其多藝又如此。

公順於父母，友於兄弟，信於朋友，而其訓子也，每以去惡從善爲要。鄕人有婚而擧樂者，公憫之，以禮曉喩，復遺詩諷之，亦可謂敎行於鄕黨矣。不與人戲褻，尤嚴於在色之戒，遠嫌謹獨，多有人所不可及者。嘗喜誦古人"財上分明大丈夫"之語以自勵。迹公事行，實北方之望士，惜乎其湮沒無聞也。公丁母憂，葬祭諸節，各盡其禮，觀者悅服，未及終喪，以丙寅八月二十三日卒，享年五十二。翼年二月葬于刀山，後移葬于老老洞。

公凡再娶，忠州金氏、陽川許氏。男道章、德章，女婿許蓂、許明夏、李道希。孫聖垕、昌垕、世垕、用垕、配垕也。道章遙屬狀德之文，余諾而未就，道章遽已亡矣。余傷其志，作此以歸諸孤云。

處士大谷愼公行狀

公諱後尹，字東老，居全義之大谷，故學者稱之曰大谷先生。上祖修，開封府人，隨海舶東來，爲高麗左僕射，仍著籍居昌，圭組相望。我朝有贊成以衷，又四世而爲參贊希復，寔公高祖也。是生佐郞諱在，生諱秀豪主簿，生諱英集，無嗣，取從弟英望之子子之，卽公也。

幼重遲寡言，不嬉戲，儼如成人。十六遭外艱，晝夜號擗，不離柩側，旣葬，手植松檜于塋域，鄕隣感歎。時打愚李先生居同縣，公以伯父命往從之，得聞爲己之學。以親在猶兼治擧業，然不肯習詩賦，或勸之，則曰："决科，將以致用，爲士者先習浮薄，將何用乎？"已而見士習益渝，慨然廢擧。專心性理諸書，而窮鄕少書籍，手寫《庸》、《學》、《心經》、《近思錄》、《家禮》，行坐常自隨。本生父喪，毁而幾殊，其仲弟德尹割臂進血獲甦。及母疾革，公裂指和藥以進，及居憂，執制愈固。

甲寅，尤菴老先生栫棘海上，打愚先生亦竄寧海，公與同志上章，辨尤菴誣，又從打愚於謫所，講學不怠。及世道大來，公又倡沙溪先生從祀文廟之論，與同志叫閽。癸亥，打愚先生從尤菴於華陽山中，公隨之，講《心經》，尤菴見公手書，賞其勤苦。打愚先生留華陽一冬，無他子弟，公左右服勤靡懈，痛疴抑搔，咸盡其敬。先生歸而語其庶子曰："愼某事我，雖孝子之事親，無以加者，爾輩可法之。"公自親炙華陽，觀感益深，屢質《中庸》奧義及四禮疑處，老先生一一批誨，深加獎詡。鄉人屢擧公學行，搢紳又交薦，而公無意世路。打愚先生弟尙書公嘗到全義，求見公，公以權要爲嫌，辭不見。先是尹拯得罪師門，打愚先生作書告絶，一邊人嫉怨之。及戊辰辭都憲疏上，娼嫉之徒乘時構陷，罔有紀極，公與同志上疏伸辨不已。

己巳，尤菴受禍，公與李公竡守闕抗疏，極言斯文之誣。翌年打愚先生瘐歿，公治其喪，一以禮，時禍色滔天，先生庶子及他門生相繼拷死，公恬然不以爲意。既而凶黨啓竄公於北關之茂山，母夫人時年七十有餘，公拜辭，和氣而言曰："願毋以不肖爲念。天道好還，豈無赦還之日耶？"顧其子爾典曰："爾若從吾，誰復侍老人者？勿一日離側，以慰吾母子之情。"先生方葬於楊根，送從子爾訥操文致祭，到謫所，設位臨哭，朞而後止。公雖處蹇難，讀書窮理，不一日少懈。尤菴門人李直齋箕洪亦謫北，書尺往復，多所講確。人士有請學者，不鄙夷而教之，有士族徙邊者，壯而未有室，公憫之，言於地主，使之娶妻，卒遂其生。北伯權是經有戚分，使主倅與粟而無書，公嫌其無名而却之。倅已先以與粟報之矣，患其生事，固請之，不得已而受之，盡散以周窮者，已而悔之曰："吾所不屑而施之他人，非義也。"

甲戌更化，始宥還，出謫中餘貲，悉以與謫客，惟買深衣布一疋以歸。途聞賣布者廉價以進，卽還付學徒之送行者俾還之。居北五年，薰德甚衆，多有涕送之者，或記其言行，以爲標準。公歸十有五年，縡以評事巡北，儒生多來問愼先生安否何如。公歸，母夫人猶無恙，公稱觴舞彩，務悅其意。庚辰，丁憂，年老而執禮猶不懈。

公嘗與士友議立打愚先生之祠，以爲藏修之所，未及就，鄭栻以臺官請毁之，罪其儒生。公實倡義而公弟齊尹董其事，齊尹憫公年老荐謫，欲以身代之。公曰："君之情固然，而在吾義不可苟免。"遂自首，編配牙山。丁亥，放還。癸巳，寢疾，精神炯炯，見子姪閒語，戒之曰"多言害心"，門人有坐不正者，厲聲曰"頭容直"，病中所著冠様不正，命改之。臨終曰："死生，命也，第不見師門寃雪，死不得瞑。"翌年正月六日卒，享年七十五。後三年打愚先生伸寃復爵，又二年朝廷以公孝行學問，贈司憲府持平。

公天資敦厚，勵志堅確，從師三十餘年，一味勤篤。凡性命道德之說，靡不研究，而尤用力於戒懼愼獨之工，晚年工夫益純熟。平居端肅自持，未嘗頃刻放過。行於家，則事親極其志物之養，兄弟盡其湛樂之情。當其析産也，取其老倉荒田，如薛包故事，孤甥無依，割己財以與之。常慕古人同居之義，與伯氏共一室，闔門斬斬，老幼怡怡。晨拜家廟，或病未與祭，則雞鳴力疾起坐，以俟祭畢。除喪久，語及先人，必泫然，方移奉祧位也，泣涕交頤，諭諸宗立議歲祀親盡之墓。其在鄕黨，禮際恭而辭氣和，忠愛之心達於面目，誠意之感在於言前，故責人之過而人少怨焉，與人之善而人皆勸焉。其接引後學，則不擇卑幼，不問愚智，各隨其材，至誠誘掖，非儒者事則不言，非聖賢書則不讀。教必有序，不使淩躐，爲己務實，不事表襮。其言曰："近世學者不事《小學》而急於談說高遠，不察身心而工於言語文字，此大弊也。"嘗於學宮，增損《隱屏約束》，以爲後學型範，又欲別構書堂，立東西齋，東齋講《小學》及諸性理之書，西齋講《春秋》及射御之節，力絀不果。

每以師門抱寃，至痛在心，若無意於當世，然憂時慨俗，意氣感激，必以明天理、正人心、崇節義、扶綱常爲先。晚歲喜讀《春秋》，歎曰："今日第一義，非復讎之事乎？《春秋傳》曰'乾時之戰，雖敗猶榮'，尤翁平生之志，實本於此。"素不喜吟哦，而復雪之事，屢形於詩矣。甲申，上愴念皇朝下教，公奉讀感慨，治一疏以陳尊攘之義，不果上。嗚呼！豈易與俗人道哉？平生篤信《小學》、《近思錄》，歸宿於《心經》，又用力於《大學》、《家禮》，如誦己言。祭禮以《要訣》爲主，喪制以《備要》爲斷。人或不用帶下尺，公曰："《家禮》雖無之，《備要》旣採錄，則用之何疑？"其歿，門人以《備要》治喪，從治命也。公不喜記述，晚著《師生授受錄》一卷，辭氣平淡，義理蘊藉，眞有德之言也。

配慶州李氏，文翼之女，先公庚辰卒。一男一女，男爾典，女適宋善吉。爾志及金一庸、洪致叙妻，側出也。爾典男無違，女壻崔與聖、申義夏。宋婿二男鎭泰、鎭岱也。

縡識味學淺，而猶及見公老年，古人所謂眞實心地刻苦工夫者，蓋公一人耳。且近世師生之倫，墜地久矣。公乃血誠服勤於死生危迫之際，南竄北謫，流離顚沛，雖九死而無所悔，是則往牒之所不見。生三事一之義，至公而始大明矣，有裨於世道爲如何哉？玆敢撮其言行，以俟立言君子之財擇焉。

處士玄公行狀

公諱以規，字自强，號白菴。其先出廣州，高麗星山府院君德秀始祖也。入本朝，參判用富錄開國功，其曾孫仲滿坐豪右流明川，後五世徙于吉州，子孫遂爲吉州人。祖諱演，考諱太虛，妣陽川許氏，吉城君惟禮之後，父曰應魯。

公幼而嶷然有巨人氣度，及長聰明絶倫，淹穿經史。年十八，讀《尙書》之朞三百、璣衡註，默契其理，患初學難曉，別爲補註，以發其奧。又削竹作渾天之制，晷刻節候，無毫髮差者。如醫藥、卜筮、算數之書，亦皆旁通，而不屑爲也。

其事父母，常愉色婉容，務悅其心，父母或怒他人，輒屛氣起敬，俟怒弛而後，始敢舒顔。老婢僕有過，以父母所使不敢罪，子弟有失，亦必溫言誨諭，或語及人長短得失，則必痛禁之。仲嘗遘癘，有子在傍，公猶親執藥不去。從姊患疽，往救之，疾瘳乃歸。朞功之喪，食素不飮酒，以終其月，內行之美如此。

早專意禮學，以書質於二宋先生，凡累十條。尤菴之謫德源也，晉謁而叩其疑，又退而記其答問。自是廢擧，杜門讀書，沈潛義理，於《近思錄》得力最深。家甚貧，終身無戚戚容，篤志爲己，不求人知，言行相顧，動靜有度。尤嚴於在色之戒，飮酒終日，無失儀，常以“忿思難”三字爲處身之要。又嘗語學者曰：“懲忿窒慾，可以存心養性，然要當以一箇敬爲主。”徐相國宗泰奉命至州，聞其名請見，辭以疾不往，御史薦聞于朝，不果用。丙戌十一月七日卒，年六十六，翼年三月，葬於本州刀山艮向之原。州人咸驚嗟相告曰：“賢士亡矣。”人各出米幾石、石灰幾石以賻之。

公娶陽川許氏，擧二男三女，男益章、得章，金泌、崔萬重、許業其婿也。益章男慶垕，女宋弘緖。得章男某某。金氏子興植，崔氏子斗成，許氏子籌。

公起於遐陬，倡明禮學，冠昏喪祭，一遵古禮，遠近人士以爲模範，蓋北方豪傑之士，惜乎其沈淪不見用於世也。記余少時，以評事之北，公歿已數載矣，恨不及見之。李君璵以其門人呂尙賢之言，來請狀德之文。余旣慕公德義，又嘉呂生之志，就所示行錄，叙其大略以歸之，後之君子或有以考焉。

直長執菴黃公行狀

公諱順承，字得運。爲人篤實，敢於爲善，有所執守，確然不回。鄉里婦孺皆稱以固執黃生，故公亦自號曰執菴。黃氏出昌原，在麗朝有乙耈者，策勳封齊安君，子孫仍移籍，爲齊安人，齊安，古黃州屬縣。後累世至戶曹典書裀，生江原監司惟善，入本朝其子郭山郡事錫齡，於公十世祖也，其世居平壤，自此始。高祖應聖，利川府使、贈禮曹參判，錄壬辰扈聖功。曾祖諱胤後有文行，承政院承旨。祖諱戴堯進士，隱居養親，除寢郎不起，贈司憲府持平。考諱誨良不仕，娶長淵盧秀萬之女，以崇禎壬辰三月十八日生公。

五歲，隣有饋新果者，辭而不食曰"父母未嘗也，家廟未薦也"，聞者謂"孝子之家，孝子復出"。自幼不折方長，不履蟻封，仁孝之德，蓋天性然也。家甚貧匱，而瀡瀡之奉，竭力營辦，躬執刀俎，不任僮使，朝夕粥飯，必親爲之而後敢進。又手自燃薪，使房室溫凉得宜，昏定後立于戶外，必安寢而後退。親疾，血指嘗糞，又或親吮其癰，每夜稽顙禱天，不令傍人知之。

癸亥，丁父憂，葬于箕城北慈化山之花原洞。闢齋室於山中，名之曰永慕，讀書於其中，遠近學者信從者衆。嘗謁農巖先生於三洲，留數月講學，及農巖卒，奔哭服心喪以終三年。又拜遂菴先生，先生歎曰："從吾遊者多矣，堅確自守，無如黃君。"

往在戊子，余承命廉問於本道，入境已聞公盛名，蓋言鄕里有不孝不悌，又或行不義之事者，咸畏公聞知。人有見鬻祭器於市者曰"此物華美，必黃孝子家藏也"，市以還之，實公家所亡也。感伏橋在先山往來路，公見其石樣爲古人墓前故物，傷之曰："此孝子慈孫所用心者，吾何忍踐之？"後有盜聚橋傍，見黑夜涉水而行者曰"是必黃固執也"，相戒勿犯，且護送之云。余遂以其行誼升聞于朝，前後薦者殆相續，大臣又劄陳。

癸巳，始除敬陵參奉。或勸以不就徵，公曰："吾雖老不堪祿仕，而釣名亦所恥也。事君事親，爲道則一，吾嘗致力於松楸，獨不效誠於陵寢乎？"卽起應命。公性好種樹，每見根培條達之勢，心喜之。以是墳山松栢，皆公手種，不知其幾萬，望之靑蒼，雖百里之外，皆知爲公之先山也。及在寢園，芒鞋上山，省視一遍，日以爲常，惡草鋤之，嘉木植之，見枝條被傷，則怛然若己恫。村氓感其至誠，斧斤不敢近，或有犯者，必流涕而撻之。時蟲食四山松幾盡，而獨敬陵樹木依舊，或言"烏鵲群集，啄蟲而去之，譬諸劉昆向風叩頭而火滅"云。以陵外案山滿月峰濯濯爲憂，加意護養，數年之間，草木茂盛，人謂陵官擧職，前後未有公比。

遷繕工監奉事，適分差天將楊經理鎬碑閣修改之役，碑在直北路傍，一間短簷不能庇風雨。公歎曰："南望松坡，丹閣崔嵬，而此碑乃如許耶？"遂上疏極陳萬曆再造之恩，請"大其屋制，以寓尊周之意，萬一彼虜威喝，則願擧臣以對，以塞其禍"，朝議難之。公言雖不行，而識者偉之。轉典牲署直長，公曰："犧牲，用之宗廟、社稷、山川者也，可不敬歟?”上以覆簷，下以鋪板，淨拭溷穢，日必朝服而監其餼餖，牛羊蕃息。

秩滿將陞六品，公曰:“吾年至宜去。”不就講而自罷。俶裝方西歸，偶感疾，以戊戌十二月二十九日，卒于署傍里舍。其始疾也，名公巨卿醫問絡續，既死，夢窩金領相昌集、趾齋閔尙書鎭厚諸公或具材或致賵以助之，俾無憾於送終。明年正月返櫬于鄕，四月十七日，葬于花原之先兆。一道人士咸頌公至行，觀察以聞，今上甲寅，贈司憲府持平。

公凡再娶，慶州崔淑之女，谷山康瑋之女。子內美·愼美、女爲李敏政妻者，崔出。康有一子讓美，早死。內美男鎭重，愼美男鎭正、鎭淸。

余往年一訪公家，値公廬墓，不遇而歸。及公來敬齋，與余花田故居，數里而近，公數過余。秋日嘗與語園中，見兒曹以杖打棗謂曰:“如此則枝傷而實不繁矣，胡不待其爛熟而自落耶?”余謝曰:“幸而從公得養樹之術矣。”又聞公於祭後，村人有來乞餕餘藥果者，公盥手出新紙裹之，向其人拜跪而進之，仍曰:“爾有母遺，緊我獨無。”泣數行下。於此一事，可見公衆善之備也。又聞公路中見人持生蟹者，買取而放於水，其人既得錢，俟公過，復取而去。又嘗於齋室夜寢，亡袴而終不言，蓋不忍生疑於下隸也。人或傳笑其迂，而亦其仁愛之一端也。又聞公過旌門則下，望都門、府城則下，過人墳墓則下，遇婦女則下，絶少騎馬時，與公同行者云然。

公又嘗對余誦詩，有“爲是平生遏大欲”之句，蓋聞公免喪後，自以有終身喪，不食肉，又不近女色也。余嘗謂公曰："近與公相熟，以得於見聞者觀之，公之質行，殆古所謂齊、魯大儒不能及者，而但雖善而失於過者爲多，夫子不云乎？過猶不及。此豈非見識不周而然耶？使公早用力於經學，車輪鳥翼，兩無所闕，則自底於聖人中正之域，而惜乎其不能也。"公亦曰："唯唯。"

當公之喪，余在承重憂中，不能一哭，遂成千古，嗚呼痛矣！內美使其孫念祖來請公狀德之文，撫念疇昔，重爲之一涕，仍最其大者，以俟立言君子之採擇焉。

參奉素隱金公行狀

公諱性豪，字英叔，晚改嗜翁，號素隱。慶州之金，始出大輔閼智，自金溥王以後，仕麗代，奕世圭組。入本朝，有諱梱佐太祖開國，勳封雞林，謚齊肅，寔公十二代祖也。曾祖諱元立以布衣抗義昏朝，後由文科進，終鍾城府使。祖諱斂敎工曹正郎，考諱載顯行承政院都承旨，以質行聞。妣青松沈氏，同樞楷之女，大司憲義謙之後，以崇禎己亥十二月十五日，生公於漢師駱洞。

幼不喜狎弄，稍長已能力文。丁巳，諸章甫爲尤菴先生訟寃，公時未冠赴焉，及疏首被謫，慨然不赴試，自少志操如此。戊辰，禁吏因宮掖事，撲死內庭，公嘆曰："時事可知矣。"自是廢擧，取古聖賢書，杜門探賾，殆忘寢食。

丙申，授敦寧府參奉，不就。翼年別薦向學人，大臣以公應命，擬以胄筵講職，方駸駸徵用，而公已病矣。臨歿，命侍者濯病時衣衾，且強起盥浴，子弟諫止，則曰“君子愛人以德，不欲我潔己以歸耶?”病甚不能言，作字宣意，字畫如平日。遺戒治喪從約，斂衣無用燕物，銘旌書以處士。以庚子五月三日，卒于龍仁葛川之溪堂。

孺人清州韓氏，僉正志遠之女，右議政應寅之曾孫。先公三歲卒，至是合窆于甫羅山坐丙之原，去溪堂若而里。一男一女，男碇，女適教官李顯允。側室一子幼。李壻，金履禎。

公爲學專用力於朴實地頭，不資師承，刻意自礪。嘗言“學者幸而生程、朱後，學問工程燦然不迷，要在精思而實踐”。所論經義，不創新求異，惟以平正的實爲歸。又不喜著述，每擧程子答朱長文書以爲戒。讀書有思索，隨手箚錄，而不存次序，蓋嫌其近於立言也。少有記性，至老勤苦如一。於四書用功尤深，其餘性理諸書，靡不咀嚼，象數、律呂，亦涉其流。晩讀《易》不輟，夙興夜寐，正衣冠，危坐終日，非甚病，不少懈，中夜無睡，或擁衾遍誦經書。

其事親也，斯須不去左右，枕席必親設，先意承顔，一心洞屬。持喪如古禮，葬後猶不食鹽醬，哀動隣里。及丁大夫人憂，年已衰而禮猶勤，事伯氏新寧公如嚴父。先代喪祭諸節，或有從俗者，至公始一以《家禮》爲準，新寧公亦信從之。以忠原先壟地遠難於看護，躬構墓舍，守奴貧且流散，割資糧以濟之。伯姊喪于嶺外，一妹寄南土，每以爲生死至恨。及新寧公卒于官，迎哭上游，過哀感疾，遂不起。

平居待妻子極其嚴，御僮僕則恩先於威，遇宗黨曲有恩意，而有非義，必戒責不饒。對後生訓誨諄懇，以至蒙學口讀，亦不憚勤，而絶不以師道自居。尤鮮交遊，中歲雖在京洛，足不出門外，以爲對俗人言，便覺心濊，志學以後，未嘗一踵長者之門。嘗以事將親命謁玄石朴公世采，玄石素聞公名，開懷引接，而公亦不果往。常恨不及一見尤翁，萬義之葬也，不通刺入哭，不見喪主而出，一座目駭。宋學士疇錫曰："此古義也。"與堂叔載海自少同學，情義甚篤，晚後論議枘鑿不相入，其於經旨又乖剌。公至誠開曉而不得，則又不與之校，要以不傷情好爲主，其忠厚可見也。於物欲一切淡然，尤謹在色。侍知申公之官，率多綺羅地，而卒無所近。知申公淸德著內外，而晨昏之助，蓋有賴云。

平生忍飢固窮，凡於辭受之節，斤斤致嚴。韓孺人晚年病不理家事，疏糲常不繼，而處之逌然，讀改字說，可想其微旨矣。窮居若無意於世，而憂國出於至誠，聞朝家擧措失宜，輒竟夕不怡。如軍民賦役、邊圉防守，亦皆隱度于中，嘗遊北漢，有所著說，謂公拘儒者，眞淺之爲知也。於時論，未嘗偏主一邊，惟義之適，蓋嚴於淑慝消長之分。常言"當國者，明得是非，專心做事，以先自治服人心爲務，則思過半矣"。又論近世儒者出處之失曰："朝廷待士不以誠，惟以聲名利祿籠絡之，儒者則以退讓爲事，君臣之義殆廢矣。此路一開，高官美爵，可以安坐而歲遷，安有是理？"或曰："子言然矣，早晚徵召，何以處之？"公笑曰："則吾豈敢然？

而使世人一知其無實，不蘄退而自退矣。”其見識之精確類此。爲文條暢理勝，詩律不拘平仄，眞態可觀，有遺稿若干編藏於家。

綷猥以通家義，少服習公。其言貌動止若不異於人，而望之自然起敬，就而扣之，纚纚不窮，誠意藹然流動，可知爲君子人也。學者爲己、爲人，有古今之殊，在孔子時猶然，況於今乎？若公者，居今世而志古道，守窮嗜學，沒身孳孳，德修于躬，而退然若無能。是以世之人，名或浮實，而公則名不及實，此其賢於人者遠矣，豈勉齋所謂眞實心地刻苦工夫者歟？使公少展其志業，則庶有以裨補世教，而卒窮阨以沒其世，是必有受其責者矣。然學在己，知不知在人，於公何損焉？胤子碇斬然遠來，以遺事一通屬爲狀，謹採摭如右，以俟立言者之財擇云。

處士趙公行狀

九峰處士趙公鳴殷，字汝衡，楊州人。以其嘗隱於俗離之九屛峰下，故號焉。其上祖岑，高麗判院事，國初領中樞文剛公末生大顯，文剛之子曰觀察使瑾，孫曰正言仲輝，是公之八代、七代也。祖諱相禹齊陵參奉、贈吏曹參判，號時菴，考諱爾後同知中樞府事，兩世以經學行誼聞。同樞公凡再娶，坡平尹氏、原州元氏。公，元氏出，而耘谷天錫之後諱熙一者，其外祖也。

公崇禎癸卯生，幼有美質，不喜嬉戲。父母有疾，憂見於色，不少違其側，人謂之孝童。同樞公年九十，劬學不怠，公動息起居，不離訓典之內，德器夙成，大異於人。間以親命赴擧，而非其好也。甲子，尹拯之詆誣栗谷先生也，公爲東學掌議，發論通告八路，辭義嚴正。尤菴先生讀其文，謂門人曰："時菴公有孫矣。"坐是被上前停擧，久而乃解。自己巳世禍以後，不復詣公車，惟潛心實學，日讀性理群書，所造益深。旣而同樞公、元夫人相繼下世，公益無當世意。

庚寅，盡室入九屛，爲終老之計，幅巾藜杖，徜徉邱壑。雅好琴，興至或作數弄，以宣其壹鬱。士大夫高其志節，從遊日衆，公輒不怡曰"人以我爲隱乎"，遂託以疾，移卜燕岐。居無何，燕人擧公至行，聞于方伯，方伯以聞。公嘗屢登薦剡，至是又有除職之命，公愈不自安，移而之牙山。公棲遑山野，未嘗數年淹，而所至鄉人莫不欽其德義，去則追懷不已。壬子閏五月十六日，終于牙之玉巖寓舍。疾革猶扶而謁廟，與家人訣，陽陽如平時。時大旱，數問天雨乎，忽有雲氣四起，大雨如注，公起更衣就枕而逝，雨亦旋止，見者異之。葬于同縣扶皇洞壬坐之原。

公姿性沈厚，氣味眞醇，望之無塵俗意，可知爲篤學君子人也。其爲行本於孝悌，事親左右服勤，一事不令人代，躬自爇薪，以適其寒煖。疾則衣不解帶，露立禱天，又善居喪，葬前啜粥，祥後食菜果，一如古禮。家甚貧窶，而生而滋味之養，沒而月歲之備，靡有所憾焉。與伯兄友愛深至，一味不先食，一物無異蓄，同室以處，未或惰慢。兄歿，待嫂如母，朝夕必見，見則令女侍侍立。權攝宗祀，而事不敢專，必裁稟而行。厚於宗族，嘗曰："人而不睦，便是忘先。"朋友之際，出入必起，終身情義無甘壞。家法甚嚴，僮僕不敢喧譁。破屋蕭然，書史滿前，兀然淸坐，過之者若無人焉。家事旁落，簞瓢屢空，而處之逌如，人或以安貧樂道爲言，則輒笑曰"若有爲於安樂，所謂安樂亦僞也"。

讀書以玩索爲主，或終日不言，或中夜不寐，遇會心處，琅然誦詠，以極其趣。嘗曰："爲學不在高遠，只在乎一心，若不存心，學無下落處。"又曰："聖賢之道，昭在方冊，學者只可體認而力行之。自餘外物，都不關己分事。"又戒其子曰："'《詩》、《書》遺業，淸白傳家'，厥有二宋先生手筆，此吾家法，爾當勉之。"有來請業者，但教以下學之序，於此可見其秉心制行之大方。而公又曰："老來讀書，方知義理無窮，所恨來日無多耳。"且倣朱子《感興》餘意，作詩以述其志，若公可謂老而好學者矣。蓋公所學，一以爲己立心，畏名如避仇，嗜善如啖蔗，默然自修，內而不出。是以世無知公者，然公則欲全吾天，以無愧吾心而已，人之知不知，又何論焉？

公室海州吳氏，佐郞斗龍之女，慈惠和順，配君子無違，先公三月而卒，年七十一，與公同塋。三男四女，長文彬冠而夭，次德彦亦夭，季曰英彦進士，女爲進士洪燦箕、士人崔尙彦、李義著、李長鎭妻。英彦三男完慶、最慶、寅慶，外孫若而人。

綷心服公實德，而素不能文，無以發揮幽潛之萬一，第撮其言行之大者，以俟夫立言君子。

處士奇公行狀

公諱挺龍，字見卿，幸州人。其先出箕子，奇氏世多名人。判中樞虔錄淸白，當光廟受禪，托疾致仕以卒。其後勿齋進與弟服齋遵隸己卯黨籍，服齋死，歸隱于光州古龍之洞，子孫仍家焉。勿齋之子大升，世所稱高峰先生者，參奉大臨其兄，而於公爲五世。曾祖義獻，祖琛權知承文院副正字，早歿，考震省，俱以文行承家。妣平陽朴氏，贈掌令尙玄之女。

公以崇禎後庚戌九月十六日，生于古龍里。天姿近道，自幼少口不出鄙俚之言，器度嶷然，喜怒不形于色。始治擧業而非其志，屢發解不中，母夫人謂曰"從汝所好也"，自是杜門深居，沈潛義理，見識精明，門路甚正。其舅遜齋光一稱之曰："高峰後一人也。" 顧公秉心謙虛，於世上一切名利，退避若懦夫然，人或目之以經學之士，則輒蹙然曰"何敢當也"。平居穆然若無事，而其論性理微奧、禮家同異，沛然無所窒碍，然亦不叩則無應也。又不肯硬主己說，但曰："吾見如此，未知其如何也。"嘗曰："人當於自家身心，下得眞實工夫，浸至於義精仁熟，而自無絲毫虛僞。若只從文字上說出緖餘而已，則惡得免上蔡鸚鵡之譏也？"其專務實行如此。

天性至孝，父病斷指進血，其治喪一循《朱子家禮》。事母怡色婉容，一以養志爲事，左右使令，宛若小兒。嘗小出中酒墜馬而歸，母夫人憂之，自後飮不至醉。及母歿，年已衰而面墨骨立，哀動隣里。其祭祀約而潔，不以俗忌而或廢，齋日不接外事，盛寒亦必沐浴，老而將事，進退可觀，生日終身不設酒食。以群弟不能同居爲恨，訓迪撫卹，各盡其方。教小兒，未嘗一示以誑，御諸子以義，待僮僕有恩。作《閨訓》十五條，以至喪祭諸禮，亦抄寫而諺釋，使家人講習之，閨門之內，肅如朝廷，巫祝、尼媼之徒不敢近。親黨之間，或有橫逆，則反己自省，而無忿疾之意，卒皆感服。破屋數間，不蔽風雨，往往不擧火者累日，而處之逌然，眉不一皺，口不道貧字。女子子製帛襦以進，則公曰："平日奉親，不能爲輕煖之具，吾敢自安?"終不肯近身。辭受之節，惟義所在，一芥不以取於人，而人亦不敢以一毫干之。有一地主以官糶周急，固辭不受，蓋惡其不廉也。

素不喜斬截之行、矯激之論，而至如是非淑慝之分，一刀兩段，確然有不可奪者。冲澹樂易，與物無競，和順之氣，溢發於外，見之者鄙吝自消，以是賢愚貴賤無不得其歡心，而於鄉黨尤致其恭，不自知其齒德之尊也。嘗有盜明火入屋，公安坐不動，盜去，責子弟曰："何驚恐若是耶?"南俗甚忌痘，人有與孫子約昏者，公謂其來使曰："吾孫未經痘矣，其不知也耶?"昏遂不成。於此數事，可以推其餘矣。方伯、御史交章薦之，公聞之，每瞿然自失。疾革謂其子曰："諸弟之喪，皆不得厚斂，雖有財，不忍獨厚於吾身，況又無其財耶？斂手足形可矣。”以戊午二月十六日卒，年六十九。遠近人士莫不齎咨曰：“賢人亡矣，自此南中無人。”四月八日葬于家右先塋之下。

室星山李氏，南老之女。男齊勳、弘勳、衡勳，女壻士人梁命虎、玄命直。繼配光山李氏，萬輝之女，炳勳、彪勳其出。齊勳早死，其子宗淳實尸公祀。《樂菴遺稿》若干編藏于家，樂菴者，高峰舊址，在公屋後，公每俛仰而樂之，故鄉人仍稱公以樂菴，而非公所自號也。

余幸而與公並世，而不能一識其面矣。李尚書秉常左遷是州，及還，余問之曰：“子見奇某乎？”曰：“未也。”曰：“賢如奇某而不往見之，宰相下賢之義，今不可復見耶？”李爲之慚謝。蓋自數十年來，公名益盛，自南來者無知不知，皆曰：“篤行君子人也。”余私竊怪鄉人皆好之者，孔子以爲“未可”者，何也？及得公事實而徐察之，則公之所以得此者，秖是一箇謙。謙之爲德甚盛，天地鬼神亦皆好之，而況於人乎？夫所謂謙者，非聲音笑貌之謂，如有毫髮私僞雜於其中，則未必能感人如是之深也。然以公質之美、養之厚，而不能擴充其分量，以究其可大之業，此余所深恨者。嘗欲以當仁不讓之義，奉質於公，而嗟呼今不可及也！

弘勳來請狀德之文，余愚昧何足以知之？謹就遜齋門人閔師夏所記，而第次之如右。又敢總而論之曰“若公者，豈傳所謂啜菽飲水而盡其歡者耶！不隕穫於貧賤，不充詘於富貴者耶！病無能焉，不病人之不己知者耶！願以俟後世立言之君子”云。

通德郎尹公行狀

公姓尹氏，諱明相，字子直，坡平人，高麗侍中文肅公瓘之後。本朝有諱坤，佐命功封坡平君。傳六世爲參判諱仁涵，有雅望明、宣間，是生處士諱弘裕，隱德不仕，生諱惟益，丙子後廢擧自靖，生諱挺卿，郡守有淸操，是公四世。妣淑人楊州崔氏，正郎錫祐之女。

公以崇禎後壬子閏七月庚子生，而骨格淸高，相者見之曰："必正人也。"四歲崔夫人見背，寄養於從母家，在齔儼如成人。同隊要與爲蹴踘戲，公正色曰："士子持身貴端正，安用雜戲爲哉?"知讀書便勤篤日就，一日郡守公適怒將撻之，使折楚而來，公取櫻桃枝，炙火以進之，公問其故，則曰"日寒枝凍，恐冷氣之逼身也"，公拊背曰"此天生孝子也"。自十歲後，能出入場圍，詩格雅健，人以奇童目之。

己巳，仁顯王后遜位，公同諸生守闕號哭。自是無當世之念，盡束其科臼文字而藏之，專心學問，手書《小學》一部、《三先生遺書》，沈潛玩繹。嘗曰："讀聖賢書者，須句句體行。以吾日用所爲者較驗之，必一一無悖於聖訓，然後可免口讀之患耳。"加意力行。平居言笑不苟，行步有度，一日往候玄石朴公之門，朴公見而奇之曰："年少志大，篤實又如此，他日成就未可量也。"後隣人有造其門者，朴公輒問曰："與尹某居相近乎？此益友也。"甲戌，中壼復位，公復以親教赴擧，爲文操筆立就，好高古，不諧於俗，往往發解而卒不第，人皆寃之。

公事父母至孝，終日侍側，未嘗頃刻離左右，使令不一令人代。親疾，輒廢食與眠，憂形於色，親命之退，亦不忍遽退，露坐戶外，睡熟而後方退，而猶衣不解帶，頻頻起居於戶外，達曙乃已。丁繼母韓氏憂，哀毀踰制，郡守公哀其誠，亦不忍奪其志。祭奠之需，必躬自辦備，家人或止之，則曰："爲人子不於喪祭致誠，惡乎用其誠也？"奉養郡守公，靡不用極，雖王延之體無全衣而親極滋味者，無以加矣。當內艱，三歲弱弟與公稚子同其年，泣謂孺人若鄧攸之於弟子，聞者感激，公之兒五歲而夭，天道果無知矣！自是撫恤其弟，益致其勤，寒煖飢飽，公必先知之，寢則聯衾，食則共牀，及長怡怡融融，以爲樂。

每晨謁廟，一日大風寒且雪，隣有武人私語曰："今日尹某亦能晨謁否？"早起視之，公已自埽階上雪矣，感歎不已。辛卯，郡守公之喪，公斷指以進，執制甚固。小期以前，不食羹醬，羸毀澌綴，猶自力哭奠，未嘗或廢。當公斷指時，達夜流血幾數升，而哀擗蒼黃，人亦不知之，故其臂仍曲而成腫。僅經三年，臥不能起，而猶對客看書，神氣晏然，見者不知其將危也。丙申六月十五日卒，年四十五。臨終索紙筆，囑其弟以郡守公喪不能致美於木，必令薄斂而薄葬也。九月葬於東郭甫同谷酉坐之原，後朝廷命旌之曰孝子之門。

公天分甚高，形癯骨竦，無一點塵俗氣。雅尙氣節，言論激昂，每歎魯仲連之爲人，有尙友千古之志。嘗讀《易》至坤之六二"直方大，無不利"，欣然如有得曰："君子修身，無過於此一直字。”聞人之善，喜色可掬，或有言人之惡者，輒呀然笑曰：“勿輕言，豈有是耶?”蓋不特諱之，實不信之也。尤用力於《庸》、《學》二書，如《太極圖》、《皇極書》、《律呂新書》、《啓蒙》諸書，人所難解者，悉通其微奧，其他兵家、星曆之類，一見洞然，而未嘗自多，如不知者。公志業雖未顯，而信義孚於隣里，無識之人亦指其廬曰：“此中有孝子。”及死，莫不咨歎曰：“孝子亡矣。”可以驗人心之至公也。

初配完山李氏，僉知栽之女，再娶順興安氏，瓛之女，無育，以弟明著子鳳文爲嗣。余素服公志行，略書其大者，以俟立言君子之採擇焉。

伯姑貞敬夫人李氏行狀

夫人，吾王考議政府右議政府君諱翻之長子也。我李出牛峰，上祖高麗侍中三州伯公靖，本朝觀察使諱吉培、判書諱承健、副提學諱之信最著。副學公生諱劼，贈左贊成，是生諱有謙，參議、贈領議政，於議政府君爲考，兩世用儒術、德業大顯於世。府君娶羅州朴氏，僉樞、贈吏曹判書諱濠之女，觀察使諱東說之孫。肅莊貞一，婦德純備。夫人以崇禎癸未五月二十日，　生于扶安之柳川議政府君寓舍。年十六歸于淡圃洪公，洪東方甲族，氏出、名德具在原狀。

夫人幼鞠于外氏，王母尹夫人甚愛之，判書公性嚴厲，子孫咸竦栗不敢見，獨夫人奉承無違。及尹夫人卒，判書公留夫人幹家事，議政府君憐其幼，累請歸而不能得。夫人爲經紀喪事，內而奉老，外而接賓，一如尹夫人在時。及嫁，事舅姑孝，舅姑稱之曰："眞長者家兒。"每晬日爲致志物之養，舅喜曰："此經吾孝婦手，吾何不飽?"又善處妯娌娣姒間，雖氣味人人殊，而一以和遜待之，則莫不悅服。姑歎曰："吾婦入吾門久，而敬謹如初，吾未見其過矣。"

淡圃公壬戌擢第，甲戌通政，庚辰嘉善，夫人屢封爲淑夫人、貞夫人。癸未，公由吏曹判書擢判義禁，夫人又進貞敬，則慼然曰："此吾姑、吾母之所未及躬受者，福眇德小，吾何以堪?"辛卯，公疾革，夫人欲臨訣，公微視曰"此時婦人安可來耶"，夫人涕而出曰："夫子正終之義，吾不敢違也。"及喪，朝晡饋奠必親，不以衰老而少懈。丙申正月十三日，卒于長子禹齊堤川治所，享年七十四，是年三月祔于公墓。

夫人聰穎絶人，幼受《內訓》、《小學》書于議政府君，一上口輒不忘。長好書史，略通古今，嘗曰："使我爲男子，豈不能讀破萬卷書耶?" 淡圃公家世淸貧，夫人手紡績爲生，有餘則蓄之，取羡以營第。公素淡泊，不以產業經心，夫人善承其意，未嘗一言其有無。晚年官位隆顯，祿俸有裕，而夫人深存抑畏，一意節損，衣服飮食，若衣布時。非甚病，不肯頃刻自逸，至老執女事惟勤。嘗有牙婆持寶玩來欲售之，家人爭取觀，夫人曰"：此非吾分，視之何爲?"終不近手。議政府君兄弟迭長二銓，居又偪側，夫人不少干以私。淡圃公歷官外內，夫人輒嚴扃鐍愼辭受。松京故麗都，俗多賈，物貨紛集，痛禁婢使毋得交市，又不役工手作器玩。管醫、譯、市三署殆十年，而請托不一至於夫人之前，淡圃公淸德伏一世，而夫人之助爲多云。

淡圃公家奉祧廟，又以宗孫貧弱，爲考妣供辦祀事，夫人手自具饌，致誠蠲潔，每諱辰涕泣思之。吾先君早世，夫人語及愴慟，與二父判書、觀察公相愛深至，一日不相見，則愍然不怡，臨歿無他語，曰"所恨不見吾弟耳"，其孝友之篤如此。淡圃公從子禹瑞嘗爲其內舅爲畿府者，求玉頂於夫人，玉頂，洪氏舊物，而淡圃公時在謫。夫人正色曰："吾聞君舅是害國母之凶徒，豈忍以先大夫服御之遺與之哉?"壬午，禹瑞及綷同日擢第，夫人聞綷報，喜曰"此吾弟不食之報也"，及禹瑞報至，益喜曰"吾家猶有二弟，洪氏之門，微此，幾索莫矣"，其識大體又如此。

綷自幼少時，朝夕于側，竊覸夫人與公常相對如賓，衆子女滿前，和氣盎然。蓋夫人天質端淑，婉而有制，介而能惠，事上謹而敬，莅下慈而嚴，位高而益謙，祿大而愈約，敎令不出於閨門，德澤遍及於宗黨。天之俾壽而臧，熾而昌，以保有孫子也宜哉！《詩》曰"宜其家室"，又曰"百祿是荷"，夫人有焉。敢採掇德行之大者，以告諸立言之君子。從子綷謹狀。

伯舅母貞敬夫人延安李氏行狀

貞敬夫人延安李氏者，我伯舅左參贊忠文閔公諱鎭厚之繼配，驪陽府院君文貞公諱維重之冢婦也。文貞公凡三娶，忠文公，恩城府夫人宋氏出也。樗軒文康公諱石亨，於夫人爲九世祖，祖諱天基觀察使，考諱德老縣監，出爲族父察訪諱憬後。察訪之考竹窓忠穆公諱時稷，丁丑殉節江都。縣監公室曰豐壤趙氏，其考縣監沃。

夫人以顯宗甲辰四月二十五日，生于懷德蘇堤村。祖母宋夫人，尤菴先生之妹，而恩城夫人，同春先生之女也，同春先生與尤菴爲中表親，恩城夫人有時歸寧相往來。夫人甫七八歲，在宋夫人側，英達夙成，容貌粹潔，恩城夫人見而奇愛之，解香佩佩之曰："異日兒無忘我也。"夫人年十九歸于忠文公，時恩城夫人已歿矣，夫人每語及嗚咽曰："吾於皇姑，不自以不逮事也。"前一歲仁顯王后正位壼極，自庚申更化以來，文貞公兄弟并秉國政，門闌甚盛，又戚聯宮掖。夫人生長鄕村，服飾又極寒素，而處之能不怍不懾。謙恭自守，動止有則，通達事理，觸處無礙，家衆莫不嗟異。文貞之兄文忠公性嚴，少許與，獨甚賢夫人。先是文忠公使燕，令人爲忠文公推命曰："當得賢妻。"及夫人入門，歎曰："術者之言驗矣。"後四年忠文公擢第，翌年文貞公捐館舍。

己巳，聖母遜于私第，忠文公兄弟始繫獄，既得釋，盡室出城外。時當患難，艱窶滋甚，疏糲亦不繼，而夫人一不設憂戚之色，惟日以紡績治生業，上而供奉廢宮，下而祭祀、賓客之具，咸盡心力，不令忠文公知其有無也。夫人嘗遘疾危篤，聖母賜忠文公書曰："緣此窮命，使依賴之賢兄將促其大限，此吾恨也。" 忠文公對曰："此人終必一享尊榮，願勿深念也。"俄而果瘳。甲戌，天心悔禍，壼位重新，忠文公始還舊第。門內異爨常四五家，家殊豐約，性異酸鹹，而夫人不露聲色，至誠調劑，久而莫不感服，終無間言。丙子，忠文公陞通政爲戶曹參議，夫人從封淑夫人，其明年爲忠清觀察使，則加貞夫人，又九年爲判義禁府事，則又加封貞敬夫人。

聖母違豫時，夫人承命往往入禁內，小心謹愼，未嘗少懈，聖母嘗謂曰："吾欲事事師法吾兄而未能也。"及大漸，又顧謂曰"吾兄恩意，今不可報矣"。忠文公律己淸嚴，夫人又明於枉直，嚴於辭受，雖門生、故吏之屬，亦不敢爲攀緣私逕之計，門墻肅然，雖異類工訶者，終不敢以絲毫指摘，夫人之助，實與多焉。

庚子，忠文公棄世，翼年世禍大作，夫人與諸子捲歸驪州墓下。丙午乍入都下，丁未復還鄕。十年窮居，家事益旁落，而夫人處之逌然。家中婦女或有嗟怨語，則輒曉之以道理。繼姑豐昌趙夫人，於夫人長五歲，趙夫人視如兄弟，而夫人恭執婦道，或侍宿於側，袵斂掃灑，輒躬爲之。趙夫人簡靜寡言笑，夫人每伺候顔色，先意承志，趙夫人甚悅之。今上癸丑五月三日，卒于牛灣之寓舍，壽七十。訃至，遠近親屬莫不咨嗟涕洟。趙夫人時在仲子議政公所，手書遺翼洙等曰："汝慈之仁且賢至矣。吾平生吉凶大事，汝慈無不躬自幹當，吾諸女與外孫男女，親愛之教誨之，無異親子女，吾心感歎，曷可以言語形容也？”以七月日葬于忠文公墓前。

夫人擧二男一女，男長翼洙司憲府掌令、遇洙平安道都事，朝廷皆待以徵士，女適進士金光澤。掌令男百奮，都事男百瞻生員、百謙。金敏材、簡材、獻材其外孫也。

夫人聰明絶人，幼時聽人讀《哀江南賦》，數日便成誦。常喜古人嘉言善行，一聞終身不忘，略涉書史，而家人未嘗一見其看書作字。兩宋先生家喪祭禮節及甲子以後儒林爭辨，多所記識，忠文公時或咨訪焉。尤喜女工，敏速精妙，各臻其極，筆翰又華美，一家婦女得之若奇寶。夫人孝慈勤儉，人倫之際，用意至到。聞父母有疾，輒閉戶而坐，不與人笑語，殆廢寢食，疾止而後乃復常。中年俸祿豐足，而自奉之薄，無異患難時節，子女或諫之，則曰：“吾父母衣食喪葬，不稱情者何限？吾安忍獨享富貴耶？”忠文公庶妹有奇疾，夫人甚憐之，疾篤屢遷次，而輒隨往扶護，累月而死，夫人親爲之櫛浴。時夫人方有身，世俗以臨喪爲大凶，而亦不之顧也。奉先祀蠲潔敬愼，雖年衰位高，而必躬服其勞，籩豆鉶簋，靡不整飭，至元配之祭亦然。元配，靜觀李公之女也，靜觀夫人老而在堂，夫人敬事之如己親，時節饋問，俸入必分之，聞者感歎。

教諸子甚嚴，雖細過不少假貸，至於出處大致，又欲其自斷於義而不以親故也。自丁未以後，翼洙累辭除命，最後爲文義縣令，請於夫人曰：“今家事日窘，甘旨不給，且文義與懷德接壤，親戚往來，母氏素所喜也。母氏欲一往否？”夫人曰：“我本貧家子，蔬素政爾本分，子母相哺，樂在其中，未覺爲苦。且吾不欲以吾之故勞汝之身，汝義可往則往，不可往則不往，勿以我而易汝義也。”翼洙遂辭遞。遇洙嘗以廢擧事稟于夫人，夫人正色曰：“汝只當以義裁之而已，何必問我？”深慕呂滎公家法，諸子學語，已誦而詔之。性好儒學，嘗夢見程、朱，每戒諸子曰：“吾不願汝曹榮達，苟能讀古書，爲知名士，則幸矣。”二子俱以學行聞于世，不負夫人之志，而其所由成就，蓋如呂原明之於正獻、申國也。

壬寅之禍，金壻編管長鬐，歷辭夫人於驪州。時適忠文公大祥，而女又彌月，金君欲留其妻，夫人大不可曰：“夫家有憂厄，婦人義不敢圖安，況此何等時耶？死生猶不足道，遑恤其他？”齎送產具而告之曰：“若中道而娩，壻可先赴謫，而女則待蘇追往可也。”其所自爲與誨人，必裁之以禮義，而不爲婦人牽攣之習，大抵此類也。

夫人嘗誦宋伯姬逮火事而嗟歎之，翼洙問曰：“傅來斯可去矣，而必待姆來，竟至於死，無乃過乎？”夫人曰：“使平日立心制行能如是，則雖當患難之際，豈有喪身失節之憂哉？吾以是深仰之。”從叔父李公之老素有行檢，每訪夫人，忠文公在則入，不在則不入。人或病其固滯，夫人歎曰：“今人若知公父文伯之母之爲知禮，則其不以吾叔爲固矣。”夫人於中表近屬，來輒延見，而必令諸子在側，至老不改。莅婢僕先嚴名分，而體其甘苦，待之以誠，常曰：“待下賤，尤宜誠信，寧或見欺，不可逆詐也。”

德性寬靜，倉卒急遽，未嘗失色。家內嘗失火，遇洙方侍食，徒跣而出，火定還坐。夫人執匕如故，責之曰：“何若是輕遽耶？”常曰：“吾於他事，不甚動心，惟見諸子有不肖事，輒覺火焰發於心肺不能制也。”又曰：“吾於人無所惡，但見人家婦女臨事不勤，遇人多言，聞過而怒，得讒而疑，又必自誇己長，喜說人短者，不勝其痛疾也。”此可見夫人平素所養，而可謂得君子怒惡之正者矣。

嗚呼！夫人德量弘毅，識度淵遠，禮防嚴而言議正，至於一切貧富貴賤得失及世俗婦女所好惡計較者，皆不以措諸心意，此眞讀書儒士之所甚難者。而至其承奉舅姑之側，周旋親戚之間，慈惠婉娩，委曲周至，又非常人所可冀及。下至婦工微細，莫不造妙，其可謂女士全德矣。夫人晚謂遇洙曰：“吾生而有賢父母，父母皆以仁孝稱於鄕黨。長而奉侍君子，名德重於世，而以吾不才主饋四十年，幸不得罪。既老而汝輩又無悖行，似有克家之望。吾於三從，庶可無憾。”此固夫人自道之辭，而抑可見夫人之賢與其所以賢者矣。

綷先妣與夫人相與甚摯，爲兄弟間知己。先妣每曰：“與君言，始得豁我胸襟也。”綷既喪先妣，仰夫人如母，有時謁見，森然法度之言，若聞於吾母，尊敬愛慕，不以舅甥之親而已。竊嘗以爲閨門，德行、風化之原，吾二母生並一世，德類志契，雖隱顯殊迹，而有補於世教，未嘗不同，後世苟有秉彤管而序賢媛者，宜亦與之同傳矣。

掌令君撰集夫人遺事，屬綷爲狀，義不當辭，顧方有先妣幽誌之役，將繼此屬草，未就而掌令君歿。綍又病矣，誠恐卒負其託，爲千古之恨，先誌甫成，乃復力疾敍次如右。筆力衰鈍，不足以形容德美，以信來後，是爲兢兢焉爾。仍念綍嘗省忠文公疾，夫人方侍側，小心齋遫，承奉旨意，左右服事，便捷如飛，誠意屬屬形于色辭，雖孝子之事父母，未或過此。觀其平居，風儀肅整，步履嚴重，不謂其能如是也，綍至今竊識之。蓋自陰教旣衰，夫婦禮廢，古所謂君臣之義、父子之敬，不可復見，而於夫人庶幾想像焉，敢表而言之，使爲婦人者知所取法。

著者 **李縡**

本貫은 牛峰, 字는 熙卿, 號는 陶菴, 寒泉이다. 父親은 李晩昌, 母親은 閔維重의 女로 仁顯王后의 妹이다. 1680年(肅宗6) 9月 28日 漢陽 薰陶坊 鑄字洞 外家에서 出生했다. 5歲에 父親喪을 당하여 仲父 李晩成의 訓導를 받았다. 1702年(肅宗28) 文科에 及第하여 藝文館 檢閱, 吏曹 正郞, 咸鏡北道 兵馬評事, 水原 府使, 大司成, 禮曹 參判을 歷任하였다. 1722年(景宗2) 仲父가 辛壬獄事에 連累되어 獄死하자 麟蹄에 隱居하였다. 英祖 卽位 後 大提學, 吏曹 參判에 任命되었으나 모두 辭職하고, 1728年(英祖4) 母親喪을 契機로 龍仁에 寒泉精舍를 짓고 講學에 沒頭하였다. 이후 大司憲, 工曹 判書, 左參贊에 任命되었으나 모두 辭職하였다. 1746年(英祖22) 10月 28日 廣州에서 逝去하였다. 文集《陶菴集》과 함께《四禮便覽》,《書社輪誦》,《三官記》,《宙衡》,《檢身錄》,《四書講說》등 많은 著述을 남겼다. 諡號는 文正이다.

校勘標點

崔禮心

1967年 忠北 堤川 出生. 民族文化推進會 國譯研修院 研修部 및 常任研究部를 卒業하였다. 民族文化推進會를 거쳐 檀國大學校 東洋學研究員 研究教授로 在職 中이다.《承政院日記》(共譯),《月汀集》(共譯),《龍洲遺稿》(共譯),《於于集》(共譯) 等을 飜譯하였다.

張裕昇

1976年 서울 出生. 成均館大學校 漢文學科를 卒業하고, 韓國學中央研究員 韓國學大學院을 거쳐 서울大學校 國語國文學科에서〈朝鮮後期 西北地域 文人 研究〉로 博士學位를 받았다. 韓國古典飜譯院 古典飜譯教育院 專門課程을 마치고 韓國古典飜譯院 飜譯委員을 거쳐 現在 檀國大學校 東洋學研究員 研究教授로 在職 中이다.《正祖御札帖》(共譯),《英祖 承政院日記》(共譯),《東國歲時記》,《玄皐記》,《韓國散文選》(共譯) 등을 飜譯하였다.

權津鈺

1979年 慶北 永川 出生. 高麗大學校 漢文學科를 卒業하고, 同 大學校 國語國文學科에서〈澤堂 李植의 騈文·古文 研鑽과 散文 創作의 實際〉로 碩士學位를 받고〈橘山 李裕元의 學問 性向과 類書·筆記 編纂에 關한 研究〉로 博士學位를 받았다. 高麗大學校 民族文化研究院 研究員을 거쳐 現在 檀國大學校 東洋學研究員 先任研究員으로 在職 中이다.《樂全堂集》(共譯),《於于集》(共譯),《韓非子集解》(共譯),《梧川集》等을 飜譯하였다.

李承容

1981年 慶北 義城 出生. 嶺南大學校 漢文教育科를 卒業하고, 成均館大學校 漢文學科에서 《朝鮮後期 江華學派 漢詩研究》로 博士學位를 받았다. 韓國古典飜譯院 古典飜譯教育院 研修課程과 專門課程을 마치고 檀國大學校 東洋學研究員 先任研究員으로 在職 中이다. 《宛丘遺集》, 《貞觀政要》(共譯), 《樂全堂集》(共譯), 《完譯正本 擇里志》(共譯) 等을 飜譯하였다.

圈域別據點研究所協同飜譯事業 研究陣

研究責任者 尹載煥(檀國大學校 國語國文學科)
共同研究員 金文植(檀國大學校 史學科)
金愚政(檀國大學校 漢文教育科)
責任研究員 許鎬九(檀國大學校 東洋學研究院)
張裕昇(檀國大學校 東洋學研究院)
崔禮心(檀國大學校 東洋學研究院)
先任研究員 李라나(檀國大學校 東洋學研究院)
李承容(檀國大學校 東洋學研究院)
研究補助員 劉明錫(檀國大學校 東洋學研究院)

校勘標點
陶菴集5
李縡 著 | 崔禮心·張裕昇·權津鈺·李承容 校點
初版 1刷 發行 2020年 12月 31日
編輯·發行 학자원 | 登錄 2011.4.6. 第2011-14號
住所 (05355) 서울시 강동구 천호대로 1121
電話 02-6403-1000 | 팩스 02-6338-1001 | 이메일 hakjaone@daum.net

값 30,000원
ISBN 979-11-6247-193-7 94810
979-11-6247-147-0 (세트)

圈域別據點研究所協同飜譯事業 研究陣

研究責任者 **尹載煥**(檀國大學校 國語國文學科)
共同研究員 **金文植**(檀國大學校 史學科)
金愚政(檀國大學校 漢文敎育科)
責任研究員 **許鎬九**(檀國大學校 東洋學研究院)
張裕昇(檀國大學校 東洋學研究院)
崔禮心(檀國大學校 東洋學研究院)
先任研究員 **李라나**(檀國大學校 東洋學研究院)
李承容(檀國大學校 東洋學研究院)
研究補助員 **劉明錫**(檀國大學校 東洋學研究院)

校勘標點
陶菴集5
李縡 著 | 崔禮心·張裕昇·權津鈺·李承容 校點
初版 1刷 發行 2020年 12月 31日
編輯·發行 학자원 | 登錄 2011.4.6. 第2011-14號
住所 (05355) 서울시 강동구 천호대로 1121
電話 02-6403-1000 | 팩스 02-6338-1001 | 이메일 hakjaone@daum.net

값 30,000원
ISBN 979-11-6247-193-7 94810
979-11-6247-147-0 (세트)